한국현대
생활문화사
1980년대

한국현대
생활문화사
1980년대

스포츠공화국과 양념통닭

김성보 김종엽 이혜령 허은 홍석률 기획 | **김정한 외** 지음

창비

역사는 인간이 만들어나간다

극단의 세기라 불리는 지난 세기 동안 한반도만큼 그 극단을 격렬하게 체험한 지역도 드물다. 20세기가 파시즘, 자본주의, 공산주의 이념이 경합한 시대였다고 한다면 한반도는 20세기에 이 모든 것을 경험했다. 20세기 전반기를 채운 일제 강점기에 식민지 조선인들은 일제 파시즘의 지배를 뼈저리게 경험했다. 후반기인 제2차 세계대전 종전 후에는 동족상잔의 전쟁을 거치며 고착된 체제 대립을 받아들여야 했으며, 내적으로는 파시즘적 정권의 독재를 장기간 감내해야 했다. 그리고 오늘날의 한반도는 여전히 냉전시대가 남긴 분단의 굴레에서 벗어나지 못하고 있다.

20세기를 총력전의 시대라 부른다면 한반도는 전쟁의 영향을 지속적으로 받고 또한 강도 높게 경험한 대표적인 지역이라 할 수 있다. 일제 강점기 한반도가 양차 세계대전의 전쟁터가 되는 것은 다행히 모면했다 하더라도, 수많은 청년과 여성들이 강제로 징병·징용되어 전쟁터로 내몰렸다. 해방 이후 3년간의 잔혹한 전쟁, 여기에 베트남전 참전까지 더한다면 대한민국 수립 이후 한국현대사는 '전쟁을 끌어안은 역사'라 해도 과언이 아니다.

현재 우리의 모습은 극단의 20세기 한반도에 거주한 사람들이 마을 주민에서 대도시민까지 다양한 층위의 지역사회 공동체 구성원으로서, 농민·노동자·자본가 같은 계급적 존재로서, 가정주부·학생·회사원·군인 같은 사회적 직분의 존재로서, 그리고 국민국가의 국민으로서 삶을 영위하며 각각의 정체성을 형성해간 결과물이다. 제국과 국가, 거대 자본이 강요하는 인간형과 이를 위한 제도와 장치, 담론이 체계적으로 작동하는 현실에서 한국인들은 순응, 일탈, 저항 등을 거듭하며 국민, 노동자, 여성, 학생 등 다양한 주체에 새로운 정체성을 불어넣었다. 이는 좀더 인간다운 삶을 누리기 위한 수많은 희망과 선택 그리고 다양한 이해와 욕망이 맞물리는 과정이었다. 역사는 늘 우리의 예상을 뛰어넘어 전개되었고, 그 과정에서 거듭되는 광기와 퇴행을 목도하면서도 우리는 희망의 끈을 놓지 않았다. 역사는 인간이 만들어나간다는 자명한 사실을 알기 때문이다.

21세기 한국사회는 냉전·분단시대가 남긴 굴레를 끊어버리고 근본적인 변화를 모색해야 하는 과제에 직면해 있다. 냉전, 전쟁, 분단 그리고 불평등과 부정 속에서 희망을 일구어간 지난 세기 역사에 대한 성찰은 새로운 변화의 출발점을 찾는 작업이다. 여전히 구시대가 남긴 분단의 굴레에서 벗어나지 못하고, 생활문화에 적극 개입해 대중의 행위와 의식을 철저히 통제한 유신체제가 신화화되는 현실을 마주하고 있기에 한국사회의 변화에 대한 갈구가 더욱 큰 것인지도 모른다. 변화가 어느 순간에 어떠한 방식으로 또 올지는 예견할 수 없으나 구시대의 유제를 털어버리기 위한 정치투쟁을 일상의 영역에서부터 벌이며 조그마한 변화를 만들어갈 때 거대한 변화가 이루어진다는 점은 분명하다.

『창작과비평』 창간 50주년을 기념해 내놓는 '한국현대 생활문화사' 시리즈의 기획의도는 다양한 조건과 행위가 맞물리며 역사가 창조되는 공간으로서 생활문화 영역, 일상 생활문화를 통해 시대의 특성을 불어넣는 인간들의 행위, 그리고 그 과정에서 만들어지는 새로운 주체의 등장과 변화를 풍부하게 보여주고자 하는 데 있다. 즉 이 시리즈가 '생활문화사'를 중심으로 한국현대사를 성찰하는 목적은 정치사, 경제사, 외교사, 지성사, 사회사 등과 같은 다른 분야사와 대립각을 세우기 위함이나, 일상사나 신문화사의 중요성을 부각하려는 데 있지 않다.

생활문화사는 국제정치 질서나 자본주의 경제 질서 또는 이데올로기 같은 구조적 요인에 의해 인간 행위와 선택이 규정된다고 보는 관점이나 사건사 중심으로만 역사를 설명하는 방식은 비판하나, 생활문화를 구성하고 변화를 일으키는 정치, 경제, 사회, 문화의 모든 요인들을 주목한다. 또한 생활문화 영역을 정치와 분절된 영역이 아니라 정치적 성격을 강하게 띤 영역으로서 주목한다. 20세기 제국과 국가 그리고 자본은 정치적·경제적 목적으로 대중의 일상생활 영역에 목적의식적으로 개입하고 지배하려 했다. 남과 북은 이념과 체제를 달리했음에도 불구하고 국민/인민을 만들기 위해 대중 계몽과 생활양식 개편에 힘을 쏟았다.

1950년대부터 1980년대까지 10년 단위로 4권의 책으로 펴내는 '한국현대 생활문화사' 시리즈는 3년간의 전쟁, 4·19혁명과 5·16군사쿠데타, 고도경제성장, 유신체제의 압제와 민주화운동 그리고 냉전체제 해체의 격변 속에서 이어져온 주체들의 삶을 다양한 각도에서 조명하고 있다. 한국뿐만 아니라 북한 생활문화의 주요한 변화상도 2~3개의 장들로 비중 있게 다루고 있어 남과 북을 함께 살펴볼 수 있게 했다. 책의 처음과 끝에도 공을 들였다. 각 권은 시대를 개관한 「크게 본 ○○○○년대」로 열고,

동시대 중국과 일본의 상황을 들여다볼 수 있는 「그때 동아시아는?」으로 닫는 형식으로 구성해, 미시적으로 다룬 생활문화사들을 거시적이며 비교사적인 맥락에서 파악하는 데 도움을 주고자 했다.

끝으로 지난 2년여의 시간 동안 생활문화 영역을 통해 한국현대사를 재조명하는 데 힘을 쏟으신 필자 여러분께 진심으로 감사를 드린다. 모쪼록 '한국현대 생활문화사' 시리즈가 한국사회의 현재를 성찰하고 긍정적인 변화를 만들어가는 데 힘을 보태기를 소망한다.

2016년 여름

한국현대 생활문화사 기획위원

김성보 김종엽 이혜령 허은 홍석률

1980

北

일러두기

1. 이 책의 외국 인명과 지명의 표기는 국립국어원 외래어표기법을 따랐다.
2. 몇몇 용어의 경우 역사적 맥락과 시대상황을 고려해 표기했다.
   - 당대의 용어는 가급적 그대로 표기했다. 예) 국민학교
   - 널리 알려져 형태가 굳어진 북한어는 두음법칙을 적용해 표기했다. 예) 조선노동당
   - 남북한 국가명은 한국과 북한으로 표기하되, 역사적 맥락에 따라 구분해 표기했다. 예) 한국과 북한, 남한과 북한, 대한민국과 조선민주주의인민공화국
   - 재난(災難)과 난리(亂離)가 공존한 시대상황을 반영하고, 재난이 난리를 포괄하는 개념으로 파악하는 국립국어원의 해석을 준용해 '재난을 피해 멀리 옮겨간다'는 의미의 '피난'과 '난리를 피해 옮겨간다'는 의미의 '피란'을 구분하지 않고 '피난'으로 표기했다.
3. 단행본과 잡지, 신문 등의 정기간행물은 『 』, 기사, 논문, 영화, 예술작품 등은 「 」, 노래 제목은 ' '로 묶었다.

1980년대,
5월에서 6월로, 그리고…

김종엽

1980

1980년대를
재구조화하는 사건

달력에 결부된 연대기는 시간을 인지적으로 정돈하고 사회적으로 조정하는 '기본' 틀이다. 그러므로 시간감각을 일차적으로 규정하는 것은 연대기적 시간이며, 그런 자질 덕에 연대기적 시간은 '시대'감각으로 확장될 수 있다. 우리는 100년을 단위로 세기를 나누고 10년을 단위로 시대를 구획한다. 17세기 또는 20세기를 하나의 이미지로 떠올릴 수 있고, 1910년대 또는 1980년대를 통일된 무엇으로 회고할 수 있는 것이다. 그런 통일적 파악과 회고 가능성으로 인해 '1980년대' 같은 명칭은 정당성을 얻는다.

하지만 그것이 우리들의 삶을 구조적으로 파악하게 해주는 것은 아니다. 요컨대 연대기와 사회구조의 시간이 일치하는 것은 아니다. 게다가 사회구조의 시간은 사실 여러 층위를 가진다. 편의적으로 범주화해 말하자면, 정치의 시간과 경제의 시간 그리고 문화의 시간이 서로 다르고 또 엇

갈려 포개진다. 1980년대부터 시작된 전두환 정권을 군사독재의 한 형태라는 점에서 그 이전 박정희 체제의 연장으로 보는 시각이 있을 수 있다. 그렇다면 시대적 분기점은 1980년이 아니라 1987년에 주어질 것이다. 이와 달리 국제분업적 질서 속에서 한국 경제의 위상을 중심으로 경제적 구조 전환을 파악하려는 시각에서 보면, 플라자합의에 의해 엔고 시대가 열림에 따라 한국 경제가 도약할 기회를 얻었던 1985년을 전환의 시점으로 생각할 수도 있다. 1997년 외환 위기를 현재 우리 사회의 상황을 설명하는 데 가장 중요한 요인으로 파악하는 사람이라면 전두환 집권기를 한국적 신자유주의가 태동하던 시기로 보고, 경제 운영의 기조를 신자유주의적으로 재편하려 한 김재익이 청와대 경제수석으로 임명된 해인 1980년을 주목할 것이다. 이런 입장이라면 전두환 집권기는 연장된 박정희 체제는 전혀 아닌 셈이다.[1]

문화의 시간에선 무엇이 구조 변화의 시점이었을까? 컬러텔레비전 방송이 시작된 1981년? 야간통행금지가 폐지되고 프로야구가 개막한 1982년? 1986년 아시안게임 혹은 1988년 올림픽? 대중음악의 영역에서는 조용필의 지배 아래 언더그라운드에서 들국화의 전설이 형성되던 1985년을 분기점으로 삼을 수도 있을 것이다. 영화라면 민주화 이후 이루어진 영화 개방과 그것에 짝 맞추어 이루어진 비디오테이프리코더의 대량 공급 그리고 우후죽순 생겨난 비디오 대여점을 통해 수십 년 동안 지체된 한국민의 영화적 교양이 단숨에 세계적 수준으로 상승하기 시작한 1988년쯤이 될 것이다. 음식 문화의 차원에서라면 KFC가 상륙한 1984년을 분기점으로 삼을 수도 있을 것이고, 주택 문화에서는 서울올림픽에 동원된 토목산업을 200만 호의 신도시 아파트 건설로 이끈 1987~88년 어간의 주택 가격 상승을 분기점으로 볼 수도 있을 것이다. 우리가 관심을 가지고자 하는 생활문화사란 이 다층적인 사회구조의 시간 속으로 들어가보려는 시도이다. 더 정확히 말하면 사회구조의 여러 층위들이 서로 연결되고 영향을 주고받으며 자아내는 무늬를 살펴보려는 것이다. 아마도 우리가 흔히 일상이라고 부르는 것은 이런 무늬가 연대기적 시간과 삼투되어 흘러가는 양상을 가리킬 것이다.

하지만 연대기도 아니고 사회구조도 아닌 사건의 시간이 있다. 우리는 종종 그때까지의 사회구조의 양상에서 추론 가능하지 않은 어떤 과잉의 출현에 직면한다. 그것은 어떤 의미에서 우리가 우리 자신에게 놀라는 체험이다. 그 놀라움은 참혹한 것일 수도 있고 환희에 찬 것일 수도 있다. 혹은 참혹한 것에서 시작해서 환희에 이르거나 그 반대의 행로를 가는 과정적인 것일 수도 있다. 아무튼 놀라움을 경험하면 사건의 원인을 해명하려는 욕구가 일게 된다. 하지만 사건은 끝내 그 원인을 초과하는 어떤 면모를 드러낸다. 예컨대 2008년 촛불집회가 왜 다른 무엇이 되지 않고 몇 달간 서울 도심을 휩싸는 '즐거운' 사건이 되었는지를 밝히기란 어렵다. 왜 세월호가 침몰하고 또 304명이 사망·실종에 이르게 되었는지 모든 원인을 규명해보려고 해도, 여전히 달리 진행될 수 있을 가능성의 더미 앞에서 최종적 진술은 머뭇거리게 된다. 하지만 사건은 우리에게 끊임없이 진상에 이르고자 하는 노력을 요구하고, 또 그렇기 때문에 사람들의 삶을 변경한다. 1980년대의 통일성도 바로 그런 사건, '5·18민주화운동'에 의해 주어진 것이다. 1980년대의 삶은 이 사건의 시간 속에 놓여 있고, 그 사건이 일상의 시간을 재구조화하는 그런 시대였다.

우리들의 영원한
청춘의 도시여

사건은 트라우마적인 것이다. 사건에는 일상을 붕괴시키는 힘이 내재해 있기 때문이다. 일상이 무너질 때 일상적 언어도 길을 잃고 넘어진다. 사건 앞에서는 말길이 끊어지고 그저 비명, 신음 혹은 탄성만이 가능해지는데, 그래서 비명 혹은 탄성에 가까운 언어, 시가 말문을 연다. 1980년 5월 금남로에 펼쳐진 피의 현장에 섰던 시인 김준태는 이렇게 외쳤다.

> 하느님도 새떼들도
> 떠나가버린 광주여
> 그러나 사람다운 사람들만이
> 아침 저녁으로 살아남아
> 쓰러지고, 엎어지고, 다시 일어서는
> 우리들의 피투성이 도시여
> 죽음으로써 죽음을 물리치고
> 죽음으로써 삶을 찾으려 했던
> 아아 통곡뿐인 남도의
> 불사조여 불사조여 불사조여
> ──「아아 광주여! 우리나라의 십자가여!」 부분

이 통곡은 광주에서 피를 뿌리며 죽은 이들에서 연원한다. 하지만 그 못지않게 커다란 트라우마는 국가기구가 이들을 죽였다는 것이다. 한국전쟁을 통해 위험한 괴물임을 한껏 드러냈던 그 국가기구가 몇십 년 만에 되돌아온 것이다.

하지만 광주의 시민들은 "그들의 국가" 앞에 무력하게 투항하지 않았다. 김상봉이 말했듯이 "그들의 나라를 우리 모두의 나라로" 만들기 위해 투쟁했다.

광주항쟁이 현존하는 국가기구에 대한 항쟁이었다는 것은 그것이 현존하는 국가기구가 표현하고 또 실현하고 있는 공동체에 대한 항쟁이었다는 것을 뜻한다. 만약 현존하는 국가기구가 참된 국가공동체로서 온전한 나라를 실현하고 있었더라면 항쟁이 일어날 일은 없었을 것이다. 하지만 5·18 자체가 이 땅에서 현존하는 국가기구가 아직 온전한 국가공동체가 아니라는 것에 대한 가장 확고한 증명이었다. 이를테면 21일 시민들을 향해 공수부대가 집단 발포를 시작했을 때 그 신호가 된 것이 애국가였다. 애국가가 학살의 전주곡이었다는 것은 한편으로는 애국가를 통해 상징되는 국가가 결코 온전한 나라가 아니라는 것을 모자람 없이 증명하는 것이지만, 다른 한편에서는 애국가로 상징되는 나라가 학살자들에 의해 전유되어 있었다는 것을 보여주는 것이기도 하다.

광주항쟁은 그런 타락한 국가에 대한 항쟁이었다. 하지만 이것은 광주시민들이 단순히 국가의 타자로서 자기들을 반정립했다는 것을 의미하지 않는다. 애국가의 리듬이 발포명령이 되어 일제 사격이 시작되었을 때, 그에 대항해서 광주시민들이 불렀던 노래 역시 애국가였다는 사실은 광주시민들이 자기들을 광주시민으로 또는 전라도민으로 자기매김한 것이 아니라 어디까지나 대한민국이라는 한 나라의 국민으로서 자기를 정립했다는 것을 의미한다. 비록 고립되어 있었으나 그들은 자기

를 참된 의미에서 대한민국의 시민으로 의식했던 것이다.[2]

온전한 국가공동체가 어떤 모습일지는 투쟁의 현장에서 그 잠재태를 드러낸다. 광주시민들은 민주화를 요구하는 자신들에게 진압봉과 총과 대검과 화염방사기를 휘두른 무려 3개 여단의 공수부대를 단합해 쫓아냈고, 그들이 물러난 광주를 평화와 우애의 공간으로 만들었는데, 바로 거기에 도래해야 할 정치공동체의 양상이 어른거리고 있었다고 할 수 있다.

관, 식량, 휘발유, 담배가 부족했지만 수십 명의 사람들이 공동체의 식사를 준비했고 아무도 굶주리지 않았다. 광주 전역에서 사람들은 서로 포옹했고, 슬픔에 잠긴 가족들을 보살폈으며, 부상자들을 치료했다. (…) 사람들은 서로 친근하게 대화했으며, 일상적인 위계적 언어는 쓰지 않았다. 살아 있다는 것이 행복한 사람들은 무장한 새 동지들과 담배를 나눠 피웠고, 이는 공동체적 경험을 아주 중요하게 상징하는 행위로 많은 사람들에게 기억됐다. 아직 담배가 남아 있는 상점 주인들은 한 번에 1갑씩 팔거나 나눠줬다(모든 사람에게 공평하게). 시민군은 신속하게 휘발유 배급 체계를 만들었고 더 많은 관을 짜려고 노력했다. 병원에 혈액이 부족하다는 소문이 퍼지자마자 사람들이 헌혈을 하려고 몰려들었고, 술집 여종업원과 성 판매 여성들도 가세했다.[3]

광주시민들은 "폭력에 대한 공포와 자신에 대한 수치를 이성과 용기로 극복하고 목숨을 걸고 싸우는 시민들이 만나 서로가 진정한 인간임을, 공포를 극복한 용기와 이성 있는 시민임을 인정하고 축하하고 결합한 절대공동체"[4]를 창출했던 것이다. 시인 김준태는 앞서 인용한 시를 쓴 뒤 달포

쯤 지나 이렇게 적는다.

1980년 7월 31일 오후 5시
뭉게구름 위에 앉아 계시는
내게 충만되어 오신 하느님을
나는 광주의 신안동에서 보았다
그런 뒤로 가슴이 터질 듯 부풀었고
세상 사람들 누구나가 좋아졌다
내 몸뚱이가 능금처럼 붉어지고
사람들이 이쁘고 환장하게 좋았다
(…)
사랑에 천번 만번 미치고 열두 번 둔갑하여서
이 세상의 똥구멍까지 입맞추리라
사랑에 어질병이 들도록 입맞추리라
아아 나는 정말 하느님을 보았다.

─「나는 하느님을 보았다」 부분

'하느님도 새떼도 떠난 광주'에서 시인이 다시 만난 이 하느님은 아마
도 '절대공동체'의 다른 이름이었을 것이다. 광주는 이 사랑의 공동체를
우리 모두의 나라, 온전한 정치공동체로 정립하려는 동역학의 근원이 된
다. 1980년 5월 27일 새벽 '그들의 나라'가 탱크를 몰고 진군해 와 전남도
청을 향해 기관총을 난사하고 수류탄을 던졌을 때도 그 자리를 지킨 이들
이 있었다. 그로부터 1987년 6월항쟁에 이르는 긴 시간 동안 이어진 투쟁
은 이들이 넘긴 바통을 이어받은 것이었다.

87년체제,
정치의 산문화

바통을 이어받아 달린 것은 꽤 긴 기간 동안 대학생들이었다. 그들은 구전된 노래를 부르며 시위 현장에 섰다. "꽃잎처럼 금남로에 뿌려진 너의 붉은 피/두부처럼 잘리어진 어여쁜 너의 젖가슴/오월 그날이 다시 오면 우리 가슴에 붉은 피 솟네/왜 찔렀지 왜 쏘았지 트럭에 싣고 어딜 갔지/망월동에 부릅뜬 눈 수천의 핏발 서려 있네/오월 그날이 다시 오면 우리 가슴에 붉은 피 솟네." 그들은 스스로 부르고 있는 그 노래 가사가 두렵고 무서웠고, 또 그렇기 때문에 왜 그렇게 죽어야 했고, 왜 그렇게 죽었는지 그 답을 얻기 위해 시위 현장에 서지 않을 수 없었다. 결코 머리를 떠나지 않은 그 질문 때문에 그들은 '이념 서클'을 만들고 책을 읽고 토론했다. 그리고 거리에 나서 수천 건의 시위를 벌였고, 전투경찰을 향해 보도블록을 깨서 던졌고, 쏟아지는 최루탄 너머로 화염병을 던졌다.* 그들은 미국에 광주의 책임을 묻고자 했고** 북한의 의미를 다시 물었다.*** 그리고 수많은 학생이 노동 현장에 투신해 민주노조운동을 벌였다.[5] 그리고 투쟁의 규모와 조직화 정도가 점점 커졌다. 구로동맹파업(1985년 6월)을 거쳐 5·3 인천

---

*   이남희는 이 시기 대학생들이 겪은 고뇌를 "역사적 주체성의 위기"로 정의하고 그것이 학생운동의 발전에 미친 영향을 고찰했다. 이남희 『민중 만들기: 한국의 민주화운동과 재현의 정치학』, 유리·이경희 옮김, 후마니타스 2015 참조.
** 부산 미문화원 방화 사건(1982년 3월), 대구 미문화원 화염병 투척 사건(1983년 9월), 서울 미문화원 점거 사건(1985년 5월)이 그 예이다.
*** 이와 관련해 주목할 만한 일이 한국 학생운동에서의 주사파의 출현이라고 할 수 있다. 주사파는 2014년 헌법재판소에 의해 통합진보당이 해산될 때까지 1987년 민주화 이후 한국의 진보정당 정치에 중요한 집단으로서 활동했다.

사건(1986년 5월) 그리고 1500여 명이 연행된 건대사건(1986년 10월)으로 나아갔다.

이 모든 투쟁들은 매번 진압되었지만, 1987년이 되자 전두환 정권은 상황을 통제할 능력을 잃기 시작했다. 1987년 1월 서울대생 박종철 고문치사 사건이 발생했다.* 이 사건이 전두환 정권에 대한 도전을 한 단계 더 높은 수위로 끌어올렸다. 마침내 민주헌법쟁취국민운동본부가 결성되어 6월 10일 국민대회를 기획했다. 6·10국민대회 참가 결의대회가 열린 6월 9일 연세대생 이한열이 최루탄 파편에 맞아 중태에 빠졌다.** 그리고 마침내 6·10항쟁이 시작되었다. 명동성당 농성투쟁을 거쳐 전국적으로 시위가 확산되자 마침내 전두환 정권은 물러설 수밖에 없음을 깨닫게 되었다. 거리엔 대학생뿐 아니라 넥타이를 맨 샐러리맨, 자영업자, 노동자가 함께 등장했고, 택시 기사들은 경적을 울리는 시위를 했다. 그리고 100만 명 이상이 참여한 것으로 추산되는 6·26평화국민대행진에 이르자 민주화 세력의 승리는 자명해졌다.***

---

* 박종철 고문치사 사건은 1985년 김근태 민주화운동청년연합 의장에 대한 고문, 1986년 부천경찰서 성고문 사건에서 보듯이 아무렇지도 않게 고문을 자행해온 전두환 정권에서는 언제든 일어날 사건이었다고 할 수 있다.

** 이한열은 오랫동안 사경을 헤매다 약 한 달 뒤인 7월 5일에 사망했다. 7월 9일에 민주국민장으로 거행된 그의 장례식은 연세대에서 신촌 로터리와 서울시청을 거쳐 광주 5·18묘역으로 이어졌다. 장례식에 모인 이들의 수는 서울이 100만이 넘었고, 광주도 50만 명이 넘은 것으로 추산된다.

*** 모든 권위주의적 독재정권은 압도적 대중의 집회 속에서 군인들이 자신의 가족과 친구의 현존을 느끼는 순간 무너진다. 군대를 동원하는 최종적 해결수단이 무력화되기 때문이다. 다음과 같은 증언을 참조하라. "(당시) 치안본부장 권복경은 경찰이 시위대에 수적으로 밀리고 거리에서 자주 패배했기 때문에 군대의 개입을 선호했을 것이라고 여겼지만 나중에 이렇게 회상했다. '만약 군대가 개입했다면 유혈 사태가 예상됐다. 군 당국이 시민들을 돕기로 결정하는 것도 가능했다. 어느 쪽이든 무정부 상태는 피할 수 없는 것처럼 보였다. 나는 끝까지 경찰력에 의존하는 거 외에 다른 방법을 찾을 수 없었다.' 비록 일부 장군들이 권력을 확보하기 위해 군대 개입을 선호했을지라도, 기무사령관을 포함한 다른 장군들은 강력히

하지만 흔히 87년체제라 불리게 되는 이후의 시기,[6] 특히 그것의 일차적 국면인 노태우의 6·29선언에서 1991년 5월투쟁에 이르는 기간은 광주항쟁에서 시작된 사건의 시간이 점차 옅어져가는 과정이었다. 6월항쟁에 이은 7~9월 노동자대투쟁, 개헌, 1987년 겨울의 제13대 대통령 선거, 1988년 총선과 여소야대 국회, 1990년 1월 3당 합당과 그것에 도전한 학생들의 투쟁에서 보듯이 우리 사회 보수파와 민주화 세력 간에는 타협 혹은 일진일퇴의 투쟁이 거듭되었지만, 그의 귀결은 김정한이 「민주화운동의 시대」에서 지적했듯이 '민주화의 보수화'였다.

이런 사건의 시간의 퇴조 속에는 여러 가지 구체적 계기들 못지않게 어떤 구조적인 측면 또한 자리 잡고 있다. 왜냐하면 민주화는 대의제를 불러오고, 선거법에 의해 규율되는 대의제는 정치적 산술의 공간을 연다. 독재의 시대에는 힘과 힘이 직접 충돌하고 정치에 목숨을 거는 투쟁이었던 데비해, 민주화의 시대에는 선거법 같은 대의제 규칙이 자체 역동성을 가지고 힘과 힘의 투쟁을 중재하기 때문이다.*

민주화 이후 첫 직선제 대통령 선거에서 민주주의에 대한 대중의 열망을 대변했던 두 정치인 김영삼과 김대중은 민주세력의 선거 승리를 보장하는 후보단일화를 이루지 못했는데, 이들의 분열은 잘못된 정치산술, 그러니까 당시의 세력 분포와 단순 다수제 선거 규칙이 결합한 상황에서는 자신이 당선될 수도 있다는 각자의 환상 때문이었다. 그로 인해 민주화를

반대했다." 조지 카치아피카스 『한국의 민중봉기』, 원영수 옮김, 오월의봄 2015, 458~59면. 6월항쟁의 전체 과정에 대해서는 서중석 『6월항쟁』, 돌베개 2011 참조.
* 후기구조주의라면 이런 상황을 "기표(대의제적 규칙 체계)가 기의(사회·정치적 세력)를 능가한다"고 요약할 것이다. 하지만 이런 식의 파악은 비단 후기구조주의적인 것만은 아니다. 마르크스 역시 프랑스의 1848 혁명에 이어 도입된 최초의 보통선거를 다룬 『루이 보나파르트의 브뤼메르 18일』에서 선거와 선거 규칙 자체가 발휘하는 독자적 힘을 상세히 분석한 바 있다.

열망했던 대중은 전두환의 친구 노태우가 대통령이 되는 것을 망연히 바라봐야 했다. 그리고 거기서 더 나아가 그런 지도자 가운데 한 사람이었던 김영삼이 군부독재 세력인 노태우 그리고 유신독재의 잔당인 김종필과 손잡는 3당 합당마저 보아야 했다. 그런데 이런 정치산술은 대의제 선거제도로 인해 그 가능성이 열린 것이었다. 그들의 계산 실패가 또다른 보충적 계산으로 이어지며 복잡하게 엉켜가는 모든 과정은 대의제 선거제도와 지도자 중심적인 국민투표제 민주주의 자체에 내장된 가능성이었던 셈이다. 하지만 이런 87년체제의 구조적 작동 앞에서 그때까지 사회운동의 에너지원이었던 분노와 열망으로 충전된 서정적 자아들은 운율과 음보를 잃고 절뚝거리며 산문화散文化된 정치의 세계로 걸어들어갈 수밖에 없었다.

민주화가 이렇게 정치의 산문화 과정을 수반한다 해도 그것을 좀더 담담하고 범속한 정치적 비전과 결합하는 것이 불가능한 것은 아니다. 하지만 5·18민주화운동에서 시작된 시간 속에 있었던 이들은 타협적으로 진행된 민주주의의 행로 앞에서 실망과 환멸과 냉소 그리고 절반쯤은 청산의 태도로 산문화된 정치를 받아들였다. 『창작과비평』 1993년 여름호에 실린 최영미의 시 「서른, 잔치는 끝났다」는 그런 분위기를 잘 요약하고 있다.

잔치는 끝났다
술 떨어지고, 사람들은 하나 둘 지갑을 챙기고 마침내 그도 갔지만
마지막 셈을 마치고 제각기 신발을 찾아 신고 떠났지만
어렴풋이 나는 알고 있다
여기 홀로 누군가 마지막까지 남아

주인 대신 상을 치우고

그 모든 걸 기억해내며 뜨거운 눈물 흘리리란 걸

그가 부르다 만 노래를 마저 고쳐 부르리란 걸

어쩌면 나는 알고 있다

누군가 그 대신 상을 차리고, 새벽이 오기 전에

다시 사람들을 불러 모으리란 걸

환하게 불 밝히고 무대를 다시 꾸미리라

그러나 대체 무슨 상관이란 말인가

—「서른, 잔치는 끝났다」 부분

일상의 역동,
일상의 변모

참을 수 없는 정신적 상처를 입은 자도 허기를 느끼고, 밥을 먹으며, 친구와 만나 수다를 떤다. 오가는 대화 사이의 짧은 순간에도 고통과 슬픔이 아무렇지도 않게 난입해올 수 있다. 하지만 일상은 그 찢긴 순간을 기우며 진행되어간다. 사건의 시간 속에 있는 이들 또한 어울려 삼겹살과 소주를 마시고, 취직시험을 보고, 결혼도 하고, 돌잔치도 하고, 전세 계약도 한다. 1980년대의 생활문화사를 살피는 작업은, 사건이 일상에 침범하고 일상을 재구조화하지만, 일상이 나름의 역사를 쌓아가는 과정, 아마도 다음에 도래할 사건의 에너지를 축적하는 그런 과정을 더듬어 가보는 일이다.

1980년대 사람들이 경험한 일상은 어떤 의미에서 5·18민주화운동과 매우 긴 인과적 연계를 통해서만 연결되어 있을 수 있다. 예컨대 1981년 1월 1일 시작된 컬러텔레비전 방송을 생각해보자. 한국의 컬러텔레비전 생산은 박정희 체제에서 이루어진 산업화의 산물이다. 그리고 그 산업화 과정이 민중 배제적인 억압에 기초한 것인 한, 분배와 민주화를 향한 투쟁을 유발할 것이다. 그러니 백색가전을 만들기 위해 납땜을 해야 했던 '공순이'들의 고통과 그렇게 해서 형성된 생산력에 기반을 둔 컬러텔레비전 생산, YH사건, 부마항쟁, 박정희의 죽음과 5·18민주화운동에서의 죽음은 이런저런 연결고리를 가지고 있다. 그러나 일단 그렇게 해서 컬러텔레비전을 생산하는 사회로 진입하면, 내수시장을 위해서 언젠가 컬러텔레비전 방송이 시작된다. 하지만 그것이 다름 아니라 1981년 1월 1일에 시작된 것은 '5월광주'를 짓밟고 집권한 전두환 정권의 문화정치와 연계될 수밖에 없다. 그렇지만 또 이런 시작의 계기와 무관하게 컬러텔레비전 방송은 시각 문화를 바꾼다. 컬러텔레비전을 보는 사회는 다시는 흑백텔레비전 시대로 돌아가지 못한다. 문화적 감수성 전체가 바뀌기 때문이다.

「88 서울올림픽과 시선의 사회정치」에서 박해남이 밝히고 있듯이 88 올림픽 또한 유사한 궤적을 그린다. 올림픽 유치를 위한 시도는 1980년 8월부터 시작되었고, 이듬해 유치에 성공한다. 우리 사회가 겪어온 발전 과정을 짚어볼 때, 언젠가는 서울에서 올림픽이 개최되었겠지만, 아무런 정치적 정당성 없이 집권한 전두환 정권의 절실한 시도가 아니었다면, 1988년에 개최되지는 않았을 것이다. 그러나 일단 개최가 확정된 순간부터 일상생활은 가정된 세계인의 시선에 의해 규율된다. 더불어 경기장 건설과 도로망 확충 등으로 도시경관 또한 바뀐다.

「프로야구에 열광하다」에서 정준영·최민규가 분석한 프로야구 또한 그렇다. 1981년 12월 한국야구위원회KBO가 뚝딱 만들어졌다. 1981년

11월 중순만 해도 어느 팀이 창단되어 리그에 참여하는지조차 불투명했지만, 그로부터 넉 달여 후인 1982년 3월엔 대통령의 시구로 프로야구가 출범했다. 1970년대부터 고교야구가 인기를 끌었고 실업야구도 발전해서 상당한 토대가 마련된 상태였지만, 역시 정권 차원의 프로젝트가 아니었다면 바로 이 시기에 프로야구가 출범하지는 않았을 것이다.

그러나 어떻게 시작했든 스포츠는 사람들의 일상을 바꾼다. 스포츠는 근대사회에서 흥분과 쾌락을 조직하는 가장 중요한 장치이기 때문이다. 그에 따라 팬덤에서 미디어 산업에 이르기까지 다양한 변화가 일어난다. 프로야구 관람이 중요한 취미생활의 하나가 되면서 등장한 흔한 풍경 가운데 하나가 퇴근 후 석양 무렵 야구 경기장에 앉아 근처 '치킨집'에서 산 닭튀김과 맥주를 먹으며 경기를 관람하는 회사원들의 모습이었다. 이런 모습은 「80년대의 먹거리 문화, 삼겹살과 양념통닭」에서 분석되는 음식문화와 관련해서도 중요한 함의를 갖는다. 그런 문화가 없었다면 한국 치킨산업이 지방 브랜드에서 시작하지 못했을 것이며, 글로벌 기업인 KFC와 어렵지 않게 경쟁하고 그것을 능가할 토대를 갖추기도 어려웠을 것이다. 그리고 그런 치킨산업이야말로 1990년대 이루어질 축산산업의 수직계열화를 추동한 요인이 되었다.

하지만 이런 문화적 변동이 대중적인 현상이 된 것은 민주화 이행 이후 이루어진 문화 개방의 분위기와 경제 분배의 개선을 경유하면서이다. 실제로 1987년 노동자대투쟁 이후부터 1990년대 초반까지 노동자들의 노조 조직률과 실질임금이 빠른 속도로 상승했고 소득 불평등도를 나타내는 지니계수도 개선되어갔다. 강진아가 「그때 동아시아는?」에서 밝히고 있듯이 1985년 플라자합의가 일본 경제의 침체를 가져왔는데, 그것은 동시에 한국 경제의 도약 기회였다. 경제성장률은 높았고, 물가는 안정적이었다. 1987년 이후 소득분배의 개선은 민주화와 7~9월 노동자대투쟁의 효과인 동시에 한국의 대자본이 노동자들에게 물질적 양보를 할 수 있는 여력이 상당했기 때문에 비롯되었다.

아무튼 이런 대중의 실질소득 증가는 식단의 육식화, 외식의 증가, 스포츠에 대한 관심 증대, 영화 관람 기회 증가 등으로 나타났다. 그리고 냉장고, 텔레비전, 세탁기 같은 백색가전과 자가용 구매능력이 늘어남으로 인해 그런 가전제품을 들여놓고 차를 세울 주차장을 가진 아파트에 대한 욕구도 늘었다. 「500만 호에서 5개 신도시까지」에서 임동근이 분석하고 있듯이 1980년대 초반 연립주택과 다세대·다가구 중심이던 주택이 민주화 후에는 아파트로 그 중심축을 옮긴 것이다. 아파트 값이 몇 년 새에 2배 이상 오르는 사태 앞에서 정부는 민간 건설업체를 끌어들여 200만 호의 아파트 공급을 약속했다. 분당과 일산과 산본 그리고 평촌 같은 신도시가 그렇게 탄생한 것이다. 한편 정부는 민주화의 압력 아래 공공임대주택 공급을 늘리고 세입자의 임대차보호기간을 2년으로 늘리기도 했다.

남북관계에서도 1987년은 하나의 분기점을 이룬다. 「그때 동아시아는?」에서 강진아가 밝히고 있듯이 1979년 중국의 개방과 더불어 미중 관계는 데탕트가 시작되었지만, 레이건 집권 이후 미소 관계는 신냉전이라 불릴 정도의 긴장관계 속에 있었다. 김민환의 「페레스트로이카, 북방정책, 그리고 임수경」이 잘 보여주듯이, 1980년대 초반의 남북관계는 미국과 소련의 갈등과 연동되어 있기도 해서 매우 대결적이고 갈등적이었다. 1983년의 KAL 007편 격추 사건, 아웅산 테러 사건, 금강산댐에 대한 대응을 목적으로 한 평화의댐 건설 사건은 민주화 이전의 대립 양상을 잘 보여준다. 하지만 민주화 그리고 동구 사회주의의 붕괴는 이 모든 것을 바꾸었다. 1989년 임수경과 문익환 목사의 방북, 그리고 1990년 러시아와의 수교와 1991년 남북 유엔 동시 가입과 남북기본합의서 채택에 이른 노태우 정권의 북방외교는 그 점을 잘 보여준다.

1980년대는 남한이 경제력 면에서 북한을 완전히 압도해나가는 시기였지만, 「보천보전자악단과 북한의 신세대」에서 전영선이 보천보전자악단에 대한 분석을 통해서 보여주듯이 북한도 나름의 자신감을 잃지 않았던 시대였으며, 그런 점에서 남북 간에 어떤 대칭성이 유지되던 시기였던 것 같다. 「사회주의 완전승리의 전시장이 된 평양의 명암」에서 이세영이 보여주듯이, 북한은 남한이 올림픽을 개최하는 것에 자극을 받아 세계청년학생축전을 기획했다. 또 서울이 올림픽 때문에 노점상을 쫓아내고 한강변을 정비하며 도시 외관을 정비했듯이 북한은 평양을 사회주의의 완전한 승리의 전시장으로 만들기 위해 주체사상탑을 세우고 릉라도 5·1경기장을 지었다. 그러나 1993년 대흉작 이래로 북한은 이른바 '고난의 행군'에 들어간다. 아마도 이 시기부터 남북 간에 유지되던 대칭성은 결정적으로 붕괴했다고 할 수 있다.

—

겨울-나무로부터 봄-나무에로, 그러나…

총괄하자면 5·18민주화운동에 의해 선명하게 통일된 사건의 시간으로부터 시작된 1980년대는 민주화를 경유하며 국제관계에서 일상생활사 수준에 이르기까지 엄청난 복잡성과 다양성을 가진 시대로 흘러들어갔다고 할 수 있다. 회고해보건대 민주화운동은 권위주의적인 독재를 타도하는 데 전력을 기울였지만, 그 세력을 완전히 몰아내지 못했다. 정치체제에서는 몹시 타협적인 체제를 이룩했을 뿐이다. 하지만 그럼에도 불구하고 민주화는 그런 권위주의적 체제가 봉인하고 있던 것들이 모두 풀려나오게는 했던 것 같다. 요컨대 국가의 억압 아래 있던 민중 부문의 해방을 지향했던 민주화는 재벌과 대기업 역시 국가로부터 풀려나오게 했다. 아니 어쩌면 국가의 억압적 통제로부터의 해방이라는 면에서는 재벌과 대기업이 얻은 바가 더 컸다고 해야 할 것이다.

그런즉 민주화에 대한 열망으로 시작했던 한 시대는 어디에 도달한 것일까? 그 점을 조망하기 위해서 두 편의 시를 대조해보아도 좋을 것이다. 하나는 황지우의 「겨울-나무로부터 봄-나무에로」이다.

> 나무는 자기 몸으로
> 나무이다
> 자기 온몸으로 나무는 나무가 된다
> 자기 온몸으로 헐벗고 零下 十三度
> 零下 二十度 地上에
> 온몸을 뿌리박고 대가리 쳐들고
> 무방비의 裸木으로 서서
> 두 손 올리고 벌 받는 자세로 서서
> 아 벌 받은 몸으로, 벌 받는 목숨으로 起立하여, 그러나
> 이게 아닌데 이게 아닌데
> 온 魂으로 애타면서 속으로 몸속으로 불타면서
> 버티면서 거부하면서 零下에서
> 零上으로 零上 五度 零上 十三度 地上으로
> 밀고 간다, 막 밀고 올라간다

온몸으로 으스러지도록

으스러지도록 부르터지면서

터지면서 자기의 뜨거운 혀로 싹을 내밀고

천천히, 서서히, 문득, 푸른 잎이 되고

푸르른 사월 하늘 들이받으면서

나무는 자기의 온몸으로 나무가 된다

아아, 마침내, 끝끝내

꽃피는 나무는 자기 몸으로

꽃피는 나무이다.

　이 시가 수록된 시집이 1985년에 출간되었음을 생각하면, 겨울을 난 나무가 봄에 꽃을 피우는 일을 자연의 리듬이 아니라 오직 나무의 맹렬한 의지적 활동의 소산으로 이해하려는 시인의 태도가 어떤 문화적 맥락에 위치하는지 이해하기 어렵지 않다. 어쩌면 그가 나무에 투사해서 열망했던 것은 1987년 6월항쟁을 통해서 실현되었다고도 할 수 있다. 그때 사람들은 "零下에서/零上으로 零上 五度 零上 十三度 地上으로/밀고" 갔고, "막 밀고 올라"갔던 것이다. 하지만 그렇게 해서 도달한 사회의 모습을 몇 년 뒤 유하는 이렇게 묘사한다.[7]

까페 겨울-나무로부터 봄-나무에로에 자주 오는

심혜진 닮은 기집애가 묻는다 황지우가 누구예요?

위대한 시인이야 서정윤씨보다두요? 킥킥

나무는 자기 몸으로 나무라는데 그게 무슨 소리죠

아, 이곳, 죽은 시인의 사회에 황지우의 시라니 아니, 이건 시가 아니라

삐라다 캐롤이 섹슈얼하게 파고드는 이, 색 쓰는 거리

대량 학살당한 배나무를 위한 진혼곡이다 나는 듣는다

영하의 보도블록 밑 우우우 무수한 배나무 뿌리들의 신음 소리를

쩝쩝대는 파리크라상, 흥청대는 현대백화점, 느끼한 면발 만다린

영계들의 애마 스쿠프, 꼬망딸레브 앙드레 곤드레 만드레 부띠끄

무지개표 콘돔 평화이발소, 이랏샤이마세 구정 가라, 오케

온갖 젖과 꿀과 분비물 넘쳐 질퍽대는 그 약속의 땅 밑에서

고문받는 몸으로, 고문받는 목숨으로, 허리 잘린

한강철교 자세로 이게 아닌데 이게 아닌데 이게 아닌데

틀어막힌 입으로 외마디 비명 지르는 겨울나무의 혼들, 혼의 뿌리들

바람 부는 날이면 압구정 하늘에 뿌리고 싶다

나무는 자기 몸으로 나무다 푸르른 사월 하늘 들이받으면서

나무는 자기의 온몸으로 나무가 된다 ── 일수 아줌마들이

작은 쪽지를 돌리듯 그렇게 저 말가죽 부츠를 신은

아가씨에게도 주윤발 코트 걸친 아이에게도 삐라 돌리고 싶다

캐롤의 톱날에 무더기로 벌목당한 이 도시의 겨울이여

저 혹독한 영하의 지하에서 막 밀고 올라오려 발버둥치는

혼의 뿌리들, 그 배꽃 향기 진동하는 꿈이여, 그러나

젖과 꿀이 메가톤급 무게로 굽이치는 이 거리,

미동도 않는 보도블록의 견고한 절망 밑에서

아아, 마침내, 끝끝내, 꽃피는 나무는

자기 몸으로 꽃필 수 없는 나무다

황지우의 시 제목이 카페 이름으로 소비되는 압구정동 풍경은 저항시

를 상품 미학으로 전환하는 자본주의의 신축성 높은 진화를 보여준다. 유하에 따르면 이 자본주의 때문에 겨울-나무는 아직 봄-나무가 되지 못한다. 그렇긴 했다. 권위주의적 독재와의 투쟁에서 한 고비 넘는 것으로 꽃피는 나무가 되지는 못했다. 우리 욕망과 이미 접맥되어 작동하는 자본주의와의 싸움은 독재와의 싸움보다 한결 어려운 것이다. 이 어려움 앞에서 1980년대를 건너온 세대가 상실의 허탈한 감정으로 '진혼곡'을 듣는 것은 이해할 만한 일이다. 견결하게 신발끈을 고쳐 매는 자세, 그러니까 타인이나 자신의 범속한 욕망을 비루한 것으로 단죄하지 않으며 담담하게 세속적 비전을 함께 가다듬는 자세에 이를 수는 있었으나, 그것이 그렇게 쉽진 않았고 그래서 흔치도 않았던 것이 1980년대에서 1990년대로 넘어가는 길목의 풍경이었다.

민주화운동의 시대

김정한

1980

"세월은 덧없고
인간은 무심하다 하던가요!"

유신체제가 시작된 지 7주년이 되는 1979년 10월 17일 기념식에서 공화당 의원들은 "창조적 생산정치 구현"에 앞장서겠다는 결의문을 채택했다.[1] 하지만 부산과 마산에서는 이날의 기념식을 마지막으로 만들겠다는 학생들의 유신 철폐 시위가 한창이었다. 비상계엄이 선포되고 공수부대가 투입되었다. 그러나 도시 하층민들의 격렬한 저항이 뒤따랐다. 10월 16일부터 20일까지의 부마항쟁은 유신체제를 둘러싼 갑옷이 강철이 아니라 유리일 수도 있다는 사실을 알려줬다. 이를 감지한 정권 내 권력자들은 박정희 대통령 이후의 정치에 대비하기 위한 쿠데타를 준비했다. 10월 26일 중앙정보부장 김재규가 박정희 대통령을 살해했고, 이를 수사하던 육사 출신 장성들은 12월 12일 계엄사령관 정승화 육군참모총장을 강제 연행하고 최규하 대통령을 제압하며 주요 권력기관을 장악했다. 쿠데타를 일으킨 장교 집단 '하나회'의 수장은 전두환 보안사령관과 노태우 사단장이었다. 이 군사반란의 후폭풍이 1980년을 휩쓸었고, 그 정점에 '5월의 광주'가 있었다.

5월 18일부터 27일 새벽까지 광주에서 일어난 10일간의 항쟁은 1980년대 민주화운동 전체를 규정했다.[2] 첫 번째 국면은 5월 17일 24시 비상계엄의 전국 확대로 시작되었다. 정치활동 금지와 휴교령이 선포되고 야당지도자들은 가택 연금되거나 연행되었다. 5월 18일 오전 전남대학교 학생들이 비상계엄과 휴교령에 항의하며 시위를 전개했다. 오늘날 국가의 공식 명칭이 된 '5·18민주화운동'의 시작이었다. 공수부대는 잔혹한 폭력으로 이를 진압했다. 수많은 시민들이 폭력 진압에 항의하며 목숨을 걸고 거리로 몰려나왔다. 시민들은 5월 20일 저녁부터 21일 새벽까지 공수부대 및 경찰과 대치해 치열한 공방전을 벌였으며, 광주MBC, 광주KBS, 세무서 건물이 불타올랐다.

두 번째 국면은 5월 21일 오후 1시를 전후로, 계엄군이 도청 앞 시위대를 향해 무차별 발포를 개시하고, 시민들은 이 같은 집단적인 민간인 학살을 저지하기 위해 자발적으로 총을 들고 무장해 '해방 광주'를 구성하는 시기이다. 시민들은 광주에서 가까운 화순과 나주부터 비교적 멀리 있는 강진과 해남, 곡성과 구례까지 곳곳에서 경찰서, 파출소, 예비군 무기고를 털었고 탄광에서 폭약도 가져왔다. 한국전쟁 이후 최초의 무장이었다. 시민군이 출현하자 계엄군은 오후 5시경부터 시 외곽으로 철수해 광주 봉쇄작전을 전개했다. 고립된 '해방 광주'에서 시민군은 자치와 치안을 담당하며 지역공동체의 질서를 유지하고 계엄군에 대항했다. 그때까지도 민주화가 무엇인지 몰랐던 사람들은 빵과 음료수를 나누고 서로 박수로 격려하고 위로하는 모습을 보며 민주화의 의미를 생각했다.

1980년 5월 광주
5월 17일 비상계엄이 전국으로 확대되었다. 다음 날 전남대학교 학생들의 항의 시위를 시작으로 수많은 시민들이 거리로 몰려나왔고, 공수부대의 무차별 발포 후에는 '해방 광주'를 지키기 위한 시민군으로 거듭났다.

도청 광장에 모인 광주시민
1980년대는 씻어내기 힘든 피로 시작했다. 광주에서 살아남은 사람들, 광주에 가지 못한 사람들 모두에게 1980년 5월 이후의 삶은 전과 같을 수 없었다.

나는 공수부대가 물러났다는 소식을 듣고 친구와 함께 지프차를 타고 도청으로 들어갔다. 도청은 아직 조직적으로 체계가 잡혀 있는 것 같지 않았다. 나는 지프차를 계속 몰고 시내 곳곳의 상황을 살피고 다녔다. 가끔씩 아주머니들이 시위 차가 지날 때마다 빵, 음료수, 김밥 등을 올려주었다. 법원 앞을 지날 때는 법원 직원이 수고한다면서 음료수를 주고 박수도 쳐주었다. 처음에 나는 민주화가 어떤 것인지 몰랐다. 그러나 그런 상황이 오랫동안 지속되다보니까 이것이 민주화이구나 하는 생각을 하게 되었다.[3]

마지막 세 번째 국면은 최후의 항전이 일어난 5월 27일 새벽이다. 5월 26일 밤과 27일 새벽까지 시민군은 곳곳에 배치된 기동타격대와 도청 병력, 시 외곽 방위력 등을 포함해 대략 500여 명 정도가 싸움을 준비하고 있었다. 5월 27일 새벽에 계엄군의 진압이 시작된다는 것은 모두가 알고 있었고, 그날 밤이 마지막이라는 것도 각오하고 있었다. 그러나 최후 항전의 의미는 적을 한 명이라도 더 죽이고 깨끗하게 죽겠다는 것이 아니었다. 그것은 옥쇄玉碎 같은 것이 아니었다. 윤상원을 비롯한 활동가들은 한 명이라도 더 살아서 도청을 빠져나가길 바랐고, 남겠다고 버티는 사람들을 설득해 한 사람의 목숨이라도 더 살리려고 했다. 마지막 국면의 시민군은 주어진 현실을 온전히 거부하는 정치 행위 속에서 스스로 소멸하는 진정한 정치적 주체의 탄생을 함의하고 있었다. 이 최후의 밤에 태어난 정치적 주체는 이후 1980년대 내내 사회운동이 지향하는 전형으로 정립되었다. 예컨대 당시 전남도청 앞에서 개최된 시민궐기대회는 7년 후 서울시청 광장에서 재현될 것이었다.

1980년 5월의 학살은 광주에서 살아남은 사람들에게, 그리고 광주에 가지 못한 사람들에게 깊은 실존적 고뇌를 남겨주었다. 처음 '오월의 소설'을 발표해 1980년대 대표 작가가 된 임철우는 5·18 당시 전남대학교 학생으로서 느꼈던 부끄러움, 죄책감, 분노를 평생 안고 살아야 했다.

나는 한동안 제정신이 아니었다. 그게 아니라고, 당신들은 모르고 있다고, 혼자 흥분해서 입에 게거품을 물고 그때의 일을 얘기해주다가 보면 모두들 잠자코 나를 바라보고만 있었다. 호기심과 반신반의, 혹은 냉소에 찬 눈빛들. 그 한없이 차분하고 이성적인 눈빛들 앞에서 나는 숨이 막히고 가슴이 터질 것만 같았다. 술에 취하면 갑자기 목소리가 높아지고 사나워졌다. 그 냉정하고 영리한 눈빛들을 빛내며 마주 앉아 있는 그들의 모습에 나는 끝없이 절망하고 분노하고 그리고 난폭해졌다. 그때부터 눈물이 부쩍 흔해졌다. 며칠씩 잠 한숨 자지 않았다. 길을 가다가도 광주 생각만 하면 눈물이 쏟아지고, 광주 사람들 생각만 하면 울음이 복받쳤다.[4]

이는 단지 남달리 예민한 한 청년의 이야기가 아니다. 1980년대 대학생들은 모두 5·18세대였다. 5·18의 1주기를 맞이해 광주의 대학생들이 만든 유인물에서는 "세월은 덧없고 인간은 무심하다 하던가요!"로 말을 떼며, "시민 여러분! 광주사태를 기억합시다."라고 외치고 있었다. 이것은 어떤 '사랑 이야기'였다. 덧없는 세월 앞에서, 유한한 존재의 무심함 앞에서, 이를 뛰어넘어 기억하고 마주해야 하는 가혹한 사랑이었다.

5·18에서 학살당한 사람들을 기억한다는 것은 슬픔과 분노와 비통함과 죄책감을 나눈다는 것이었다. 이와 같은 애도의 감성이 1980년대 민중가요의 화두가 되기도 했다.[5] 1980년대 초의 노래들은 죽음과 패배의 경험이 깔린 암울하고 비장한 단조로 흘러갔고, 1980년대 중반 이후에도 밝고 힘찬 행진곡보다는 유장한 가곡풍의 추모곡이 대부분이었다. 예를 들어 박종만 열사의 장례식에서 발표된 '동트는 그날까지', 전태일 열사의 생애를 다룬 노래공연 「불꽃」의 주제가 '그날이 오면', 김세진·이재호 열사의 추모곡 '벗이여, 해방이 온다', 이한열 열사의 추모곡 '마른 잎 다시 살아나' 등이 애창되었다.

그날은 오리라 자유의 넋으로 살아/벗이여 고이 가소서 그대 뒤를 따르리니/그날은 오리라 해방으로 물결 춤추는/벗이여 고이 가소서 투쟁으로 함께하리니/그대 타는 불길로 그대 노여움으로/반역의 어두움 뒤집어 새날 새날을 여는구나/그날은 오리라 가자 이제 생명을 걸고/벗이여 새날이 온다 벗이여 해방이 온다

— '벗이여, 해방이 온다' 부분

그러나 갓 스물을 넘긴 대학생들이 독재체제의 폭압에 저항한다는 것은 결코 쉬운 길이 아니었다. 그것은 보장된 안락한 미래와 부모님의 모든 기대, 그리고 자신의 일상생활 자체를 부정해야 한다는 의미였다. 이는 민중가요에서 자신들의 투쟁을 더욱 비장하고 비극적으로 과장하게 했으며, "목 놓아 통곡하는 듯한 노래들, 어머니에 대한 죄책감의 표현 등은 바로 이러한 정서의 소산"이었다.[6]

더구나 5·18의 학살로 인해 헌법적 정당성을 갖추지 못한 채 출범한 전두환 정권은 '남산'의 국가안전기획부^{현 국가정보원}와 '용산 서빙고'의 국군보안사령부^{현 국군기무사령부} 분실, '남영동'의 치안본부 대공분실 등 정보·공안기관들을 통해 정부에 비판적인 사람들에게 인간성을 말살하는 폭력 정치를 자행하고 있었다. 불법연행, 장기 불법구금, 가혹한 고문을 반복했고, 운동세력의 정보를 캐내기 위해 친구와 선후배를 감시·보고하는 프락치^{정보원} 활동을 강요했는데, 이 모든 것을 뒷받침하는 최고 악법이 국가보안법이었다. 온갖 고문으로 자백을 얻어내 간첩·조직 사건을 조작하는 일이 허다했다. 1985년 5월 민주화운동청년연합^{약칭 민청련} 사건과 관련된 김근태 고문 사건, 1986년 5·3인천항쟁에 대한 수사 과정에서 일어난 부천경찰서 성고문 사건이 그나마 세상에 알려진 정도였다. 또한 1985년 10월 민주화추진위원회^{약칭 민추위} 사건에 연루된 수배자를 체포하려는 목적으로 1987년 1월 서울대생 박종철을 고문·살해한 사건은 1987년 6월

항쟁의 불씨가 되기도 했다. 공포와 두려움을 불러일으키는 통치는 역사상 가장 하수가 악수를 두는 독재였다.

그래서 대학생들은 숨어서 저항해야 했다. '이념 서클'이라 불린 비밀 모임에서 급진적인 내용이 담긴 서적들을 공부했다. 독재체제를 무너뜨리는 방법을 알기 위해서였다. 1980~83년 대학 교정에 경찰 병력이 상주하는 동안에는 공개적인 모임과 발언 자체가 금지되었기 때문에, 학생들은 도서관 유리창을 깨고 유인물을 뿌리거나 약간의 시간이라도 벌기 위해 건물 옥상에서 몸을 묶은 밧줄에 매달린 채 구호를 외쳐야 했다. 전두환 정권의 국가폭력에 대항하려면 허약한 학생들이 아니라 강고한 노동자·농민·빈민 들이 사회운동의 주체가 되어야 한다는 깨달음도 깊어갔다. 그러나 노동에 지친 현실의 노동자·농민·빈민 들의 정치의식은 너무 낮았고, 이를 높이기 위해서는 학생들이 민중 속으로 들어가서 '의식화'를 해야 한다는 문제의식도 생겨났다. 이른바 '현장 투신'을 하는 '대학생 출신약칭 학출 노동자'가 가장 모범적인 운동의 전형으로 인식되기도 했다. 이 과정에서 '노학연대'라는, 1980년대의 중요한 운동 노선도 정립되었다. 이것은 1985년의 구로동맹파업으로 얼마간 결실을 맺었다.

1985년과 1986년에는 1980년대 민주화운동의 변곡점이 되는 세 가지 사건이 일어났다. 1985년 5월 23~26일 서울 미문화원 점거 사건, 6월 24~29일 구로동맹파업, 1986년 5·3인천항쟁이 그것이다. 서울 미문화원 점거 사건에서는 서울 지역 5개 대학의 학생 73명이 '광주학살'에 대한 미국의 사죄를 요구하며 미문화원을 점거해 농성을 벌였다. 구로동맹파업에서는 대우어패럴, 효성물산, 가리봉전자, 선일섬유, 부흥사 등 구로지역의 노동조합들이 연대해 임금 동결 철회, 최저생계비 보장, 민주노동운동 탄압 중지 등을 요구했고, 여기에 대학생들과 민주화운동 단체들이 결합

구로동맹파업 탄압 항의 집회
구로동맹파업은 한국전쟁 이후 최초의 노동자 정치투쟁으로 학생과 노동자의 연대 가능성을 보여준 사건이었다. 이는 1987년 7~9월 노동자대투쟁을 예고하는 사건이기도 했다.

해 정권을 규탄했다. 특히 구로동맹파업은 한국전쟁 이후 최초의 노동자 정치투쟁으로서 노학연대의 가능성을 보여주었다.[7] 5·3인천항쟁에서는 신민당의 개헌추진위원회 인천지부 결성대회 개최를 계기로 삼아, 경인지역의 활동가·노동자들이 주도하고 서울지역의 대학생들이 결합해 '파쇼 타도'를 외쳤다.

구로동맹파업은 노동자들의 생존과 인권을 방어하려는 1987년 7~9월 노동자대투쟁을, 서울 미문화원 점거 사건은 1980년대 후반 학생운동 중심의 통일운동을, 그리고 5·3인천항쟁은 대통령 직선제를 주요 목표로 삼은 1987년 6월항쟁을 각각 예고하고 있었다.

시위철에 찾아오는
한국형 계절병

한 시대를 대표하는 냄새가 있다면 1980년대의 그것은 최루탄의 매캐함일 것이다. 대학가와 시내에서 흔히 맡을 수 있는, 눈물과 콧물을 사정없이 흐르게 하는 고통스러운 매캐함은 아직 민주주의가 오지 않았다는 징표였다. 독재 시대에 심각한 환경 공해 또한 '최루탄 공해'였다. 1987년 6월항쟁이 타오르던 시기에는 최루탄 피해로 인해 자연생태계까지 위협받고 있다는 기사가 나올 정도였다. "최근 캠퍼스 숲에는 새들이 차차 자취를 감추고 잔디와 노송이 시들어가는 등 최루탄 공해는 대학가의 자연생태계마저 바꿔가고 있다." "3, 4년 전부터 각종 새들은 물론 곤충류까지 크게 줄어들었"고, "번식하던 꾀꼬리, 참새, 먹새 등의 개체 수도 줄었다."[8] 등의 기사인데, 이와 같은 생태계의 변화를 가져온 원인으로 최루탄을 지목했다. 이는 물론 과학적인 조사에 근거한 것은 아니었고 얼마간 과장도 있었을 것이다. 하지만 정권을 선도적으로 비판하는 대학생들의 집회와 시위를 최루탄 남용으로 해산시키는 독재정권을 간접적으로 비판하는 효과가 있었다. 최루탄이 생태계까지 교란한다면, 그것이 인간의 신체에 미치는 부작용은 어떠하겠느냐는 반문이 따라 나오게 마련이다. 실제로 후유증으로 반점과 수포 등의 이상증세를 보이거나 피부염과 비염에 시달리는 일이 잦았다. '시위 철'에 찾아오는 '한국형 계절병'이라는 말도 나왔다. 최루탄의 따가움과 악취를 막기 위해 비닐봉지를 쓰거나 물안경을 끼는 사람까지 생겨났을 정도였다.

'시위 철'이란 대학의 학기가 시작되어 대학생들이 모일 수 있는 봄과

최루탄 공해
과학적이지는 않지만 최루탄이 생태계를 교란하고 신체에 해를 끼친다는 언론보도가 나오자 사람들은
고개를 끄덕였다. 최루탄의 따가움과 악취를 막기 위해 비닐봉지 혹은 물안경을 쓰고 돌아다니기도 했다.

가을을 뜻하지만 단순히 자연의 계절은 아니었다. 특히 봄날에 반복되었던 '오월의 운동'은 1980년대 민주화운동의 중요한 촉매제였다. 1980년 5월 광주에서 일어난 학살과 죽음은 그곳에서 살아남은 사람들에게, 그리고 타지에 있었기에 함께 싸우지 못한 사람들에게 추모와 애도의 정치를 만들어냈다. 해마다 5월에는 광주의 넋을 위로하고 학살자들의 단죄를 요구하는 추모제가 열렸고, 이것이 전두환 정권을 공개적으로 비판하는 집회와 시위로 이어져 운동 문화를 형성했다. 5월 18일에는 추모제, 추모예배, 추모미사를 시작으로 거리 행진을 하고 시위를 전개하는 것이 애도의 의례였고, 대학가에서도 망월동 묘지를 참배하고 순례하며 '5·18학살'의 진상 규명을 요구하는 것이 필수적인 '오월의 행사'였다.

최루탄은 '한국형 계절병'의 원인만이 아니라 시위 진압 과정에서 직접적인 살인 도구가 되기도 했다. 1960년 4·19혁명 과정에서 고등학생 김주열이 최루탄에 맞아 사망한 것처럼, 1987년 6월항쟁 과정에서 대학생 이한열도 경찰이 쏜 최루탄을 맞고 쓰러져 다시 일어나지 못했다.

1987년 5월 27일에 결성된 '민주헌법쟁취 국민운동본부'약칭 국민운동본부, 국본는 박종철 고문 살인과 4·13호헌조치를 규탄하는 6·10국민대회를 예고했고, 6월 9일 각 대학에서는 6·10국민대회에 결합하기 위한 결의대회를 진행했다. 연세대의 이한열도 여기에 참여했다가 전경과 백골단이 다연발 최루탄일명 지랄탄과 사과탄 등을 난사하며 강경하게 시위를 진압하는 와중에 머리에 직격탄을 맞고 중태에 빠졌다. 경찰의 고문을 받다가 사망한 박종철과 더불어 공권력의 폭력으로 사경에 처한 이한열은 독재 정권의 잔혹한 폭력성을 공론화하는 결정적인 계기가 되었고 전두환 정권에 대한 전국적인 분노를 촉발시켰다.

6월항쟁이 분출하는 데 가장 중요한 역할을 한 것은 6월 10일 밤부터

15일까지 이어진 5박 6일간의 명동성당 농성투쟁이었다. 이 농성투쟁은 사전에 계획된 것이 아니라, 을지로·퇴계로·종로에 있던 일부 학생과 시민들이 경찰의 최루탄에 맞서 투석으로 공방을 벌이다가 자연스럽게 명동성당으로 모여들면서 시작된 것이었다. 우발적으로 일어난 일이라 어떤 지도부도 없었기 때문에 학생, 노동자, 도시빈민(상계동 철거민), 일반 시민 등 760여 명은 대표자를 구성하고 농성의 자진 해산에 관한 것부터 토론해야 했다. 애초에는 농성투쟁이 오래 지속되지 못할 것이라고 여겨졌지만, 천주교 신부와 수녀까지 힘을 모아 경찰의 침탈을 막아내고 각지에서 성금과 지원 물품이 쏟아져 들어오는 등 명동성당 농성투쟁에 대한 지지와 지원이 끊이지 않았다. 당시 빵, 김밥, 우유, 의약품, 속옷, 양말, 시계, 귀금속, 심지어 토큰이나 회수권까지, 시민들이 보내온 지지 물품은 독재정권을 무너뜨려야 한다는 대중의 공감대가 매우 폭넓게 형성되어 있었음을 짐작게 한다. 5·18의 광주와 달리 명동성당은 결코 고립되지 않았고, 6월항쟁의 중심지로 부상했다.[9]

또 6월 18일은 '최루탄 추방의 날'로 지정되어 다시 한번 전국적인 시위가 전개되었다. "최루탄이 없는 순결한 조국 강토를 만들자" "최루탄=살인탄" "제5공화국은 최루탄 공화국" "한열이를 살려내라" 등의 표어들이 등장했다. 최루탄 없는 세상은 민주주의를 상징하는 듯했다. 특히 눈에 띄는 문구는 "아느냐 독재야 최루탄의 고통을"이라는 것이었다. 최루탄에 의존해 민주화에 대한 대중의 열망을 해산시키려는 독재체제는 최루탄의 고통을 알지 못했다. 독재로 인해 모든 사람이 고통스러워할 때 정작 독재자 자신은 그 고통을 모르는 법이다.

전국적인 항쟁이라는 '신화'를 만들어낸 6월항쟁은 직선제 개헌을 수용하는 이른바 6·29선언으로 마무리 과정에 접어들었다. 관점에 따라서

"한열이를 살려내라"
박종철 고문 살인 사건으로 촉발된 6월항쟁은 6·10국민대회에서 최루탄 직격탄을 머리에 맞고 중태에
빠진 이한열 열사로 인해 전국적인 분노로 확산되었다.

6·29선언은 성공이기도 하고 실패이기도 했다. 운동세력이 4·13호헌조치를 철회시키고 직선제 개헌을 성취한 것은 성공이었지만, 4·19혁명으로 이승만 대통령을 하야시켰듯이 전두환 대통령을 직접 물러나게 하지 못했다는 점에서는 실패였다. 이제 모든 것은 그해 연말의 제13대 대통령 선거에서 판가름이 나게 되었다.

비록 독재체제를 완전히 무너뜨리지 못한 채 6·29선언이라는 '열린 결말'로 끝맺음을 했을지라도 6월항쟁은 많은 것을 바꿔놓았다. 세상이 다르게 보였다. 어제의 삶과 오늘의 삶이 직접적으로 달라진 것은 없었지만 분명히 새로운 세상이 도래해 있었다. 고은 시인은 「그날의 대행진 ― 6·10대회, 6·18대회, 6·26대행진 그리고 7·9장례대행진을 위하여」라는 장시에서 그 새로움을 노래했다. 수많은 사람들이 쏟아져나와 함성을 외치던 도시의 거리가 "무시무시하게 새로왔"고, "학살로 모든 것이 만들어진 정권"을 끝장내고 그토록 바라던 민주주의가 눈앞에 펼쳐지는 꿈을 꿀 수 있게 되었다.[10]

몇 10만의 사람들이

(…)

거리를 물처럼 메웠다

태평로를 메워

태평로가 무시무시하게 새로왔다

종로를 메워

종로가 새로왔다

새로움이야말로 혁명 아닌가

(…)

학살로 모든 것이 만들어진 정권

그 정권에 맞서

뛰쳐나와

(…)

명동으로

명동 천주교회 역내로 들어가

그곳에서 민주주의의 바리케이트를 쳤다

—「그날의 대행진」부분

"우리는
머슴이 아니다"

6월항쟁 직후 새로운 세상에 대한 꿈을 가장 먼저 집단적으로 외친 이들은 노동자들이었다. 7월부터 9월까지 노동자대투쟁이라 불린 엄청난 파업의 물결이 일렁였다. 사회운동적 차원에서 보자면, '1980년대'는 1980년 5·18민주화운동부터 1991년 5월투쟁에 이르는 12년의 정치적 시공간을 가리킨다. 6월항쟁과 더불어 그 한가운데에 자리한 노동자대투쟁은, 6월항쟁 이후 독재체제의 봉합이 풀린 정치적 국면에서 일어난 전국적·전산업적 노동파업이었다. 이해 7~9월 노동쟁의가 3341건 발생하고, 7~12월 신규 노동조합이 1361개 결성되었으며, 조합원도 22만여 명 증가했다. 또한 7월 영남권(울산·마산·창원)에서 시작해 9월 수도권(인천·경기) 등으로 파급된 전국적 파업이었으며, 제조업(중화학·기계금속·전기전자·섬유), 운수업, 광업 등을 포괄하는 전산업적 파업이었다.[11]

6월항쟁이 6·29선언에 따라 '열린 결말'로 매듭지어진 후에, 노동자대투쟁은 그 '열린 결말'을 노동의 세계까지 더 민주적으로 이끌어갈 수 있는 힘과 방향성을 제시했다. 1984년 무명의 노동자 시인 박노해가 노래한 '평온한 저녁'을 위한 '노동의 새벽'이 마침내 밝아오는 것 같았다. 노동자대투쟁은 "어쩔 수 없는 이 절망의 벽을/기어코 깨뜨려 솟구칠/거치른 땀방울, 피눈물 속에/새근새근 숨쉬며 자라는/우리들의 사랑/우리들의 분노/우리들의 희망과 단결"(「노동의 새벽」)을 의미했고, "상쾌한 아침을 맞아/즐겁게 땀 흘려 노동하고/뉘엿한 석양 녘/동료들과 웃음 터뜨리며 공장문을 나서/조촐한 밥상을 마주하는/평온한 저녁"(「평온한 저녁을 위하여」)을 향한 소박한 소망의 힘이었다.[12]

하지만 노동자대투쟁은 6월항쟁의 정치적 효과를 제대로 이어받지 못했다. 그 주요 원인 가운데 하나는 6월항쟁의 지도부였던 국민운동본부의 급속한 해체에 있었다. 야당과 재야의 연합체인 국민운동본부는 직선제 개헌이라는 목표가 6·29선언으로 성취되자 노동자대투쟁에 소극적인 태도를 보였다. 야당은 당면한 대선 국면을 주도하기 위해 정치 협상에 주력하면서, 정부가 노동자들의 파업을 폭력적으로 탄압하는 데 반대함과 동시에 노동자대투쟁의 확산도 우려했다. 명망가 중심의 재야세력은 기층·지역의 노동운동에 대한 통제력이나 동원력을 갖고 있지 못했으며 적극적인 운동 전략을 제시하지도 못했다. 또한 직선제 개헌이라는 국민운동본부의 목표는 한편으로 광범위한 대중들을 '거리의 정치'로 운집시키는 효과를 발휘했지만, 다른 한편으로 6·29선언을 통해 정부가 그것을 수용한 후에는 더이상 대중적 힘을 모아내지 못하는 한계로 작용했다. 이러한 한계가 결국 군사독재가 타도되지 않은 직선제 개헌으로 귀결된 것이다. 6·29선언 직후 어쩌면 운동세력은 적어도 군부의 '5·18 학살자'들이나 전두환 정권의 실질적 지도 인사들이 대선에 참여할 수 없도록 하는 방안을 모색해야 했을지도 모른다.

노동자대투쟁은 크게 세 시기로 나눠볼 수 있다. 제1기는 6월 29일에서 8월 7일까지이다. 6월 29일 성남 택시노동자 투쟁에서 시작해 7월 5일 울산 현대엔진노동조합 결성으로 본격적인 막이 올랐고, 7월 중순에 울산 전체로 확산되었으며, 7월 하순에는 창원과 마산으로 전파되었다. 제2기는 현대그룹노동조합협의회가 결성되는 8월 8일에서 8월 27일까지이다. 이 시기에 대부분의 파업이 집중 발생했으며, 특히 8월 17~18일 울산 현대그룹노동조합의 연합 가두시위는 대규모 노동자들의 힘을 보여주었다. 제3기는 8월 28일에서 9월 말까지이다. 8월 22일 시위 과정에서 최루탄에 맞아 사망한 대우조선 노동자 이석규 열사의 장례식이 8월 28일 마무리되자 정부는 좌경용공 세력 척결을 표방하며 공권력을 투입하기 시작했고, 이후 노동자대투쟁은 크게 위축되었다.

노동자들의 주요 요구는 임금 인상이었다. 산업화 과정에서 기업은 저임금·장시간 노동을 세계적인 경쟁력의 원천으로 삼았다. 이렇듯 열악한 노동조건에 처해 있었기 때문에 임금 인상이 압도적인 요구사항이 되는 것은 당연했다. 하지만 이로 인해 노동자대투쟁이 정치투쟁이 아니며 경제투쟁에 매몰되었다고 평가받기도 한다. 그러나 당시 평범한 노동자들이 6월항쟁에 관한 자세한 정보나 적합한 인식이 부족한 탓에 정치의식이 낮았다고 볼 수 있겠지만, 단지 경제적 생활의 향상만을 위해서 파업을 한 것은 결코 아니었다.

노동자대투쟁에 동참한 평범한 노동자들에게 무엇보다 중요한 언어는 '인간답게'였다. 당대에 제작된 유인물이나 소식지에는 노예와 인간을 대비시키는 내용과 함께 '인간답게 살고 싶다'는 담론이 거의 빠짐없이 등

울산 거리를 가득 메운 현대 7개 노조
1987년 노동자대투쟁의 주요 요구는 임금 인상이었다. 하지만 시위에 동참한 평범한 노동자들은 그 무엇보다 인간답게, 사람답게 대우해달라고 요구했다.

장한다. 예를 들어 1987년 8월 22일 경동산업 여성 근로자 대표의 호소문에서는 파업투쟁을 이렇게 주장하고 있다.

> 우리는 지금껏 저임금 장시간 노동과 차별에 시달리며 경동산업에서 뼈 빠지게 일해왔습니다. 그러나 지금 우리에게 돌아오는 것은 여전히 찌들린 살림과 앞날에 대한 불안감, 날로 곪아가는 지친 우리의 육신뿐입니다. 이것은 인간의 삶이 아니라 바로 경동산업의 노예입니다. (…) 우리에게 임금 인상과 어용노조 민주화는 너무나 정당한 것이며 이것은 바로 인간이길 갈망하는 정의의 싸움입니다.[13]

1988년 2월에 창간된 『마창노련신문』에서도 노예, 짐승, 머슴이 아니라 '사람답게 살자'는 내용이 담겨 있다.

> 대우전자 형제 여러분! 옥포에 있는 대우조선에서 사람답게 살아보자고, 결코 노예나 짐승이 아님을 호소하던 우리의 노동형제 이석규 씨의 육신이 8월 23일 싸늘하게 식어갔습니다. 이 시대를 거부해야 했던 이석규 씨의 죽음 속에서 볼 수 있는 폭력경찰의 작태와 이를 옹호하는 악랄한 기업주의 살인폭력을 우리는 참지 말아야 합니다. (…) 민주노조 건설하여 '노예는 싫다, 우리는 머슴이 아니다'고 딱 잘라 외칩시다.[14]

노동자대투쟁에서 '인간답게' '사람답게'라는 담론은 "노동자의 인격을 쟁취해야 한다"라는 표현으로 나타나기도 했다. 이는 단지 투쟁을 선동하려는 수사로 사용된 것이 아니라, 실제로 회사 측과의 교섭을 통해 타결된 협상안에 구체적인 문구로 담겼다. 예를 들어 경원기계 노동자들의 주요 요구사항은 "민주노조 건설과 사수, 가족수당, 근속수당, 상여금 600퍼센트, 부당해고 철회, 해고자 원직 복직, 토요일 오전 근무, 잔업·특근수당 지급, 식사 질 개선, 조기 청소 폐지, 고과 평가 폐지, 인격 보장하라, 임금 인상, 제반 수당 인상(반장수당, 목욕수당, 위생수당), 퇴직금 누진제" 등이었는데, 이 가운데 "인격 보장하라"는 말이 특별했다. 이후 사측과 노조의 합의서에도 "① 두발을 자유화한다. ② 회사 측은 종업원의 인격 보장에 최선을 다한다."라고 명시될 만큼 중요한 문제였던 것이다.[15]

이와 같이 인간적인 대우, 사람다운 대접에 대한 요구는 당시 노동자들의 가장 깊은 곳에 자리한 열망이었다. 이는 한편으로 노동자들의 노동조건이 봉건적 신분제가 연상될 만큼 열악했고 노동자로서의 권리가 전혀 보장되지 않았기 때문이지만, 다른 한편으로는 노동자들이 '사람답게 사는 세상'에 대한 욕망을 자발적으로 표출하고 있었다는 것을 보여준다.

> 뭘 하려고 하는지도 잘 몰랐습니다, 모르고. 그냥 마 막 몰려 나가고 뭔가 바꿔야 된다, 마 이러더라구요. 막 눌려 살아왔으니까 뭔가 확 뒤집었으면 좋겠다, 이런 감정들이 막 깔려 있었어요. 사람들 가슴속에. 이거 뭔가 세상이 확 뒤집어져야 된다, 이거. 이대로는 못 산다, 이런 감정들이. 워낙 당하고 살았으니까. 임금이 그때 뭐 일년에 얼마씩 올랐노? 즈그들 마음대로 임금도 올리고, 출근할 때 보면 뭐 경비들이 바리깡으로 머리 길다고 밀고 이랬으니까. 사람 취급을 못 받은 거죠, 한마디로. 그때 분위기가 현대중공업뿐만 아니고, 전사회적으로 분위기 자체가 그랬잖아요? 배운 거 없이 기술로만 먹고 사는 사람들, 기름 묻히면서 열심히 일하는 사람들을 대접했습니까? 어디. 천대하고. 공돌이, 공순이죠. 공돌이, 공순이.[16]

당시 노동 현장의 문화는, 머리가 길다고 출근길에 이발기계를 들이댈 정도로 노동자들을 인격을 갖춘 사람으로 취급하지 않는 식이었고, 공돌이나 공순이라고 지칭하며 자존감을 뭉개고 천대하는 실정이었다. 이런 상황에서 노동자들에게 인간적인 대우를 받으며 인간답게 산다는 것은 곧 세상을 뒤집는 일이었다. 이는 노동자대투쟁을 단순히 경제투쟁이나 경제주의로 평가할 수 없다는 것을 의미한다. 노동자대투쟁에서 노동자들이 원했던 것은 세상을 바꾸는 것이었다.

그때는 정말 세상이 바뀌는 줄 알았어요. 그 이제 뭐, 그 대중들 분위기

자체도 그랬고, 저도 뭔가 바꿀 수 있다고 생각을 했고, 대중들 열망도 너무 강했기 때문에. 그다음에 우리가 일을 안 하고 저렇게 모여서 이렇게 크게 데모를 하는데 뭐 못 바꿀 게 뭐가 있겠냐, 그런 자신감도 있고, 그런 거죠.[17]

　노동자대투쟁은 인간다운, 사람다운 삶을 살기 위해 세상을 바꾸고 싶다는 욕망과, 동시에 세상이 바뀔 수 있다는 믿음을 널리 확산시켰다. 그러나 1987년 대선에서 야당의 대표적 지도자인 김대중, 김영삼 후보의 통합 실패와 분열로 전두환 대통령의 후계자인 노태우 후보가 당선됨으로써 우리 사회에서 독재정치를 청산하는 길은 멀어져갔다.

—

386세대와
후386세대

　1987년 6월항쟁과 노동자대투쟁 이후 1991년에 이르기까지 한국사회는 거대한 전환의 시대였다.[18] 노동자대투쟁을 통해 민주노조운동이 전국적으로 분출했고 드디어 한국에서도 계급이라는 개념에 어울리는 노동자계급의 형성이 가시화되었다. 무엇보다 노동자들 사이에서 공돌이나 공순이가 아니라 일하며 싸우는 노동자라는 자부심과 자긍심이 싹텄다. 그리고 이는 전국교직원노동조합^{약칭 전교조}을 비롯한 새로운 민주적인 조직들이 결성되면서 기존의 관변단체를 대체하려는 운동이 확산되었다. 1990년 1월 22일에는 노동운동 역사상 가장 급진적이고 전투적인 노동조합의 연합체로서 전국노동조합협의회^{약칭 전노협}이 만들어지는 성과를 낳았다. 이와 같은 정치·사회적 분위기에서 '5공 청문회'를 계기로 광주 민주화운동에 관한 수많은 자료와 증언이 쏟아져나왔으며, 이를 혁명론 으로 해석하고 체계화하려는 사회과학이 전성기를 맞이했다. 다양한 분 야에서 진보적인 학술단체들이 결성되었다. 또한 지하에서 비합법 투쟁 에 매진했던 사회운동 조직들이 공공연하게 반합법 활동을 전개하면서 혁명운동의 전형을 창출하려는 실험을 계속했고, 대학에서 그 구성원들 은 각종 세미나와 소모임을 통해 좌파 이론을 학습하며 혁명의 성격과 정 체를 둘러싼 뜨거운 논쟁을 매일같이 벌였다.

1987년에서 1991년까지 대략 4년 동안 한편으로는 혁명적인 민주화의 열망이 전국적으로 불타오르고 민중운동 세력이 기초적인 조직화의 틀을 마련해나갔지만, 다른 한편으로는 1989년 황석영 작가, 문익환 목사, 임 수경 학생의 방북과 관련된 공안통치와 1990년 1월 22일 보수대연합이 라 불리는 3당 합당을 통해 노태우 정권은 민주화 과정을 끊임없이 역전 시키려고 했다. 민주화의 힘과 탈민주화의 힘이 교착적으로 대립하는 국 면이었다. 4년의 시공간은 민주화가 확대될 것인가 축소될 것인가를 가늠 하는 지배세력과 저항세력의 중대한 결전의 장이었지만, 1991년에 결과 적으로 민중운동 세력은 패배했고 민주화 과정은 최소한의 극히 제한적 인 정치적 민주주의만 허용되는 것으로 귀결됐다. 학생운동과 노동운동, 재야·지식인운동은 고립되거나 해체되었고, 혁명이라는 화두는 1989~91년 현실 사회주의 국가들의 붕괴와 더불어 한국사회에서 유의 미성을 상실했다.

1991년 5월투쟁은 한국 민주주의의 범위와 방향을 결정한 분수령이었 다.[19] 5월투쟁은 명지대생 강경대가 시위 진압 과정에서 전경에 구타당해 사망한 4월 26일부터 지도부가 명동성당에서 완전히 철수하는 6월 29일

열사 곁의 시민과 학생
시위 진압 과정에서 전경에 구타당해 사망한 강경대 열사는 1991년 5월투쟁의 시작이었
다. 60여 일의 투쟁 기간 동안 13명이 사망했다.

까지 대략 60여 일에 걸쳐 전개되었다. 노태우 정권 이후 최대 규모의 시위들이 연속적으로 일어났다. 이 과정에서 학생·빈민·노동자 등 11명이 분신했고, 한진중공업 박창수 노조위원장의 의문사와 성균관대 김귀정의 강경진압에 의한 질식사까지 포함해 모두 13명이 사망했다. 1991년 5월 투쟁이 1980년대 사회운동의 모든 자원을 총동원한 최후의 총체적 시도였듯이, 군부독재 아래에서 1980년대 내내 일어난 모든 죽음의 형식들(국가폭력에 의한 죽음, 의문사, 분신, 자살 등)이 이 짧은 기간에 압축적으로 나타난 것처럼 보였다.

처음부터 5월투쟁은 6월항쟁과 직접 비교되었고, 그에 따라 '제2의 6월항쟁'이라는 표현도 널리 회자되었다. 6월항쟁은 5월투쟁의 주요 준거였다. 이미 6월항쟁은 하나의 '신화'였다. 6월항쟁을 계승해 민주화를 진척시키는 유일하고 확실한 길은 '제2의 6월항쟁'을 일으키는 것이라고 인식되었다. 이런 상황에서 강경대의 죽음은 6월항쟁으로 나아가는 계기가 되었던 박종철·이한열의 죽음과 곧바로 겹쳐졌다. 강력한 국가폭력의 역사 속에서 '열사'는 직접적인 대중운동을 확대시키는 집단적 상징으로 작용하고 있었던 것이다. 이런 상징을 강하게 연상시킨 것은 4월 29일 박승희의 분신이었다. 만일 박승희의 분신이 없었다면 강경대 사건은 5월투쟁으로 연결되지 못했을 것이다. 한국의 민주화 과정에서 형성된 '죽음-열사'라는 집단적 상징의 지평 위에서, 동시에 6월항쟁이라는 대중의 정치적 경험 위에서, 강경대의 죽음에 이어진 박승희의 분신은 대중들을 거리로 불러내는 직접적인 호명이었다.

그러나 당대의 현실은 민주화와 거리가 있었지만 전두환 정권 때와 동일한 상황은 아니었고, 죽음과 분신이 전달하는 상징적 이미지에도 불구하고 죽음과 투쟁 중에서 양자택일을 해야 하는 극한적 갈림길에 있었던 것도 아니었다. 이는 연속적인 분신을 비판하는 박홍 총장과 김지하 시인의 발언으로 국면 반전을 가져온 이유이기도 했다. 사람들은 분신 자체를 두려워하기 시작했다. 더구나 검찰에서는 '한국판 드레퓌스 사건'이라고 불리게 되는 유서대필 사건을 조작했다. 5월 8일 분신한 김기설의 유서를 대필하고 자살을 방조했다는 혐의로 전민련 총무부장 강기훈을 수배한 것이다. 증거는 없었다. 당시 국립과학수사연구소의 필적 감정이 유일한 증거였지만, 김기설 유서의 필체와 강기훈의 필체는 누가 봐도 달랐다. 강기훈은 24년이 지난 2015년 대법원에서 무죄판결을 받았다. 또한 1991년 6월 3일에는 정원식 국무총리 서리가 한국외대의 수업에 출강하자 분노한 학생들이 달걀과 밀가루를 던졌는데(외대 사건), 이것이 스승에 대한 반인륜적 행위라는 언론의 대대적인 비난을 받고 이에 대중들이 동조함으로써 학생운동의 도덕성은 매도되었다. 유서대필 사건과 외대 사건은 5월투쟁을 제2의 6월항쟁으로 계승하려던 1980년대 민중운동 세력에게 커다란 타격을 입혔다. 연이은 분신에 대한 슬픔과 공포가 오히려 국면을 반전시킨 셈이었다. 대중들은 조작이 명백히 의심되는 유서대필 사건이라는 '믿고 싶은 거짓말'에 스스로 속아주면서 5월투쟁이 마무리되길 기대했다.

그러나 5월투쟁의 실패는 장기적으로는 1980년대 사회운동에 대한 내재적 성찰의 계기가 되었다. 이것은 한편으로는 '386세대'처럼 낭만적 혁명의 미망에 대한 사회적 고백과 청산으로 나아가게도 했지만, 다른 한편으로는 '후386세대'에게 국가권력의 개혁과 자본주의의 변혁에 대한 좀 더 세속적인 신념을 형성하도록 작용하기도 했다. '386세대'는 대부분 야당과의 상층 연합에 매진해 제도정치권으로 진입했고, 10년 동안 민주정부에서 신자유주의적 개혁을 주도했으며, 기성 정치인들보다 더 탈민주적이고 대중들의 이해를 대표하는 데 무능력한 '정치계급'으로 변신했다고 평가받기도 한다. 5월투쟁을 비판적으로 계승하려는 '후386세대'는 사회운동 내의 군사문화, 위계적 조직 질서, 과도한 중앙집중화, 정당 의존성, 성차별, 폭력성 등을 성찰하고, 사회운동의 과제와 방식을 새롭게 고민해야 했다.

1991년 5월 이후에는 1987년 6월항쟁과 노동자대투쟁이 이끌어낸, 세상을 바꾸고 싶고, 바꿀 수 있다는 열망과 믿음이 사그라지고, '민주화의 보수화'가 대세로 굳어져갔다. 1992년 대선에서 군부 출신이 아닌 김영삼이 대통령으로 당선됨으로써 문민정부가 출범했지만, 그것은 국민의 분열을 조장하는 지역주의를 고착시켰던 3당 합당의 열매였다. 이제 민주화의 길을 잃어버린 1990년대가 시작된 것이다. 그해 겨울, 사람답게 사는 세상을 꿈꾼 사람들의 마음에는 저마다 커다란 구멍이 뚫려 있었다.

80년대의 먹거리 문화, 삼겹살과 양념통닭

김종엽

1980

『행복한 만찬』

『행복한 만찬』^{달 2008}은 작가 공선옥의 어린 시절 먹거리 체험을 담은 책이다. 이 아름다운 산문집은 우리의 현재 먹거리 문화가 어디로부터 표류해왔는가를 잘 보여준다. 연대를 적시하지 않았지만 그가 전해주는 이야기의 무대는 1960년대 후반쯤의 전남 곡성 시골이다. 이 시공간적 배경 속에서 공선옥의 혀와 몸에 새겨진 먹거리의 기억을 장악하는 것은 통상적인 식품분류법으로 하면 곡류, 서류, 두류 그리고 과채류이다. 과채류라지만 그중에도 과일은 감과 산딸기 정도로 빈약하다.

공선옥이 펼치는 처연하게 소담스런 음식들 속에 단백질이나 지방은 정말 겨우 존재한다. 지방질이라야 각종 나물 무침에 섞인 참기름이나 들기름 약간 정도이다. 식자재 운송이 발달하지 않은 탓에 어류라곤 오직 미꾸라지뿐이다. 생각해보면 해산물 소비가 민물 어패류 소비를 대치하는 것 자체가 근대화의 결과이다. 근대화된 운송의 힘이 침투하지 않은 곡성의 가난한 시골 식단은 여전히 다슬기나 미꾸라지 같은 민물 어패류에 묶여 있다. 부각조차 흔한 다시마 부각이 아니라 가죽나뭇잎 부각이었던 것이다. 그리고 그 부각 덕에 겨우 들기름 맛을 봤다.

그렇다고 1960년대 후반의 전남 곡성이 외부세계와 단절된 곳은 아니었다. 해방 직후부터 도회지에 원조로 쏟아져 들어온 밀가루는 곡성에도 푸대에 담겨 들어와 가죽나뭇잎 부각에도 쓰이고 '솔적'^{부추전}과 돈부죽 그리고 다슬기국에 넣을 수제비에도 쓰였다. 밀가루 음식으론 급식 빵마저 지나가며 언급된다. 하지만 육류 이야기는 전혀 등장하지 않는다. 그저 달걀이 있을 뿐이다. 그의 달걀 이야기에는 전통과 근대가 깊게 교차한다. 전후 우리나라에서 널리 사육된 이탈리아산 산란계 품종 레그혼^{'레공닭'}이 곡성에서도 키워졌다.* 그 닭이 낳은 달걀은 전설처럼 구렁이의 차지도 되고 짚 꾸러미에 담겨 담임선생님에게 촌지로도 건네지고 제사상에도 오른다. 이 시기 곡성 사람들은 비자발적인 오보베지테리언^{ovo-vegetarian}이나 다름없었다.

우리는 공선옥의 이런 가난한 먹거리 세계로부터 멀리 표류해왔다. 여전히 적지 않은 결식아동과 노숙자가 배고픔에 괴로워하고 있지만, 한국인 대다수는 육류는 물론이고 다양한 어패류와 과채류 소비에 큰 어려움을 겪지 않는다. 원한다면 망고스틴과 체리, 파스타와 초밥은 물론이고 스페인식이나 인도식 식당에서 이국적인 요리를 먹을 수도 있다. 전지구적으로 조망하면 달리 봐야겠지만, 적어도 한국사회에서 먹거리의 중심 주제는 기아보다는 비만이다.

하지만 공선옥은 이런 풍요의 시대에도 자신의 어린 시절 밥상을 거리

---

* 레그혼 종은 지금은 많이 사육되지 않는다. 1980년대 말부터 갈색란이 토종닭이 낳은 계란이라는 잘못된 정보가 널리 퍼짐에 따라 흰 계란을 낳는 레그혼 종의 사육이 줄었기 때문이다. 갈색란 산란계는 로드아일랜드 종과 바드플리머스록 종 그리고 뉴햄프셔 종의 교잡으로 만들어졌다.

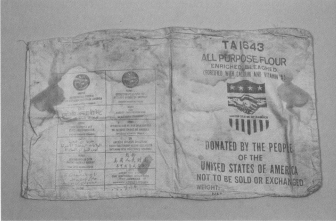

원조 밀가루
해방 후 쏟아져 들어온 원조 밀가루는 점차 다양한 음식의 재료로 쓰이더니, 결국은 밀을 주식의 하나로 받아들이게 만들었다. 그리고 1980년대 치킨의 튀김옷으로 변신할 준비를 하고 있었다.

낌 없이 '행복한 만찬'이라고 부른다. 그리고 그런 명명에 대해 아마도 대다수 독자가 고개를 끄덕일 것이다. 그 이유는 지금 우리가 먹거리 앞에서 한편 위험을 느끼고 다른 한편 아노미에 처해 있기 때문이다. 다양하고 복잡한 식품첨가물, 세계화된 먹거리의 길고 복잡하며 의심스러운 생산·유통 과정, 유전자조작GMO 식품, 엄청난 식육 소비와 공장식 축산의 대가인 광우병 파동과 수십만 마리의 돼지와 닭의 살처분 같은 것들이다. 한편 숱한 '먹방'과 '쿡방'의 유행은 먹거리 레퍼토리가 엄청나게 확대되었음에도 정작 음식과 맛의 본질이 무엇인지에 대해서 잘 모르는 느낌이어서 다른 이들의 식사를 참조해야 하는 상황, 그러니까 사회학자들이 아노미라고 부르는 상황에 처해 있음을 말해준다. 어떤 의미에서 숱한 먹방과 쿡방은 양은 많지만 다양성을 잃고 삭막해진 먹거리 사막의 신기루들이라 해도 과언이 아니다. 공선옥의 '행복한 만찬'부터, 풍요롭지만 위험과 아노미 상태에 처해 있는 오늘날의 먹거리 문화까지의 과정에 무슨 일이 있었던 걸까? 커다란 뒤틀림을 수반한 이 먹거리의 역사에서 1980년대는 어떤 위치를 점하는 것일까?

식단의 육식화

1인당 국내총생산GDP은 상황을 간결하게 요약하는 데 종종 도움이 된다. 음식 문화와 관련해서 중요한 지표는 GDP 500달러이다. 이 수준을 넘어서면 경제성장의 성과로 육류 소비가 빠른 속도로 증가하기 시작한다. 이런 변화를 영양학적 전환nutritional turn이라고 한다. GDP가 5000달러를 넘게 되면, 기아와 기생충 그리고 감염성 질환 대신 심장 질환이나 암 또는 당뇨 같은 식원성食源性 질환이 더 중요한 질병으로 부상하는 역학적 전환epidemiological turn이 일어난다. 이런 역학적 전환 시점에 음식 문화 수준에서는 외식산업이 본격적으로 발전하는 일이 벌어진다.

흥미로운 것은, 정치학자들은 1인당 GDP 5000달러를 민주화가 이루어질 경우 그 성과가 쉽사리 역전되지 않는 문턱이라고 말한다는 점이다. 이런 사실은 음식 문화, 경제성장, 정치적 민주화 사이에 모종의 연관이 존재함을 시사한다. 1인당 GDP 500달러 시기부터 증가하는 육류 소비는 5000달러 즈음에 발생하는 역학적 전환의 중요한 원인 가운데 하나이다. 육류 소비의 증가가 심혈관 질환의 원인이 되는 지방 섭취를 늘리기 때문이다. 하지만 영양학적 전환을 역학적 전환으로 이끄는 경제성장은 식단의 변화나 외식산업 성장 같은 수준을 훨씬 넘어서는 다양한 변화를 야기한다. 예컨대 소비와 주택의 개선, 가족 구조의 변화와 성별 불평등의 완화, 그리고 교육 수준의 향상 등 다양한 사회·문화적 역량의 향상을 동반한다. 이러한 욕구 분화와 역량 강화는 정치적 수준에서는 민주화를 추진하는 힘이기도 한 것이다.

우리의 경우 1인당 GDP 500달러를 넘긴 때가 1974년이고 5000달러를 넘긴 때는 1989년이다. 그리고 우리 사회는 이 시점 사이에서 영양학적 전환과 역학적 전환 그리고 민주화의 진전을 이뤘다. 더 나아가서 민주화는 노동운동이 크게 성장할 수 있는 토대가 되었는데, 그로 인해 1980년대 말에서 1990년대 전반기에 걸쳐 실질임금이 크게 상승했다. 이런 경제적 분배의 개선은 식생활과 음식 문화를 바꾸는 강력한 추진력이 되었다. 물론 이 모든 것은 경제성장이 일어나면 자동적으로 가능해지는 현상은 아니다. 경제성장, 정치적 민주화, 음식 문화가 서로 영향을 주며 강화해가는 발전 경로는 결코 필연적이지 않으며 늘 순조로운 것도 아니다. 이런저런 이유로 발전이 지체되고 어그러지는 나라도 매우 많으며, 우리 경우도 그 경로가 순탄치만은 않았다.

음식 문화와 미각의 변화도 여러 다른 사회 변화와 마찬가지로 1970년대 말의 심각한 불황이나 1980년대 초의 외채 위기 그리고 박정희 독재와 5·18민주화운동 같은 비극적 사건을 경유하는 사회변동 속에서 이루어졌다. 하지만 우리의 경우 이런 요소들은 서로를 강화하는 발전 경로를 거쳤다. 어떤 의미에서 음식 소비 패턴의 변화는 정치·경제적 변동의 저류에서 한층 더 일관성 있게 진행되었다. 1960~70년대 축산물과 과일류 소비 증가가 대도시 중산층을 중심으로 진행되다가 1980년대가 되면 이런 현상이 대중적인 것이 되었는데, 이런 증가세는 매우 일관되었다. 이에 비해 곡류 소비는 1980년대 중반부터 감소하기 시작했고, 대신 육류 소비량은 1980년대 동안 2배 이상 증가했다.* 이런 점을 고려하면 1980년대 음식 문화에서 일어난 변화는 식단의 육식화meatification라고 요약할 수 있다. 1990년대 이후는 이런 육식화 경향의 공고화 과정이라 할 것이다.

전체 변화는 곡류 소비의 감소**와 육류 소비의 대폭적인 증가로 나타났다. 그것은 근대화와 함께 일어나 식단 변화의 일반적 패턴을 따르는 것이었으며, 그런 면에서 한국인 식단의 근대화 과정이라고 규정할 수 있겠다. 하지만 통계적 수치에 입각해 간결하게 규정할 수 있는 근대화 과정은 생각보다 복잡하게 주름 잡힌 과정이었다. 우리 사회의 많은 면들이 그렇듯이 식민화와 전쟁 그리고 분단체제 수립 같은 사회변동 과정에 큰 영향을 받기도 했으며, 식단 변화의 저류에는 미각, 그러니까 식재료와 요리법과 문화적 전통이 혀와 몸에 각인된 것의 총괄적 명칭으로서 미각의 변동이 자리 잡고 있다. 이 점을 순서대로 살펴보자.

녹색혁명과
식단의 분식화

식량에 대한 사회과학적 연구들은 세 단계의 먹거리 체제에 대해서 말한다. 1차 먹거리 체제는 제1차 세계대전 이전까지의 시기로 세계체제의 주변부 지역이 북미와 유럽 같은 중심부 국가들에 가공되지 않은 식량과 원자재를 공급하는 체제였다. 2차 먹거리 체제는 제2차 세계대전 이후 헤게모니 국가인 미국 중심의 체제이다. 그리고 마지막으로 3차 먹거리 체

---

* 식품수급표에 따르면 1981년 1인당 1일 육류 공급량은 32.4그램이었던 데 비해, 1990년에는 64.7그램이었다. 참고로 2013년에는 134.8그램이다.
** 식품수급표에 따르면 곡류는 1인당 1일 소비량이 1986년 509.8그램으로 정점을 찍은 이래 1987년부터 감소하여 2013년 현재 380.9그램이다.

제는 신자유주의적 지구화와 다국적기업의 권력 확장 같은 자본주의 체제의 변동과 깊이 관련된 것으로, 맥마이클Philip McMichael은 이를 기업식품 체제corporate food regime라고 명명하는데, 이 체제를 상징하는 국제질서가 국제무역기구WTO의 농업협정이라 할 수 있다. 이 가운데 우리의 관심사인 1980년대와 관련해서 중요한 것은 2차 먹거리 체제이다.[1]

2차 먹거리 체제의 중요한 특징은 비료와 농약 그리고 종자 개량에 근대 과학을 본격적으로 적용하고 태양에너지에 의존해온 농업을 화석연료 의존적인 농기계 경작 방식으로 바꾼 것이다. 이렇게 해서 이루어진 곡물 생산의 비약적 증가를 흔히 '녹색혁명'이라고 부른다. 녹색혁명의 '성과'로 중심부 국가에 방대한 잉여 농산물이 축적되었다. 이런 잉여 농산물은 두 가지 방식으로 처리되었다. 하나는 제3세계에 보내는 원조 농산물이었다. 이런 점 때문에 '녹색'혁명이라는 명명에는 사회주의 혁명(즉 '적색' 혁명)에 대한 반혁명적 기획 또한 깃들어 있었다 할 수 있다.*

다른 하나는 가축 사료로 활용하는 것이었다. 흔히 '축산혁명'이라 불리는 오늘날의 공장식 축산의 토대는 가축에게 곡물 사료를 충분히 공급할 수 있게 해준 녹색혁명이었다고 할 수 있다. 이렇게 해서 가축이 농사에 축력을 제공하고 가축의 분뇨가 비료가 되는 농축 순환이 깨졌다. 또 화석연료 사용에 기초한 곡물의 과잉생산이 축산물 과잉생산으로 연결되는 먹거리 체제가 형성된 것이다. 또한 소비의 차원에서는 대형 매장에 자동차를 타고 가서 대량의 식품을 구매하고 그것을 가정의 냉장고(가정용 냉장고 용량은 점점 더 커져왔다)에 보관하는 패턴이 형성되었다. 이

---

* 제2차 세계대전 직후 서독의 군정장관인 클레이 장군은 미 점령지에서의 식량 부족이 의미하는 바에 대해 이렇게 말했다. "하루 1500칼로리를 먹는 공산주의자가 되는 것과 하루 1000칼로리를 먹는 민주주의자가 되는 것 사이에는 선택의 여지가 없다."(마이클 캐롤란 『먹거리와 농업의 사회학』, 김철규 외 옮김, 따비 2013, 95면)

"내일은 분식의 날"

국가의 식생활 개입은 밀 소비 증가에 큰 기여를 했다. 기업들은 정부 정책을 기꺼이 받아들여, 밀의 우수성과 그 밀로 만든 자사 제품의 우수성을 알리기 위해 노력했다.

렇게 해서 생산뿐 아니라 소비 역시 화석연료에 기초한 형태로 변모된 셈이다.

1980년대의 음식 문화를 식단의 육식화로 요약할 수 있다면, 육식 확산의 토대인 녹색혁명과 축산혁명이 우리 사회에서는 어떻게 관철된 것일까? 즉 우리는 어떤 식으로 2차 먹거리 체제와 접맥接脈된 것일까? 핵심적인 계기는 해방 직후 유엔의 원조 프로그램과 미국 공법 480호에 의거한 식량 원조였다. 식량 원조가 가진 정치·경제적 의미는 컸다. 결제는 1950년대 중반까지는 무상이었고, 1968년까지는 원화 결제, 1968년부터 1973년까지는 원화 결제와 달러 차관 결제의 혼용, 1973년 이후는 달러 차관 결제만으로 이루어졌는데, 원화 결제가 시작된 1950년대 후반에 이승만 정권이 원화로 구매한 원조 농산물을 불하해서 거둔 차익인 대충자금이 정부 예산에서 50퍼센트 넘게 차지했을 정도였다. 또한 원조 농산물 유입은 농산물 가격의 하락을 가져왔고, 이것이 1950년대 후반부터 도시화와 값싼 산업 인력의 공급을 가능하게 한 이촌향도 물결의 격발 요인이기도 했다.[2]

하지만 미각의 관점에서 가장 중대한 결과는 밀을 주식의 하나로 수용하게 만든 것이었다. 앞서 살펴본 공선옥의 『행복한 만찬』의 무대인 곡성 시골 마을에도 원조 밀가루는 요리의 다양성에 일정한 기여를 하는데, 그것은 매우 전국적이고 포괄적인 현상이었다. 밀은 전후의 가난한 시절에 칼국수와 수제비를 통해 널리 퍼졌고, 곧 건면乾麵과 인스턴트 라면, 그리고 짜장면을 거쳐 빵에 이르기까지 다양한 음식 레퍼토리와 빠르게 접맥되어갔으며 소비량도 급격한 속도로 늘어갔다.

국가가 식생활에 개입한 것도 밀 소비 증가에 크게 기여했다. 원조 농산물 결제가 달러 차관 결제로 전환되기 시작한 1960년대 말부터 박정희 정권은 달러 유출을 막기 위해서 두 가지 방향의 노력을 기울였다. 하나는 국내 쌀 증산을 위한 통일벼 재배 시도이고, 다른 하나는 여전히 주곡인 쌀 소비를 줄이기 위한 혼·분식 장려이다. 통일벼 사업은 처음엔 성공하는 듯했지만, 1970년대 말 연속된 냉해로 인해 실패로 끝났는데, 한국형 녹색혁명의 싱거운 종말인 셈이다.[3]

혼·분식 장려는 사실 "모자라는 것은 덜 먹게 하고 남는 것은 더 먹게 하라."는 매우 간단한 전략에 입각한 것이다. 하지만 사람들의 미각이란 그렇게 간단히 변하지 않는다. 따라서 국가가 원하는 수준의 혼·분식을 위해서는 대중의 저항을 분쇄하는 강력한 동원이 필요했다. 폭력적이다시피 한 국가동원의 대표적 예는 학교에서의 혼식 검사와 분식 강제 그리고 정부에서 수요일과 토요일 점심을 무미일無米日로 지정해 식당에서 밥을 팔지 못하게 강제한 것이었다.[4]

이런 국가 개입의 결과는 밀의 영양학적 우수성이 이데올로기적으로 정당화되고 밀에 대한 대중적 취향이 강화되는 것이었다. 그리고 그 연장선에서 대기업의 밀 수입이 이루어짐으로써 제분업 및 제과업이 폭발적으로 성장했을 따름이다. 1980년대의 음식 문화 변동의 중심축이 식단의 육식화였다고 한다면, 1960~70년대에는 식단의 분식화였다고 말할 수 있다. 이런 사실을 웅변적으로 보여주는 것이 이른바 '분식집'이라는, 요리법 내지 요리 전통이 아니라 식재료가 그 정체성을 규정하는 음식점의 증가였다.

입이 벌써
고기를 찾다

앞서 지적했듯이 통일벼 재배를 중심으로 한 한국형 녹색혁명의 시도는 실패했다. 그러므로 축산혁명, 그러니까 공장식 축산에 기초한 식육 대량 공급의 전제인 곡류 과잉공급과 주곡산업의 사료산업으로의 전환은 이루어지지 않은 셈이다. 사료산업의 성립은커녕 쌀을 제외하면 주곡의 자립조차 가능하지 않았다. 이 점만 고려하면 우리 사회는 해방 후 지금까지 계속해서 식량 공급 위기가 지속되어온 셈이다. 다만 세계체제의 분업 구조에 더 깊이 참여하는 산업화를 통해서 그 문제를 성공적으로 해결해온 것이다. 즉 수출을 통해 얻은 외화로 식량은 물론이고 사료까지 수입함으로써 탄수화물과 단백질을 공급했으며, 그런 의미에서 한국의 축산혁명은 해외의 녹색혁명에 토대를 둔 것이다.

이렇게 곡류와 사료를 수입에 의존하게 되면, 전체 과정은 수입 선을 장악한 대기업이 주도하게 된다. 대기업은 밀 수입을 제빵 및 제과업의 확장으로 이어갔다. 이와 관련해 중요한 이정표는 동방유량이 1971년 식용유를 생산한 것이다. 이로써 수입 대두에서 식용유를 짜내서 팔고 거기서 생긴 부산물로 사료를 제조하게 되었다. 튀김 요리와 사료산업이 짝 지어진 것이다. 이렇게 밀-콩-옥수수 수입과 그것에 기초한 제분-제과-식용유-사료산업의 연쇄적인 발전이 없다면 사람들의 입맛을 자극하는 잘 마블링된 식육을 얻기는 난망한 일이다.

이와 관련해 주의할 것은 한국에서 식단의 육식화를 뒷받침할 외국산 사료의 대량 수입이 이루어지고 국내의 공장식 사육이 본격적으로 발전한 때는 1990년대라는 점이다.[5] 애초에 녹색혁명이 주곡을 넘어서 사료용 곡물 생산으로 확산되었다면, 그에 짝을 맞추어 공장식 축산업이 발전했겠지만, 한국처럼 주곡이 모자란 국가에서는 축산혁명이 촉진될 산업 내적인 이유가 있지는 않았다. 그러므로 우리의 경우 앞서 통계적인 변화 안에서 포착했던 1980년대, 특히 1987년 민주화 이후에 더욱 강력하게 진행된 식단의 육식화가 1990년대의 한국식 축산혁명을 이끌었음을 알 수 있다. 그리고 그런 1980년대의 변화는 1970년대 중반부터 진행된 미각의 육식화에서 비롯되었다고 할 수 있다.

이런 진행은 음식 문화의 변동에서 그렇게 일반적인 패턴은 아니다. 사실 인간은 잡식동물이라서 어떤 풍토에서든 거기에서 가장 얻기 쉬운 먹거리 자원을 개발한다. 따라서 인간은 흔하게 주어진 식재료를 중심으로 조리법과 미각을 발달시켜나간다. 갯가에서는 생선이 사랑받고, 산촌에서는 나물이 사랑받는다. 그리고 근대사회라면 쉽고 저렴하게 구매할 수 있는 것이 사랑받는다. 다시 말해 장기적으로 인간의 식생활을 관찰한다면, '공급이 스스로 수요를 창출한다'는 세의 법칙Say's Law이 미각에는 관철된다고 말할 수 있다. 식재료 공급이 미각을 결정하는 것이다. 그런 관점에서 본다면 식육이 잘 공급될 때 육식에 대한 취향이 발전해야 정상이다. 하지만 우리의 경우는 곧이어 논의하겠지만, 미각의 육식화가 식단의 육식화 그리고 축산혁명을 견인했다.

이 과정을 이해하기 위해서는 미각이 식재료의 공급 상황 못지않게 어떤 사회적 열망을 반영하는 사회·문화적 산물인 점을 염두에 두어야 한다. 물론 그렇다고 해서 미각이 사회·문화적 변화를 곧장 반영할 만큼 신축적이라고 생각해서는 안 될 것이다. 일단 형성된 미각은 상당한 보수성을 띤다. 미각은 단번에 도약하지 않는다. 새로운 음식이 기존의 음식 문화에 침투해 시민권을 획득하는 것은 종종 까다롭고 힘겨우며, 무언가 선행하는 돌파 없이 단번에 이루어지지 않는다. 그것을 위해서는 이윤을 향한 자본의 집요한 노력, 상류층의 사치와 구별의식, 사회적 평판과 자부심을 자극하는 문화의 도움이 필요하다. 이런 문화적 영향에 힘입어 미각 변동을 주도한 것은 쇠고기였다.

갈비와 LA갈비, 그리고 등심

1970년대 중반의 신문을 조금만 뒤적여보면 그 시기부터 주기적으로 쇠고기 파동이 일어났음을 쉽게 알 수 있다. 앞서 언급했듯이 GDP 수준에 연동된 영양학적 전환을 고려하면, 이 시기 육식 소비 증가는 일반적 현상이라 할 수 있다. 하지만 어떤 육류가 그것을 주도하는지는 사회·문화적 상황에 따라 다르다. 예컨대 이웃 나라 중국의 경우 언제나 중심 육류는 쇠고기보다는 돼지고기였고, 닭고기보다는 오리고기였다. 하지만 우리의 경우는 전통시대로부터 현재에 이르기까지 언제나 돼지고기보다 쇠고기였고, 오리고기보다 닭고기였다. 그러므로 경제성장의 성과가 음식 문화를 통해 표현될 때, 쇠고기가 스포트라이트를 받은 것은 이해할 만한 현상이었다. 주머니 사정이 좋아지면 쇠고기를 먹고 싶었고, 더 좋으면 숯불갈비를 먹고 싶었고, 살림살이가 좋아지면 제사상에 여봐란듯이 쇠고기 산적을 올렸다. 그래서 최고의 추석 선물은 짝갈비였고, 또 그 정도면 과거에나 지금이나 괜찮은 뇌물이라 할 수 있다.*

쇠고기 수요가 늘어가는 중에 계속해서 쇠고기 파동이 발생한 메커니

즘은 이렇다. 우선 소의 공급이 적어도 1980년대까지는 전업 축산농가보다 부업 축산농가에 의존해 이루어졌다. 분산적인 다수 농가의 소규모 축산은 합리적 사육 및 시장 환경에 대한 신속한 대응을 어렵게 한다. 또한 소는 최소한 2년을 키워야 출하할 수 있기 때문에 공급탄력성이 매우 떨어진다. 그런 중에 소값이 앙등하고 쇠고기가 부족해지면 정부는 도시민의 불만을 달래기 위해서 외국산 쇠고기를 수입해서 시중에 풀었다. 그래서 1974년엔 소값이 폭락했다가[6] 1976년엔 앙등했고 그래서 정부에서 다시 쇠고기를 수입하도록 했더니[7] 소 사육이 줄었고, 그 결과 1978년에 다시 쇠고기값이 상승했지만 정부에서 수입을 늘리면서 1979년엔 또다시 소값이 폭락했다.[8]

수입한 호주산이나 뉴질랜드산 쇠고기는 미각의 수준에서 환영받진 못했다. 고급육이 수입되지 않은 탓도 있지만, 아무튼 여전히 한우에 대한 선망은 지속되었고, 바로 그렇기 때문에 다양한 방식으로 수입 쇠고기를 한우로 속여 파는 일이 지속되었다. 그래서 정부는 수입 쇠고기 유통을 합리화하고 소비자의 신뢰를 얻기 위해서 공판장이나 포장 방식을 개선하고 등급제를 도입하는 등 여러 가지 노력을 기울였다. 하지만 방대한 소비 네트워크를 면밀히 통제하긴 어려웠다.

그렇지만 쇠고기 수입을 통한 가격 조절 그리고 수입 쇠고기와 국내산 쇠고기의 가격 차이에서 정부가 얻는 수입을 축산기금으로 운용하며 국내 축산업을 개선하려 했던 정부의 노력이 성과가 없었던 것은 아니다. 1980년대 들어서도 쇠고기 가격의 등락은 계속해서 발생했지만 사회 분

---

* '부정청탁 및 금품 등 수수의 금지에 관한 법률'(김영란법) 시행령 입법예고를 앞두고 국산 농축산물 소비 위축을 떠들어대는 사태를 보라. 「농축산물 김영란법 대상서 제외해야」, 『농업신문』 2016년 5월 24일자 참조.

대형 '가든' 속 정원
가든의 원조로 불리는 '삼원가든' 내 인공폭포와 그 앞을 지나는 다리의 전경이다. 이러한 가든은 사회적 부가 집결되는 강남의 자신감과 팽만한 소비 욕구를 상징하는 곳이었다.

위기는 1970년대 중반의 성난 분위기와 비교하면 한결 약화되었다. 그보다 더 눈에 띄는 현상은 쇠고기 소비 욕구의 고급화 경향이었다. 그리고 그런 현상의 중심에는 갈비가 자리 잡고 있다. 1982년의 신문들은 신사동과 논현동 일대의 10여 개의 대형 '가든'의 풍경을 전한다. 거대한 주차장, 대형 수족관, 고급 관상수, 인공폭포가 있고, 수백 개의 외등과 내등으로 치장한 휘황찬란한 대형 숯불갈비집들은 사회적 부가 집결되던 강남의 자신감과 팽만한 소비 욕구를 상징하는 곳이었다.[9]

이런 갈비에 대한 열망과 선호가 어느정도인지는 '갈비'라는 말이 다름 아니라 '소'갈비를 가리키는 것에서 알 수 있다. 하지만 고급 쇠고기에 대한 소비 욕구를 대변하는 갈비는 수요만큼 충분히 공급하기 어려운 부위이다. 소 한 마리에서 고작 26대가 나오고 그중에서도 아래쪽 갈비는 구이용으로 상품성이 떨어진다. 그래서 사람들은 모자란 갈비에 대한 욕구를 충족하기 위해 돼지갈비도 선호했고, 1980년대부터는 닭'갈비' 같은 요리마저 유행하게 된다. 특히 닭갈비 유행은 사람들이 닭을 먹을 때조차 상징적으로는 갈비를 먹고 싶어했음을 말해준다.[*]

대중이 갈비 소비 욕구를 해소하게 된 계기는 한국의 대미무역 흑자를 이유로 농축산물 개방을 요구한 미국의 압력으로 1988년부터 본격화된 (1996년 광우병 파동으로 중지) 미국산 쇠고기의 수입이었다. 그 이전 시기에도 호텔을 중심으로 고급육이 수입되었고, 미군 부대를 통해 흘러나온 미국산 쇠고기는 맛의 면에서도 뉴질랜드산이나 호주산에 비해 선호도가 높았다. LA 교민과 미군 부대를 통해 흘러나오던 LA갈비가 1980년대 말부터 유통됨으로써 값싸고 맛 좋은 갈비를 손쉽게 소비할 수 있게 된 것이었다.

하지만 많은 것이 그렇듯이 대중적으로 소비될 수 있는 것, 가격 장벽을 상실한 것은 선망의 지위를 잃는다. 갈비의 대중화는 갈비의 지위 상실 과정이기도 했다. 갈비 대신 선망의 자리를 차지한 것은 등심이었는데, 거기엔 1990년대 본격화된 축산업의 논리가 작동했다. 본래 갈비를 선호한 이유는 식육이 목적이 아니었던 소를 도축해서 얻을 수 있는 대부분의 부위가 질긴 데 비해, 갈비뼈 부위는 운동량이 적은 부위여서 덜 질긴데다가 양념이 될 경우 갈비뼈 속의 성분까지 녹아나와 감칠맛이 훌륭했기 때문이다. 공장식 축산은 운동량이 적고 옥수수 사료를 먹고 자라 근내 지방량이 충분한 어린 소들의 연한 쇠고기를 공급할 수 있게 만들었다. 그리고

---

[*] 닭갈비, 즉 '계륵'은 『삼국지연의』에서 조조가 한중을 두고 촉과 한 달 이상 대치하던 중에 닭국에 든 늑골을 보고 중얼거린 말로 유명하다. 조조의 부관 양수(楊修)는 그 모습을 보고 조조가 한중을 먹을 것이 없지만 버리기도 아까운 닭갈비처럼 생각하고 있음을 알고 주군의 뜻을 헤아려 부하들에게 퇴각 준비를 하게 한다. 이런 고사가 보여주듯이 닭갈비는 먹을 만한 살코기가 없는 부위이며 그런 것의 상징이기도 하다. 그런 닭갈비가 우리 사회에서 하나의 요리명으로 자리 잡았다는 것은 그것이 소갈비에 대한 선망을 상징적으로 차용하고 있음을 말해주며, 그것의 성공 또한 이 때문이라 하겠다.

등심이 소의 등급을 결정하는 부위가 되자 공장식 축산업은 갈비 공급에서 유리한 황소를 기피하고 암소와 거세우를 선호하는 방향으로 진화했다. 이에 따라 갈비는 점차 공급량이 적고 발골과 손질에 비용이 많이 드는, 이윤이 적은 고기가 되었다. 그리하여 1980년대를 거쳐 1990년대 초반까지 진행된 갈비에 대한 대중소비의 길이 완성되자 전통시대로부터 최고의 식육 자리를 지켜온 갈비는 축산업과 식육식당이 선호하는 등심에 그 자리를 내어주었다. 공급 측면에서 선호되는 것이 결국은 미각의 변화를 유도한다는 일반적 법칙이 이런 식으로 관철된 셈이다.

돼지갈비에서
삼겹살로

인간이 식육으로 소비할 수 있는 동물은 매우 다양하다. 아마도 전통사회로 거슬러올라갈수록 다양한 동물이 식육으로 소비되었을 것이다. 예컨대 식민지 시대만 해도 꿩고기나 토끼고기가 그리 드물지 않았다. 그러나 축산업의 발달은 몇 가지 식육에 생산을 집중시킨다. 그리고 이런 공급의 힘 때문에 소비도 같은 종류의 식육에 수렴되어가게 마련이다. 쇠고기, 닭고기, 돼지고기가 전체 식육 소비의 95퍼센트에 육박하는 우리 사회의 양상도 이런 법칙을 따른다고 할 수 있다.* 이 중에서도 돼지고기는 통계로 확인되는 모든 시기에서 줄곧 가장 많이 소비된 식육이었다. 이런 사실은 확실히 선망보다는 예산의 제약이 소비를 결정하는 더 중요한 요인임

---

* 3대 식육을 제외하고 의미있는 수준의 식육은 오리 정도인데 오리 사육 두수는 닭 사육 두수의 10분의 1 이하이다.

을 보여준다. 하지만 저렴한 식재료라고 해서 사랑받지 못하는 것은 아니다. 예컨대 닭고기는 쇠고기보다 저렴하지만 독자적인 사랑을 받을 만큼 문화적 가치가 부여되어 있다. 그에 비해 돼지고기는 가장 많이 소비되면서도 그만큼의 사랑을 받진 못했던 셈인데, 그 이유는 두 가지 정도였던 것 같다. 하나는 쇠고기처럼 붉은 고기인 돼지고기는 늘 더 선망되는 쇠고기의 대체재로 인식되어왔기 때문이다. 한국의 소비자들은 경제적 여유가 되면 언제라도 돼지고기 대신 쇠고기를 소비하기를 원했다. 다른 하나는 돼지고기가 오랫동안 식중독과 기생충 감염의 위험을 가진 고기로 인식되어왔기 때문이다. 실제로 돼지고기 도축이 합리화되고 냉장시설이 잘 구비되기 시작한 1980년대 이전에는 장례식이나 결혼식 피로연 그리고 환갑연에서 상한 돼지고기로 인한 집단 식중독의 발생처가 되는 경우가 많았다. 그래서 "여름 돼지고기는 잘 먹어야 본전"이라고 이야기되어왔다.

이 같은 상황에서 양돈산업이 제약을 돌파하게 된 계기는 일본에서 왔다. 성공적인 경제성장의 성과로 1960년대 중반부터 일본에서는 빠른 속도로 육류 소비가 증가했고, 그로 인한 공급 부족을 수입으로 해결해야 했다. 한국은 이런 일본에 1960년대 말부터 돼지고기를 수출했다. 특히 일본이 돼지고기를 수입자유품목으로 푼 1971년 하반기부터 대일 수출이 빠른 속도로 늘었고 그에 따라 한국의 양돈산업 또한 빠르게 성장했다. 그렇지만 한국정부는 돼지고기의 경우에는 수출을 그리 중시하지 않았다. 국내 쇠고기값이 앙등하면 대체재인 돼지고기 수출을 중단하거나, 일본 수출 물량이 너무 늘어서 국내 돼지고기 가격이 급등할 때도 수출을 중단하기도 했다. 하지만 일본 쪽 수요에 자극을 받아 성장하기 시작한 양돈산업은 일본 수요가 계속 유지되기도 했고, 국내 수요 또한 상승했기 때문에

돼지고기의 부위

양돈산업의 발전에는 연중 고른 소비, 부위별 고른 소비가 필수적이다. 1960년대 말부터 증가하기 시작한 일본으로의 돼지고기 수출은 양돈산업의 이 두 가지 고민거리를 해결해준 호재였다.

지속적인 성장 국면으로 들어갔다.

　일본으로의 돼지고기 수출은 우리의 미각 변동에도 상당한 영향을 미쳤다. 양돈산업이 발전하기 위해서는 두 가지 문제를 해결해야 했다. 하나는 돼지고기 소비의 계절적 변동을 극복하는 것이었다. 우리의 경우 앞서 지적했듯이 여름에 돼지고기 먹기를 꺼리는 데 비해 일본에서는 여름에도 돼지고기 소비가 왕성해, 양돈산업의 관점에서 보면 일본 수출은 연중 돼지고기 소비를 균등하게 만들어주는 효과가 있었다. 다른 하나는 도축된 돼지고기 부위들이 특별히 기피되는 곳 없이 고르게 소비되는 것이다. 판매를 위해서는 부위별 요리와 그것에 상응하는 소비가 중요하다. 적당한 지방량과 씹는 맛이 좋은 목살과 갈비는 구이가 된다. 등심과 안심은 돈가스가 된다. 다리살은 불고기감이나 찌개거리가 되고, 발은 족발이 되고, 뱃살은 기름이 흥건한 삼겹살 구이나 수육이 될 것이다. 여하튼 간에 문젯거리는 국내에서 너무 수요가 많아 공급이 따르기 어렵거나 국내에서 별로 선호되지 않는 부위인 것이다. 일본으로의 수출은 이런 문제를 일부 해결해주었다. 국내에서도 1960년대 이래로 '경양식집'*이 소비처가 되어주었지만 그다지 왕성하게 소비되지는 않던 등심과 안심을 일본이 수입해간 것이다.

하지만 여전히 부위별 불균등 소비 문제가 남아 있다. 이것은 대일 수출을 위해 더 많은 돼지를 사육할수록 더 심각해지는 문제이기도 하다. 우리 사회에서 단연 선호된 부위는 돼지갈비였다. 소갈비 구이가 특권적 지위를 가진 사회에서는 쇠고기의 대체재인 돼지고기 중에서도 갈비 부위가 그 후광을 입는다. 하지만 갈비뼈 수가 소보다 많다고는 해도 돼지갈비 역시 돼지에서는 그렇게 많이 공급되는 부위도 아니고, 발골과 양념 그리고 숯불(고급 식육이 아닌 돼지는 숯불 위에 오르는 영광을 얻지 못하고 연탄 위에 오르는 경우가 많았지만)에 많은 노하우와 비용이 필요하다. 양돈농가 편에서도 식육식당의 편에서도 돼지갈비는 그렇게 유리한 것이 아니었다. 이에 비해 돼지 한 마리를 도축하면 가공육 재료로 많이 사용되는 뒷다리살을 제외하면 가장 많이 생산되는 부위인 삼겹살은 일본도 별로 수입해가지 않고 국내 소비 욕구도 왕성하지 않았다. 하지만 여기서도 공급은 미각을 바꾸며 자신의 길을 개척했다. 큼직한 비계 부위를 가진 삼겹살은 처음부터 소주와 짝지어져 탄광촌을 원점으로 하여 공단지대를 거치고 기업의 저렴한 회식 문화를 거쳐 마침내 국민적 사랑을 받는 음식

---

* '경양식(輕洋食)'은 돈가스, 비프가스, 생선가스, 햄버그스테이크, 오므라이스 등을 팔던 식당이다. 주지하다시피 이런 메뉴는 모두 일본이 메이지유신 이후 화양절충(和洋折衷)의 형태로 만들어낸 일본식 서양 음식이다. 해방 후 이런 일식도 아니고 서양식도 아닌 음식에 우리 사회는 경양식이라는 독특한 이름을 부여했다. 이런 형태의 식당은 1980년대까지 번성했지만, 1990년대 초 프랜차이즈 형태로 도입된 패밀리레스토랑(TGI프라이데이가 출발점이었다)에 밀려 쇠퇴해버렸다. 일본의 화양절충 음식에 대한 분석으로는 이시재 「근대 일본의 '화양절충' 요리의 형성에 나타난 문화변용」, 『아시아리뷰』 5권 1호, 2015 참조.

으로 부상해갔다. 그 과정에는 식재료 공급은 충분하고 숯불은커녕 연탄불도 필요 없이 불판만 있으면 되는 간편한 요리법으로 인해 식당 진입 장벽이 매우 낮은 것도 크게 한몫했다. 1980년대 초반에 국민적 인기를 누리던 코미디언 김형곤에게 '공포의 삼겹살'이라는 별명이 붙기도 했다. 이 시점 어간에서 삼겹살은 우리의 미각을 정복하는 도상에 오른 셈이었다. 그리고 그 성공은 너무 지나칠 정도여서 지금 시점에서는 부위별 불균등 소비를 완화하는 주역이 아니라 불균등 소비의 주범이 되었다.

양념통닭을 향한 길

1980년대를 통해 식육 문화에서 영광의 길을 걸은 것은 쇠고기도 돼지고기도 아니고 닭고기였다. 이 시기를 지나면서 더이상 닭고기로 불리지 않고 '치킨'이라는 국제화된 명칭을 얻었고, 끊임없이 새로운 요리법과 유행의 진원지가 되었기 때문이다. 전체로서의 치킨산업의 성공에는 닭고기가 가진 자질과 역사적 그리고 문화적 행운이 작용했다고 할 수 있다. 치킨산업 성공의 정점에는 양념통닭이 자리잡고 있다고 할 수 있는데, 그 양념통닭에는 해방 후 한국인의 미각이 걸었던 모든 행로가 응결되어 있다.

어떤 식육이 특정한 시기에 역사적 승리를 거두기 위해서는 일정한 행운이 작용한다. 특히 경쟁자의 제거는 그런 행운 가운데도 으뜸이다. 앞서 지적했듯이 전근대사회에서부터 비교적 최근에 이르기까지 한국인은 여름에 돼지고기를 소비하길 꺼렸다. 여름에는 소의 도축도 좋지 않았다. 농번기이기도 했지만 그것보다 여름에 도축된 소는 맛이 떨어졌다. 온대 계

"그때 그것을 지금도 합니다"
1986년 아시안게임을 앞두고 전격적으로 시행된 도심에서의 개고기 판매 금지 조치로 개장국은 다른 이름을 찾았다. 영양탕, 사철탕, 보양탕 등의 이름을 걸고 "그때 그것"을 파는 집이라고 알렸다.

절풍 지대의 더운 여름을 나기 위해서 한국인들은 닭고기와 개고기를 먹었다. 이 말은 식육의 관점에서 개고기와 닭고기는 경쟁관계에 있었다는 뜻이다. 하지만 이 역사적 경쟁관계는 1986년 아시안게임을 앞두고 이루어진 도심에서의 개고기 판매 금지 조치로 인해 쉽게 결판이 났다. 졸지에 뱀탕, 토룡탕과 더불어 도매금으로 혐오식품이 되어버린 개고기를 파는 식당들은 영업을 계속하기 위해 개장국을 사철탕 같은 희한한 이름으로 바꾸는 '수치'를 감내해야 했다. 하지만 도심에서 밀려난 영세한 음식점들이 국가의 공식적인 식육 관리 밖에 자리하며 합리적이고 위생적인 도축을 입증할 길 없이 개고기를 팔아야 하는 상황, 그리고 애완견 문화가 빠른 속도로 확산되는 상황으로 인해 개고기는 우리의 식육 문화에서 급속히 그 힘을 잃어갔다.

하지만 승리를 위해서는 경쟁자의 몰락만으로 부족하다. 비워진 공간을 채울 능력이 있어야 한다. 이 점에서 닭고기는 매우 뛰어난 자질이 있었다. 소와 돼지는 사육 기간이 길어서 공급탄력성이 떨어진다. 이에 비해 닭은 사육 기간이 짧다. 품종 개량과 사료의 발달로 육계의 출하 시기는 대략 부화 후 35일 수준이다. 출하에 6개월 이상이 필요한 돼지나 2년 이상이 필요한 소에 비하면 닭은 생산자 관점에서 가장 유리한 식육인 셈이다.[10]

그러나 이보다 중요한 것은 닭고기가 적절한 요리법을 거쳐 완성된 음식으로서 미각의 수준에서 환영을 받아야 한다는 사실이다. 여름철 백숙과 삼계탕에 한정된 소비를 넘어서야 하는데, 이는 계절적으로 집중된 소비를 연중 소비로 확장하는 것이기도 해야 한다. 그런 의미에서 닭고기 요리에서 이정표를 세운 것은 1960년대 초에 유명세를 얻은 전기구이 통닭이다. 이는 닭고기를 삶는 요리에서 오븐 요리로 이전시켰고 닭고기를 겨울에도 즐기기 좋은 음식으로 만들었다. 대단한 한류 열풍을 일으킨 드라마 「별에서 온 그대」에서 주인공 천송이(전지현 분)가 한 "눈 오는 날에 치맥인데"라는 대사는 닭고기의 겨울 소비가 확립된 시대를 상징하는데, 그 시발점은 전기구이 통닭이었다. 하지만 전기구이 통닭은 요리시간이 너무 길고 그래서 전기료도 너무 많이 들었다. 1970년대 석유파동으로 인한 전기요금 상승은 전기구이 통닭의 확산을 가로막았다.

1970년대 말부터 재래시장에서는 닭을 튀겨서 파는 집들이 늘어나기 시작했다. 그리고 1980년대 초 지방에서는 페리카나, 멕시칸치킨, 처갓집양념통닭 같은 업체가 지역 프랜차이즈를 시작했다. 요컨대 닭튀김이 서서히 시장을 확장해가고 있었던 것인데, 그것은 우선 공급 측면에서 장애였던 긴 요리시간의 문제를 해결한 덕분이었다. 전기구이 통닭에 비해 요리시간이 5분의 1 이하로 줄었기 때문이다. 이 역시 수용자의 미각에 환영을 받아야 하는데, 튀긴 닭과 양념 닭 요리는 그 이전 시대의 산업적 토대와 미각을 계승하는 것이기 때문에 이 점에서도 장애를 넘어섰다.

튀김 요리를 위해서는 밀가루와 식용유가 충분히 공급되어야 한다. 앞서 지적했듯이 한국의 대기업은 곡류와 두류를 수입한 후 제빵, 제과, 식용유, 사료 산업으로 사업을 확장했고, 그렇기 때문에 밀가루와 식용유는 저렴하게 공급될 수 있었다. 그리고 미각의 측면에서 분식류의 음식들과 튀기는 요리가 많은 중국 음식이 이미 길을 닦아놓은 셈이었다.

1982년 프로야구 개막은 치킨산업의 도약에 큰 도움이 되었다. 퇴근하고 야구장을 찾은 관중들의 손에는 통닭이나 치킨 그리고 맥주 캔이 든 비닐봉지가 들려 있었다. 1980년대 초에는 맥주 제조사인 동양맥주와 조선맥주가 경쟁적으로 대중적 맥주 퍼브를 서울 시내 곳곳에 열었다. 이때 튀긴 닭들이 안주로 제공되기도 했다. 이로써 맥주와 '치킨'의 조합이 삼겹살과 소주의 조합과 경쟁관계에 들어가기 시작했는데, 이런 점도 치킨 요리의 위상이 역사적으로 상승하는 데 일조했다.

이와 관련해서 대기업이 1980년대 음식 문화에 미친 영향을 함께 살펴보자. 식품산업을 주도하던 대기업은 소매시장인 외식업에 개입하고자 했는데, 그것을 위해 이들이 찾은 쉬운 방법이 해외의 대형 프랜차이즈 음식산업과 제휴하는 것이었다. 1979년 롯데리아가 1호 매장을 열었고, 1983년에는 코니아일랜드라는 아이스크림 브랜드가 도입되었다. 코니아일랜드는 실패했지만 이후 배스킨라빈스의 성공을 예비한 셈이었다. 1984년에는 두산 계열사가 KFC 국내점을 열었고, 1985년엔 피자헛*, 그리고 1988년엔 맥도날드가 문을 열었다. 우리의 관심을 끄는 것은 KFC이다. KFC는 국내업체의 튀긴 닭요리에 커다란 도전이었다. 배터링^{물반죽}과 파우더링^{가루반죽}을 새롭게 조합해 파삭한 맛을 내는 물결무늬 튀김옷을

---

* 배스킨라빈스와 피자헛 같은 제품의 성공을 설명하기 위해서는 선행하는 유제품 소비의 증가, 우유에 대한 이데올로기적 선전, 낙농업의 발전 등이 해명되어야 할 것이다. 아마도 이를 위해서는 또다른 글이 필요할 것이다.

크리스피튀김의 도입
크리스피튀김이라는 신무기를 들고 들어온 KFC는 한국에서 초반에 제대로 힘을 쓰지 못했다. '배달'과 '치맥'은 기본. 전통의 '양념'을 곁들인 한국 치킨의 맷집은 엄청났다.

가진 이른바 크리스피튀김을 도입해 단숨에 사람들의 입맛을 사로잡았기 때문이다.

하지만 치킨산업 연구자 정은정이 재치 있게 말했듯이, KFC(켄터키 프라이드 치킨)와의 싸움에서 KFC(코리안 프라이드 치킨)가 승리할[11] 수 있었던 요인은 두 가지였다. 우선 KFC가 하지 않은 두 가지 전략을 활용했기 때문이다. 하나는 배달이고 다른 하나는 맥주와 함께 파는 것이었다. 전자는 식민지 시대 냉면 배달에서 짜장면 배달로 이어져온 긴 문화적 전통의 활용이었고, 후자는 '치맥'이라는 하나의 문화를 창조하는 길이었다. 그다음으로 양념통닭의 개발이 있다. 확실히 양념통닭은 분식점이나 길거리 포장마차에서 일상적으로 떡볶이를 먹어온 사회가 만들어낼 수 있는 음식이었다. 분식을 수용하고 밀떡을 맛나게 먹기 위해 만들어진 음식이 다음 시기 식육 문화의 길을 연 것이다. 염지 단계에서 글루탐산이 활용되고, 식용유로 튀기고 그럼으로써 35일 키워진 닭의 무미함을 감추고, 튀김옷의 느끼함을 다시 고추장 양념으로 삭히고, 매운맛은 다시 달콤한 설탕과 콘시럽으로 달래고, 실패도 없고, 마늘도 다져 얹은 이 음식에는 산업과 미각이 서로를 강화하며 달려온 우리의 역사가 담겨 있는 것이다. *

1990년대로 넘겨진 바통, 우지 파동

1980년대는 그 이전 시기에 진행된 미각의 분식화를 그것의 육식화로 이어갔다. 아마도 좀더 온전한 분석을 위해서는 여기에 몇 가지 경향들을 추가해서 다뤄야 할 것이다. 글루탐산과 산분해간장이른바 왜간장 같은 화학에 기초한 식품산업의 역할, 설탕과 콘시럽 그리고 인공감미료의 공급과 소비 그리고 음료시장의 변동, 이제는 왕성한 치즈 소비국이 되기까지 유제품이 우리 사회에서 겪은 일들, 그리고 햄과 소시지를 비롯한 각종 육가공 산업의 전개, 어패류 공급 구조의 변동과 원양어업에 기초한 참치 캔의 등장, 라면에서 햄버거(그리고 지금의 삼각김밥과 컵밥)로 이어지는 패스트푸드 산업의 변화 같은 것 말이다.

하지만 글을 마치면서 마지막으로 언급하고 싶은 것은 1980년대 음식문화의 마지막 페이지라 할 수 있는 '우지 파동'이다. 1989년 초겨울 삼양

---

* 양념통닭에서 빠진 맛은 신맛 정도일 텐데, 신맛은 식초에 절인 무로 보충한다. 전체적으로 보아 양념통닭은 가히 맛들이 홍수처럼 덮쳐오는 음식이라 할 수 있다. 이런 맛을 좋다 나쁘다 평가하는 것은 학문적으로는 의미가 없다. 하지만 이런 미각의 지배성은 예컨대 백석이 1930년대 「국수」라는 시에서 냉면을 두고 했던 "수수하고 슴슴한" 맛으로부터 우리가 얼마나 멀리 표류해왔는가를 보여준다.

라면이 공업용 우지로 면을 튀겼다는 투서가 검찰에 날아들었다. 검찰은 삼양라면의 간부들을 구속 수사했고, 라면 제품들을 수거해 폐기 처분했다. 이 우지 파동을 계기로 후발업체인 농심이 라면업계 1위 기업이 되었고, 라면을 튀기는 기름에서 우지는 추방되고 팜유로 일원화되었다. 하지만 사건의 먼지가 가라앉자 이들이 사용한 2~3등급 공업용 우지는 단지 미국의 분류법일 뿐, 식용으로 사용해도 무해하다는 것이 밝혀졌고, 긴 재판 끝에 8년 뒤 삼양은 대법원에서 무죄판결을 받았다. 우지나 팜유나 식용으로 문제가 없고 질적인 수준에서 저질이라는 점에서는 둘이 아무 차이도 없다. 그러니 우지 파동은 다르지 않은 것을 다른 줄 알고 호들갑을 떨었던 가짜 파동이었던 셈이다. 하지만 우지 파동은 먹거리가 재료와 유통과 최종 소비 형태에 이르기까지 모든 면에서 산업화되고 또 자본주의적 이윤 원리에 종속되고 전지구화되는 것이 어떤 위험을 내포하는지를 희극적으로 예시한 사건이었다. 1980년대는 그런 위험이 아직 잠복 상태로만 있던 시대, 어떤 의미에서 먹거리와 관련해 최후의 순진한 시대였던 셈이다. 그러나 1980년대에 진행된 미각과 식단의 육식화는 1990년대의 공장식 축산을 불러들였고, 잔류농약과 O157균, '쓰레기 만두소'와 멜라민과 환경호르몬, 유전자조작 식품, 조류독감과 구제역과 광우병 같은 이후의 파동을 예비한 시대였다는 점 또한 분명하다.

프로야구에 열광하다

정준영·최민규

1980

팬덤의
'원초적 장면'

포털사이트 네이버의 스포츠 섹션에 따르면 한국에서 가장 인기 있는 스포츠는 야구다. 축구·야구·농구 등 총 9개 범주로 나뉜 스포츠 섹션 가운데 야구는 관련 기사 트래픽이나 댓글 면에서 월등한 수치를 보인다.[1] 세대별로 나눠보면 이런 야구의 인기를 떠받치는 것은 30~40대들이다.

30~40대 대다수가 야구에 열광하는 계기가 된 사건은 역시 1982년의 한국 프로야구 출범이다. 유년 시절 텔레비전을 통해, 혹은 경기장에서 프로야구의 개막을 목격한 것을 그들은 자랑스럽게 기억할지도 모르겠다. 그리고 그 기억은 어떤 이에게는 '숙명'처럼 다가온 팬덤의 '원초적 장면' 이었을 터다.

그런데 대다수 팬들의 기억과는 달리 한국 프로야구 출범의 실상은 '숙명'이나 '필연'과는 거리가 있었다. 1982년 3월 27일 전두환 대통령의 시구로 시작된 개막 경기는 그럴듯했지만, 그로부터 넉 달여 전인 1981년

한국 프로야구의 문을 연 6개 구단과 개막식이 열린 서울 야구장

1982년 1월 충청 연고의 OB 베어스가 창단한 이래, 서울의 MBC 청룡, 호남의 해태 타이거즈, 대구·경북의 삼성 라이언즈, 인천·경기·강원의 삼미 슈퍼스타즈, 부산·경남의 롯데 자이언츠가 차례로 깃발을 올렸다.

11월 중순까지만 해도 어느 팀이 창단되어 리그에 참여할지조차 확실치 않았다.[2] 정권은 밀어붙였지만 기업의 반응은 미지근했다. 가까스로 참가 기업이 선정되었으나 유력 후보로 언급되던 현대그룹이나 금호실업 등이 발을 빼면서 남은 기업들 사이의 혼란과 동요는 위험 수위에 이르렀다. 부랴부랴 대체 기업이 선정되었지만 불만이 진정되기는커녕 가중되는 모습도 나타났다. 결과적으로는 일사천리로 진행된 것처럼 보이지만 실제 과정은 졸속 그 자체였던 것이다. 마지막으로 참여를 결정한 해태는 창단 당시 선수가 14명에 불과했을 정도였다. 그리고 1981년 12월 11일에 결성된 한국야구위원회KBO도 집권자의 명령에 의해 갑작스레 꾸려진 단체라고 보는 편이 좋을 것 같다. 1981년 5월 청와대 수석비서관 회의에서 대통령이 "우리 국민들은 여가 선용의 기회가 별로 없고 또 한국인은 스포츠를 좋아하니 야구와 축구의 프로화를 추진해보라."고 지시한 지 7개월 만에 이루어진 결과였기 때문이다.[3]

이처럼 한국의 프로야구는 철저하게 정치적 의도에서 출발했다. 반드시 야구일 필요도 없었다. 출범 과정만 봐서는 프로야구가 5·18민주화운동 등으로 촉발된 정치적 위기 속에서 민중들을 탈정치화하려는 3S정책, 즉 섹스·스크린·스포츠를 통한 우민화의 도구로 쓰였다는 전통적인 비판은 식상해 보일지언정 여전히 사태의 핵심을 꿰뚫고 있다.[4]

그러나 1980년대 프로야구의 인기를 오롯이 '스포츠공화국'의 이데올로기 공세에서 비롯된 것이라고 결론 내리기에는 무언가 석연치 않다. 출범 당시인 1982년 140만 명 수준이었던 프로야구 관중은 개막 5년째인 1986년 214만 명을 넘어섰고, 이후에도 약간의 굴곡은 있지만 지금까지 계속 증가해왔다. 서울과 영호남을 중심으로 타오른 야구의 열기도 인천·대전 등 주변 도시로 옮겨붙어 전국화되었다. 3S정책이 통용되지 않을 것 같은 오늘날에도 프로야구는 여전히 한국인들의 마음을 사로잡고 있다. 도대체 이 열기는 어떻게 설명할 것인가. 3S정책 비판만으로는 어딘가 부족해 보인다.

따라서 우리는 왜 다른 종목이 아닌 프로야구가 1980년대의 상징이 되었는지, 그리고 이것이 오늘날 야구가 한국인이 가장 사랑하는 스포츠로 자리 잡는 데 어떤 영향을 미쳤는지 따져물을 필요가 있다. 이 글에서는 한국 야구가 걸어왔던 길을 따라가면서, 1982년 프로야구 출범을 계기로 야구가 어떻게 하나의 스포츠 종목을 넘어 한국사회를 특징짓는 문화현상으로 자리 잡게 되는지를 조감하듯 검토하려 한다.

한국 야구의
두 가지 길

야구는 축구와 함께 한국인들이 열광하는 대표적인 스포츠다. 그런데 일찍부터 세계화·보편화의 길을 걸은 축구와는 달리 야구는 아직도 발상지인 미국을 떠올리게 하는 특징이 많다. 치열한 승부 속에서 느끼는 게임의 재미, 승리를 위해 개발된 각종 기술과 전략, 전력이 되는 선수들에 대한 정교한 평가와 구단의 체계적인 운영. 이것은 '신체의 단련' '자기의 연마' 등 아마추어리즘의 영향 속에서 성장한 다른 스포츠들과는 여러모로 다른 측면이다. 그것은 실용주의와 합리주의가 강한 미국사회 특유의 풍토 속에서 야구가 단기간에 호응을 얻은 이유이기도 했다. 지금도 미국인들에게 야구는 그들의 문화를 상징하는 스포츠 중 하나다.[5]

야구가 처음부터 게임의 재미를 강조한 것은 아니다. 1845년 결성된 최초의 야구팀 니커보커클럽Knickerbocker Club은 현대 야구의 골격을 이루는 20개 조항의 규칙을 만들었다. 하지만 이 규칙은 오늘날의 야구와는 지향하는 바가 다소 달랐다. 야구를 처음 시작한 뉴욕의 '신사'들에게 승리는 부차적인 가치일 뿐이었다. 오히려 그들은 '자기연마'에 초점을 맞춘 영국식 아마추어리즘을 추구했다. 애초에 야구도 다른 스포츠와 다를 것이 없었던 것이다.[6]

야구가 '다른 길'을 걷기 시작한 것은 메이저리그의 전신이 되는 프로리그가 출범한 1871년부터다. 자본주의의 확산과 함께 프로스포츠가 출현하는 것은 대부분의 스포츠 종목에서 공통적으로 관찰되는 현상이기에 특별할 것은 없다. 하지만 프로스포츠가 아마추어 스포츠의 영향에서 빠르게 벗어나 아마추어리즘을 압도하는 지경에까지 이르는 경우는 드물다. 한데 미국 야구는 프로페셔널리즘의 가치에 충실한 '게임'이 되는 길을 걸었다. 그 결과 야구는 미국인의 주요한 여가 문화 중 하나로 자리 잡음으로써, 돈을 내고 전문 운동선수의 경기를 보거나 경기 결과에 내기를 걸고, 좋아하는 선수의 카드를 사는 풍경이 미국인들에게 일상이 되었다.

이렇게 보면 미국 야구가 왜 세계화가 아닌 고립의 길을 걸었는지가 분명해진다. 이미 상당한 수준으로 상업화된 미국의 프로야구계는 야구의 전파가 없어도 충분히 돈을 벌고 있었고, 독점적 지위를 잃을지도 모르는 위험을 무릅쓰고 싶지도 않았다. 축구와 달리 야구는 규칙이 복잡하고, 제대로 게임을 하려면 상당한 수준의 기술과 전략이 필요하다는 사실도 고립의 이유가 되었다. 따라서 야구는 미국 문화의 영향이 강한 일부 지역에서만 유행하게 되었다. 여기에는 물론 미국에 의해 문호를 개방한 일본도 포함됐다.

일본은 비서구 국가 가운데 거의 유일하게 식민화의 위기를 극복하고 근대 국가를 세우는 데 성공한 사례로 꼽힌다. 물론 일본의 성공은 스스로가 제국주의 열강의 일원이 되어 주변 세계를 폭력적으로 식민화했기에 가능한 것이었다. 그리고 이것은 서구의 것을 철저하게 받아들여 내면화하는 자기식민화의 과정을 수반한 것이기도 했다. 미국을 통해 세계를 받아들인 일본은 문호 개방 초기부터 미국 문화의 세례를 크게 받았다. 외국인, 특히 미국인이 머물렀던 개항장은 새로운 문물이 전파되는 원천이었다. 일본인들은 개항장의 미국인들이 야구를 즐기는 모습을 어깨너머로 지켜보았고, 근대 지식을 가르치러 온 미국인 선교사들을 통해 야구 하는 법을 배웠다.7 미국의 대중오락이었던 야구가 일본에서는 근대적인 정신과 신체의 상징으로 수용된 것이다. 이후 야구가 "엄격한 신체 단련을 통해 정신을 수련"하는 데 적절한 교육수단이며, 나아가 단체 스포츠로서 집단에 대한 소속감을 드러내고, 학교대항전 및 지역대항전을 통한 애교심과 애향심을 키우는 데도 효과적이라는 사실이 밝혀지면서, 일본에서 야구는 단기간에 핵심적인 학원學園 스포츠 중 하나로 자리 잡았다.

한편 1893년 요코하마에서 일본 야구팀이 미국 선발팀을 꺾는 '대이변'이 일어났다. 일본이 야구를 도입한 지 30년도 지나지 않은 시점에 거둔 '쾌거'였다. 야구로 미국을 이겼다! 어쩌면 야구야말로 일본인의 신체적 특징과 정신적 가치에 가장 부합하는 운동이 아닐까 하는 생각이 퍼진 것도 무리는 아니었다. 이 무렵부터 야구 용어가 일본식 한자어로 번역되기 시작했고, 야구 연습은 효과적인 자기단련 수단으로 해석되었다. 야구 시합은 사무라이 정신을 길러내는 '도장道場'으로 받아들여졌다. 이른바 일본식 정신야구, 즉 '야큐野球'가 탄생하는 순간이었다.8 1930년대가 되면서 일본에도 프로야구가 등장했지만, 정신의 야구 즉 야구도野球道는 지금까지도 일본 야구의 중심적 가치를 차지한다. '게임'인 야구가 태평양을 건너와서는 '정신'이 된 것이다.

한국 야구는 발상지인 미국의 선교사들에 의해 처음 도입되었고, 일제 강점기를 겪으며 일본에서 발달한 독특한 야구 문화의 영향을 받았다. 그리고 해방 이후 나름의 발전을 통해 조금은 다른 길을 걸어가기 시작한다. 한국 야구는 발상지 미국의 '베이스볼' 문화와 일본에서 변용된 '야큐' 문화 사이에서 요동하면서 지금의 모양을 갖추어갔다.

"지역의 명예를 걸고"

한국에 야구가 들어온 경위는 일본의 경우와 비슷하다. 미국인들은 당시 인기가 많았던 야구를 개항장에서 즐겼고, 미국 생활 경험이 있는 서재필 등이 개항장 야구 경기에 참여했다는 이야기도 있다.[9] 이처럼 한국 야구의 시작은 일본과 마찬가지로 개항장에 들어온 미국인들에 의해 주도됐다. 한국인에게 야구를 가르친 것도 미국인 선교사들이었다. 1904년 황성 YMCA의 선교사 필립 질레트Phillip L. Gillette가 야구를 소개했고, 그 무렵부터 YMCA 야구단을 비롯한 한국인 야구클럽이 결성되기 시작했다. 이들의 경기는 대개 신식 문물에 대한 한국 사람들의 호기심 속에서 열렸다. 야구클럽 가운데는 일본인 교사가 지도하는 한성학교 야구부도 있었다. 한성학교 야구부는 1910년까지 YMCA 야구단의 최대 맞수였는데, 이는 '베이스볼'과 '야큐'가 함께 도입되어 서로 경합한 한국 야구의 초창기 상황을 잘 보여준다. 그러나 곧 조선이 일본의 식민지배를 받게 되면서, 한국 야구는 일본 야구의 압도적인 영향력 아래 놓이게 되었다.[10]

일제 강점기에 야구는 기본적으로 일본인들의 스포츠였다. 야구는 일

황성 YMCA 야구단과 축구단의 서북지방 원정 기념 사진
황성 YMCA 간사로 임명된 영국인 선교사 필립 질레트가 1904년 야구단을 창설했다. 설립 당시에는 짚신을 신은 채 공을 던지고, 받고, 치는 게 고작이었던 황성 YMCA 야구단은 머지않아 해외 원정까지 다닐 만큼 실력을 키웠다.

본 본토에서뿐만 아니라 재조일본인 학생들 사이에서도 인기가 높았다. 일본인 학생들이 다니는 대개의 중등학교에는 클럽 활동 차원에서 야구부가 결성되었다. 식민통치 기관이나 회사에서도 학창 시절 일본에서 야구를 했던 사람들이 중심이 되어 야구클럽을 만들고 정기적인 시합을 가졌다. 휘문·오성·보성·배재·중앙·경신 등 한국인 학생들이 주로 다닌 사립학교에도 야구부가 만들어져 한국인 야구의 명맥을 이어갔지만, 일본인이 중심이었던 각종 야구대회에서는 들러리 처지를 넘어서지 못했다. 당시 학원야구의 최고 권위는 지금도 일본에서 인기가 높은 고시엔甲子園 대회였는데, 지역예선에서 일본인 학교를 물리치고 본선에 진출한 한국인 학교로는 1923년 휘문고보가 유일했다.[11] 한국인들의 야구대회는 1920년 조선체육회가 창설된 이후에야 만들어졌다. 조선체육회의 창설 첫 사업이 전朝조선야구대회 개최였다. 1929년 이후 이 대회는 전조선경기대회에 통합된 형태로 계속되었으나, 1938년 조선체육회가 일본인 단체인 조선체육협회에 병합되면서 완전히 사라지고 말았다.

이처럼 식민지 공간의 한국인들에게 야구는 선망의 대상이지만 쉽게 다가가기 어려운 스포츠였다. 별다른 장비가 필요하지도 않고 정신력이나 체력 등으로 실력의 열세를 극복할 수 있었던 축구와 달리, 야구는 값비싼 장비와 숙련된 기술을 필요로 했다. 따라서 이를 감당할 수 있는 소수의 엘리트만이 야구를 할 수 있었다. 그 때문에 한국 야구는 일본 야구의 영향으로 학원 스포츠로 성장했음에도 훨씬 더 엘리트적인 스포츠로 인식되었다. 유니폼과 각종 장비들, 복잡한 규칙과 숙련을 요하는 기술로 상징되는 야구는 식민지의 한국인들에게 매우 모던한 스포츠로 비쳤던 것이다.

미국인 선교사들의 영향력은 일제 식민통치의 시작과 함께 현격히 줄어들기는 했지만 그렇다고 완전히 사라진 것은 아니었다. 야구부를 둔 사학 명문 중에는 미국인 선교사들에 의해 설립된 미션스쿨에 기원을 두고 있는 경우가 많았다. 일본의 지배 아래서도 야큐와는 다른 야구의 길은 여전히 명맥을 유지했던 것이다. 따라서 사학 명문 학교의 엘리트 학생들은 식민통치에 대한 '체제 내 저항'이라는 관점에서 야구에 접근했고, 민족적 관점에서 일본인 야구팀과 경쟁하기도 했다. 야구의 주도권은 일본인들에게 있었지만 그럼에도 야구가 단순히 그들만의 스포츠로 인식된 것은 아니었던 셈이다. 일제 강점기에도 한국인들이 야구에 대해 가지고 있던 이 같은 선망의 감정은 해방과 더불어 폭발했다.

1945년 해방과 더불어 서울과 지방 거점도시 학교에서는 경쟁이라도 하듯 야구부를 창단·재건했다. 1946년 일본의 고시엔대회를 본떠 만든 청룡기쟁탈전 전국중등학교 야구선수권대회는 전국 각지에서 온 24개 팀, 582명이 출전하는 대성황을 이루었다. 일제 강점기 일본 야구의 들러리에 불과했던 한국 야구가 해방과 동시에 학원 스포츠의 중심으로 부상한 것이다. 전국의 중등학교 야구부가 한데 모여 자웅을 겨루는 선수권대회는 지역 엘리트들의 경연장으로서, 동문들뿐 아니라 도 단위 광역 출신 일반인들의 관심도 끌어모으기 시작했다. 야구 시합이 지역 엘리트들의 경연으로 인식되면서 나타난 현상이었다. 해방 이전부터 민족주의와 강하게 결합했던 축구와 달리, 야구에서 민족주의는 상대적으로 제한적이었다. 대신 야구는 엘리트주의·지역주의와 결합함으로써 대중의 마음을 사로잡았다. 미국의 베이스볼과도 다르고, 일본의 야큐와도 달랐던 한국 야구의 길이었다.

해방 이후에도 일본 '선진' 야구의 영향력은 적지 않았다. 일본에서 활동했던 자이니치[在日] 야구인을 매개로 일본 야구 문화의 트렌드와 기술이 지속적으로 들어왔다. 하지만 여가 문화로서의 한국 야구는 일본과는 다소 다른 형태를 갖추어갔다. 패전 이후 미군정의 지배를 받은 일본에서는 미국 문화의 영향으로 아마추어 야구와 프로야구가 양립하는 형태로 발전한 반면, 한국에서는 식민지 시대에 지체되었던 학원야구가 선두에 섰다. 지역의 명문 학교를 중심으로 하는 한국의 고교야구는 일본에 비해서도 유독 엘리트주의가 두드러졌는데, 야구 '명문'들의 격돌은 학교를 넘어서 지역의 자존심이 걸린 대결이 되기 일쑤였다.

1970년대 이후 이촌향도 현상이 급격히 진행된 것 또한 학원야구가 전국적인 인기를 끌어모은 계기로 작용했다. 생계를 위해, 새로운 기회를 찾

1979년 황금사자기 대회 입장식
고교야구의 황금기였던 1979년에는 부산고(청룡기, 화랑대기)가 2관왕에 오르며 강세를 보였고, 선린상고(대통령배)와 배재고(제1회 대봉기), 광주상고(봉황대기), 경북고(황금사자기)가 한 번씩 우승의 기쁨을 누렸다.

아 도시로 떠나온 이들에게 지역의 명문 야구팀은 고향에 대한 향수를 불러일으키고 출신지역에 대한 자긍심을 갖게 하는 원천으로 기능했기 때문이다. 1946년 청룡기쟁탈전 전국중등학교 야구선수권대회로 시작된 전국 단위의 고교야구대회는 1970년대 말 8개까지 늘어났는데, 대부분의 유력 언론사가 대회를 주최했을 정도로 성황을 이루었다.[12] 전국 각지의 고교야구팀들이 '지역의 명예를 걸고' 격돌했고, 팬들은 야구장을 찾아 고향의 야구팀에 열광했다.

　1960년대부터는 실업야구도 본격적인 체제를 갖추지만 한국 야구를 주도한 것은 여전히 학원야구, 즉 고교야구였다. 실업야구에 비해 고교 선수들의 기술적 완성도가 떨어지는 것은 당연한 일이었지만, 실수와 우연이 '게임'의 재미를 더하기도 했다. 역전이 거듭되는 아슬아슬한 경기는 애향심과 결합해 긴장감을 불러일으켰다. 1979년 대한야구협회 주최로 개최된 제1회 한국야구대제전은 고교야구가 주도하던 당시 한국 야구의 특징을 여실히 보여준다. 이 대회는 대학과 실업팀에서 활약하는 야구 스타들이 총집결하는 이벤트였다. 요즘 식으로 말하자면 '성인 올스타 경기'에 해당한다. 그런데 이 대회에 참가한 성인 선수들을 팀으로 묶는 기준이 출신 고등학교였다. 그들은 총 26개 팀을 결성해 각 '학교의 명예'를 걸고 경쟁했다.[13] 대학야구와 실업야구가 고교야구의 'OB'로 인식되었을 만큼 학원야구의 위상이 절대적이었던 것이다.

국가주의 스포츠가 양성한
비국가주의 스포츠

1980년대의 시대적 산물인 프로야구의 출범을 어떻게 보아야 할까? 프로야구가 출범하기 직전인 1980년대 초반, 고교야구의 인기는 절정에 도달해 있었다. 1975년 이미 100만을 넘긴 고교야구 관중은 1981년 180만을 돌파했고, 대통령배 야구대회에는 무려 22만 4100명이 경기장을 찾았다.[14] 이런 인기에 힘입어 야구계 내부에서도 프로리그 설립에 대한 논의가 있었다.

하지만 전두환 정권이 프로야구 창설을 주도하면서 이런 '아래로부터의 움직임'을 의식하거나 수용했다고 보기는 어려울 것 같다. 그들은 5·18민주화운동으로 야기된 체제의 위기를 타개하는 수단 중 하나로 프

개막 경기에 앞서 진행된 전두환 대통령의 시구
1982년 3월 27일, 서울 동대문구장에서 MBC 청룡과 삼성 라이언즈의 개막 경기가 열렸다. 경기에 앞서
전두환 대통령이 직접 시구하는 모습이 눈길을 끈다.

로야구의 창설을 선택했을 뿐이기 때문이다.

　　사실 '스포츠공화국'이라고 불린 전두환 정권의 국가주의 스포츠 정책
은 군사정권의 출발점인 5·16쿠데타까지 그 기원이 거슬러 올라간다. 쿠
데타 세력은 냉전체제하에서 가열될 조짐을 보이던 '스포츠 내셔널리즘'
의 흐름에 적극적으로 편승했다. 1962년 국민체육진흥법 제정이 그 예다.
체육 엘리트 양성이 정책적인 차원에서 체계적으로 추진되었고, 세계대
회에서 국위를 선양하고, 북한에 체제 우위를 과시할 수 있을 법한 종목들
이 전략적으로 선정되었다. 한편 정권은 각급 학교와 지방단체, 국영기업
체 등에 해당 종목의 운동부나 선수단을 운영하도록 장려했다. 선수단을
운영하는 민간기업에는 면세 등 각종 혜택이 주어졌다. 스포츠 아마추어
리즘을 표방하면서도 전문 운동선수를 체계적으로 양성하는 시대가 등장

한 것이다. 물론 부작용도 만만치 않았다. 스포츠의 이데올로기적 동원, 엘리트체육의 편중과 대비되는 생활스포츠의 붕괴, 특정 종목의 전략적 육성에 따른 불균형 등 국가주의 스포츠의 폐해가 1970년대 이후 현저하게 드러났다.

그런데 야구는 대중적인 인기가 대단했음에도 국가가 나서서 전략적으로 육성하기에는 적합하지 않은 부분이 많았다. 우선 야구가 세계화에 적극적이지 않은 스포츠라는 점이 문제였다. 지금도 야구를 즐기는 나라는 발상지인 미국과 그 주변의 중앙아메리카 국가들, 일본과 일본의 지배를 받았던 한국, 타이완으로 한정된다. 세계 곳곳에서 사랑받는 축구나, 올림픽을 위시한 메가이벤트를 통해서 '내셔널리즘'을 강화하거나 남북 간 체제경쟁에 효과적으로 동원될 수 있는 대부분의 아마추어 스포츠와는 달리, 야구에는 그런 것을 기대하기 어려웠다.

게다가 야구는 국가주의 스포츠 정책이 본격화되기 전부터 상당한 대중적 기반을 가지고 있었다. 해방된 지 1년도 지나지 않아 개최된 1946년 청룡기 대회에 무려 24개의 중등학교 야구팀이 참여했다는 사실에서 알 수 있듯, 국가의 정책적 지원이 없던 시절에도 야구는 이미 학원 스포츠로서 확고하게 자리매김한 상태였다.

민간기업이 운영하는 실업야구팀도 사정은 비슷했다. 국가주의 스포츠 정책에 의해 선수단 운영이 강제된 다른 스포츠 종목과는 달리, 야구는 기업들이 자발적으로 구단을 운영하는 경우가 많았다. 야구의 대중적 인기는 기업 홍보를 위해서도 매력적인 조건이었던 탓이다. 롯데·한국화장품·크라운맥주 등 대중적 기호에 영향을 받는 소비재 기업들이 특히 적극적이었다. 1980년 이전까지 실업야구에 참가했던 팀은 모두 21개였는데, 그중에서 9개 팀은 역사가 1959년 이전으로 거슬러 올라간다.[15] 국민체육진흥법이 없었던 시절이었다.

이처럼 대개의 스포츠가 국가대항전에서 '민족'을 호명하는 역할을 하던 시기에 야구는 그와는 다른 차원에서 인기를 모았다. 국가주의 스포츠가 압도했던 1960~70년대에, 야구가 그 영향에서 완전히 자유로웠던 것은 아니지만 조금은 다른 길을 걷고 있었음은 분명하다. 그리고 이런 특성은 스포츠에 '올인'했던 전두환 정권이 야구의 프로스포츠화를 결정하는 단초로 작용했다.

대중의 동요와 불만 속에서 출현한 전두환 정권은 1960~70년대의 국가주의 스포츠 정책을 극한까지 밀어붙였다. 1981년 9월 서울올림픽의 유치 결정이 그 결정적인 계기가 되었다. 정권은 올림픽의 '성공적인 개최'를 지상 과제로 내걸고, 여기서 통치의 정당성을 찾았다. 통금의 해제와 해외여행의 부분적 자유화 등 일련의 '자유화' 조치들도 올림픽 개최를 위한 사전 작업의 일환으로 진행됐다. 집권 초기 신문·방송 등 언론계를 통·폐합해 권력의 통제 아래에 두는 데 성공한 전두환 정권은 신문의 스포츠 면을 100퍼센트 이상 늘리는 등 '스포츠 붐'을 조성하는 데도 적극적이었다.[16] 올림픽 종목에 포함되는 '전략' 스포츠 분야의 경우, 올림픽에서 성과를 내도록 하는 데 모든 초점이 맞추어졌다. 전면 개정된 국민체육진흥법은 노골적으로 "86, 88 양 대회의 지원"을 목적으로 했음을 밝힐 정도였다.[17]

비'전략' 스포츠 중 대중적으로 인기 있는 일부 스포츠에 대해서는 프로스포츠로의 전환이 시도됐다. 5년 이상 남은 올림픽 개최가 계속 정치적인 의미를 갖도록 하려면 스포츠 붐이 지속되어야 했기 때문이다. 프로스포츠는 스포츠에 대한 대중의 관심을 일상화·상업화한다는 점에서 스포츠 붐의 지속에 기여할 것으로 예견됐다. 이 같은 의도에서 선택된 것이 축구와 야구였다. 올림픽과 월드컵에서 경쟁력이 약했던 축구와, 올림픽 같은 메가이벤트에 포함되지 않았던 야구가 프로화의 첫 대상이 된 것은 결코 우연이 아니었다.

한국 자본주의를 닮다

1982년의 프로야구 출범은 철저하게 권력자의 뜻에 따라 이루어진 사건이었다. 물론 야구의 대중적인 인기가 어느정도 고려됐겠지만, 그것은 어디까지나 선택의 조건이었을 따름이다. 프로화의 진행 과정에서 아마추어 야구를 관장하는 대한야구협회가 배제되어 있었던 것이 그 예다. 당시 야구계는 최고의 인기를 누리고 있었으나 야구계 내부적으로는 고민이 적지 않았다. 1974년 도입된 고교평준화가 전국으로 확산되면서 '야구 명문이 곧 지역 명문'이라는 인식이 의미를 잃어갔고, 그 대신 어릴 때부터 '야구선수'로 키워진 특기생들에게 스포트라이트가 쏟아졌다. 매번 새로운 스타들이 부상했고, 스타들이 즐비한 야구 명문들의 격돌은 대중의 관심을 끌기에 충분했다. 하지만 고교를 졸업한 '스타'들의 앞날은 불투명했다. 이들을 수용해야 할 실업야구는 1970년대 후반부터 석유파동 등으로 인한 경제 불황에 타격을 입은 상태였고, 향후 전망도 확실치 않았다. 고교야구에만 관심이 쏠리는 상황에서는 야구의 기술적 성장이 어렵다는 문제도 있었다. 1970년대 중반부터 야구계 일각에서 프로야구 출범을 제기한 배경에는 이처럼 쌓여만 가는 문제들을 어떻게든 해결해야 한다는 절박함이 있었다.

이런 상황에서 프로야구는 '위로부터' 주어졌다. 야구계 내에서 모색한

'프로화'와는 전혀 다른 길이었다. 야구계에서는 일본처럼 신문·유통·철도 등 개별 소비자와 직접 접촉하는 중견 기업이 프로야구단을 운영하는 방식을 검토했으나, 현실은 집권자의 의지로 유수의 대기업들이 프로야구 운영에 뛰어드는 것으로 결정되었다. 대기업들이 실제 프로야구 창설에 얼마나 적극적이었는지와는 별개로 정권 차원의 적극적인 기획이 없이는 불가능한 구성이었다. 이는 정권 최고 권력자가 의욕적으로 밀어붙인 결과였다.

'시장 논리'를 무시하고 프로야구에 동참한 기업들에게는 특혜가 제공되었다. 마침 이들을 포함한 대기업들은 1980년대 초반 3저 호황이라는 '우연한 선물'을 받고 단기간에 엄청나게 몸집을 불릴 수 있었다. 1980년 국민총생산GNP의 40퍼센트 정도를 차지하던 10대 재벌의 매출액은 고도성장의 결과 1994년 66.8퍼센트까지 증가한다. 구단을 운영하는 모기업이 이 같은 호황을 누리면서 프로스포츠 생태계의 논리도 완전히 뒤집혔다. 사실 예나 지금이나 한국에서 프로야구단의 운영은 수지타산이 맞지 않는 장사다. 하지만 한국의 프로야구는 수익성을 무시하고 지속적으로 외형을 확장해나갔다. 재벌 중심의 운영 구조와 이를 뒷받침하는 정치적 지원이 있었기 때문이다.

하지만 제아무리 재벌 기업과 정치권의 지원이 있었다 하더라도 대중의 인기가 없었다면 프로야구가 일상에 자리 잡기는 어려웠을 것이다. 야구와 달리 축구가 프로화 초기에 우여곡절을 겪은 것은 정치적 지원이 대중적 성공을 보장하지는 않음을 보여주는 사례라고 해석할 수 있다. 더욱이 프로씨름의 사례가 보여주듯 대중적인 인기란 등장할 때처럼 사라질 때도 갑작스러운 법이다. 프로야구가 초반의 반짝 인기를 넘어서 지금까지도 인기 스포츠로서 한국인의 여가 문화의 한 축을 차지하게 된 이유에

프로야구 개막 전후 개최된 각종 고교야구 대회
한국 프로야구는 해방 직후부터 대중의 관심을 집중시킨 고교야구의 인기를 그대로 이어받았다. 1982년
개막 특수가 끝난 뒤에도 지속적으로 관중 수가 늘었던 프로야구와 달리 고교야구의 인기는 가파른 내
림세를 보였다.

대해서는 역시 3S정책과는 다른 차원의 설명이 요청된다. 프로야구는 어떻게 일시적인 열풍을 넘어 문화현상의 하나로 정착하게 되었을까?

우선 생각해볼 수 있는 것은 프로야구가 출범 직전까지 한국사회에서 절정을 구가하던 고교야구의 인기를 고스란히 넘겨받았다는 점이다. 그 비결은 지역연고제에 있다. 앞서 언급했듯 지역을 대표하는 명문 학교들을 중심으로 발전한 한국의 고교야구는 개별 지역을 넘어서 도 단위 지역 정서와 결합하는 양상을 보였다. 그 때문에 한국야구위원회는 리그를 구성할 때부터 전국을 6개 권역으로 묶고 거기에 각 1개의 프로 구단을 배치해 이들이 특정 도시가 아니라 도를 넘어서는 광역 단위의 연고를 가질 수 있도록 했다. 당시의 구단들은 1차 지명을 통해 해당 연고지역 출신 선수들을 몇 명이든 자유롭게 뽑을 수 있었다. 여기서 제외된 선수들이 2차 지명에 나와 다른 팀의 선택을 기다렸다. 1차 지명에 인원 제한이 생긴 것은 1986년 신생팀 빙그레가 창단된 후부터다. 미국에도 일본에도 없는 한국 프로야구만의 규칙이었다.

여기서 흥미로운 것은 '지역연고권'의 기준이 선수의 출신지도 최종 학교도 아닌 출신 고등학교였다는 사실이다. 이는 프로야구가 당시 고교야구의 지역적 인기를 흡수하는 데 얼마나 심혈을 기울였는지를 보여주는 증거이다. 결과적으로 프로야구의 지역연고제 전략은 의도한 것 이상의 성공을 거두었다. 프로야구는 개막 특수가 끝난 뒤에도 지속적으로 관중 수가 늘었는데, 이는 고교야구의 인기 하락과 정확히 맞물려 있다. 1982년 프로야구 출범 첫해 고교야구 관중은 전해의 절반인 90만 명으로 줄었다. 다음 해인 1983년에는 다시 절반 넘게 줄어 41만 명, 그리고 1986년에는 33만 명 수준까지 축소됐다. 이후 고교야구의 인기는 다시는 회복되지 못했다.

1982년 출범한 한국의 프로야구는 결론적으로 해방 직후 아마추어 야구의 인기 비결을 정확하게 포착한 셈이다. 명문 학교의 지역 대표성 약화, 전문선수의 출현 등으로 고교야구의 지역성이 점차 약화되고 있었음을 감안하면, 프로리그의 등장은 그간 존재해온 지역의식을 전보다 훨씬 더 강화되고 고착된 형태로 정착시키는 계기가 되었다. 이것은 국민들을 분할하여 저항과 비판을 분산시키려는 정권의 전략과 맞물려 여러 가지 부작용을 낳았다. 1980년대 이후 본격적으로 제도화되기 시작한 스포츠 미디어 환경도 프로야구가 대중의 일상에 자리 잡게 하는 또 하나의 배경으로 작용했다. 스포츠 붐을 선도하기 위해 고심한 전두환 정권은 집권 초기의 언론 장악을 기반으로 스포츠저널리즘의 확산을 주도했다. 컬러텔레비전의 등장과 중계방송 기술의 발달 속에서 스포츠 중계가 대중들의 여가 문화를 선도하기 시작한 것도 이즈음이다. 『일간스포츠』『스포츠서울』 등 스포츠신문의 시대가 시작된 것도 이 무렵인데, 이들 신문지면을 채운 것은 대체로 프로야구 기사였다. 아마추어와 프로 스포츠를 통틀어 매일같이 경기가 이어지는 종목은 야구가 유일했기 때문이다.

프로야구의 경기방식이 스포츠 중계에 적합하다는 점도 프로야구의 대중화에 긍정적인 영향을 미쳤다. 미국에서도 야구는 초기부터 방송매체와 깊은 관련을 가졌다. 이는 야구가 처음부터 프로스포츠의 성격을 강하게 가졌기 때문으로, 미국에서는 1890년대에 이미 언론사가 경기 상황을 술집과 도박장에 알려주는 대가로 내셔널리그에 돈을 냈을 정도였다. 미국에서 라디오는 1921년, 텔레비전은 1939년부터 야구 중계방송을 시작했다.[18] 처음부터 한국의 방송미디어가 야구를 주목한 것은 아니었다. 스포츠 중계방송이 본격적인 궤도에 오른 것은 1970년대부터였지만, 당시의 방송기술로는 야구처럼 규모가 큰 경기를 박진감 넘치게 담아내기 쉽지 않았던 탓이다. 따라서 스포츠 중계 초반에는 복싱이나 레슬링처럼 한정된 기술로도 밀도 있는 중계가 가능한 종목들이 인기를 끌었다. 해외에서 펼쳐진 축구 국가대항전이나 올림픽 등의 국제대회는 위성 녹화방송의 형태로 방송하는 수준이었다. 생중계는 1976년 몬트리올올림픽부터 국내에 확산되기 시작했지만 당시의 기술로는 제약이 많았다.

그런 의미에서 컬러텔레비전의 보급과 방송기술의 발달 등 1980년대 스포츠미디어 환경의 변화는 야구의 인기몰이에 새로운 기회를 제공했다. 프로야구의 출범이 확실한 계기였다. 정부의 스포츠 활성화 정책에 부응해야 했던 방송국은 1980년대 들어 스포츠 프로그램을 대폭 확대했다. 1981년 전체 방송 프로그램 가운데 총 19퍼센트 수준이던 스포츠 프로그램은 프로야구가 출범한 1982년 27퍼센트로 급증했고, 이후로도 25퍼센트 이상을 유지했다. 1981년부터 1984년까지 3년간 방송된 스포츠 프로그램을 정리해보면 스포츠 중계가 전체의 79.8퍼센트를 차지하는 것으로 나타난다.[19] 중계 횟수는 1980년 194회에 그쳤으나 1983년 696회로 급격히 증가한 뒤 1987년까지 600회 수준을 유지했다.[20] 거의 매일 경기가 치러지는 프로야구가 1982년 출범하지 않았다면 불가능한 증가세다. 다른 스포츠와 달리 프로야구는 거의 매일 경기를 치를 수 있기 때문이었다. 1982년 6개 팀으로 출발한 프로야구는 4월부터 9월까지 각 팀별로 80경기씩을 치렀고, 이듬해에는 100경기로 늘었다. 단일 스포츠로서는 엄청난 경기 수이다. 1980년대 스포츠 프로그램의 폭증을 주도한 것도 프로야구였던 것이다.

야구라는 게임이 지니는 특성이 방송 환경과 맞아떨어지는 부분도 많았다. 야구는 경기시간이 길다는 단점이 있지만, 9회로 나눠지고 공격과 수비의 교대가 이뤄지기 때문에 중계방송 중간에 쉽사리 광고를 넣을 수 있었다. 또 대규모의 경기장에서 열리는 단체 스포츠임에도 축구에 비해 중계화면을 잡기가 용이하다는 장점도 있었다. 선수들 전체가 생물처럼 부정형적으로 움직이는 축구와 달리, 야구는 각 선수들이 세밀한 규칙에 따라 예측된 움직임을 보이며, 경기 또한 '던지는 투수와 치는 타자' '타자가 친 공과 이를 잡으려는 야수' '공을 잡은 야수와 진루하려는 주자' 등 기본적으로 '일대일 장면'으로 진행되기 때문이다. 한정된 중계기술 아래에서는 긴장감 넘치는 화면을 잡아낼 가능성이 비교적 높았던 것이다.

야구는 방송언론매체 차원에서는 수지맞는 장사일 수 있었다. 중계로 생기는 광고 수입은 무시할 수 없는 금액이었다. 프로야구가 출범한 지 몇 년이 되지 않아 중계권료를 둘러싸고 한국야구위원회와 방송사들 사이에 치열한 공방이 오갔다. 1991년 6억 1000만 원씩 중계권료를 지불한 KBS와 MBC 양 방송사가 모두 60번의 프로야구 중계를 통해 100억 원 이상의 광고 수익을 얻었음을 생각하면 당연한 일이었다.[21]

1980년대
도시민의 일상

프로야구 개막 당시 마케팅 차원에서 시작된 어린이회원 제도는 시행 첫해부터 엄청난 인기를 끌면서 프로야구의 팬덤 문화를 가족 단위로 정착시키는 데 '본의 아니게' 큰 기여를 했다.[22] 당시 돈으로 5000원 정도의 가입비만 내면 야구점퍼와 야구모자, 팬북, 사인볼 따위가 선물로 주어졌고, 회원증을 통해 입장료 할인 혜택이 주어지기도 했다. 덕분에 어린이회원 제도가 선풍적인 인기를 끌었고, 그 결과 수많은 어린이 야구팬들이 생

프로야구 원년 OB 베어스의 어린이회원증과 각 구단 기념품
프로야구 개막 당시 마케팅 차원에서 시작된 어린이회원 제도는 프로야구의 팬덤 문화를 가족 단위로
확산시키는 데 크게 기여했다. 당시 어린이들은 약간의 가입비만 내면 사진이 박힌 회원증과 함께 야구
점퍼와 야구모자, 사인볼 따위를 선물로 받을 수 있었다.

겨났다.[23] 야구 관람이 어른과 아이가 함께 즐기는 가족 단위의 여가 문화
로 정착된 것이다. 또 동문이나 재학생이 아니고서는 충성도가 떨어질 수
밖에 없던 고교야구와 달리, 프로야구는 선명한 지역의식을 '야구팬'이라
는 정체성과 결합시키는 데 성공했다.

　야간경기의 시행 또한 프로야구 관람이 한국인의 일상적 여가 문화로
정착하는 데 혁혁한 역할을 했다. 메이저리그에서는 1940년대부터 이미
야간경기가 보편화되어 있었지만, 한국에서는 프로야구가 시작된
1982년에도 야간경기를 할 수 있는 구장은 극소수였다. 야간 조명시설을
갖춘 곳은 서울운동장 야구장과 1982년 8월에 완공된 잠실야구장 둘 뿐

이었기 때문이다. 한국야구위원회는 정부의 지지와 지방자치단체의 협조를 얻어 프로 원년에 전체 프로야구 경기장에 야간 조명시설을 갖추는 데 성공했다. 야간경기의 실시가 미친 파급효과는 상당했다. 우선 사람들이 저녁 여가시간에 야구 경기를 볼 수 있게 됐다는 점이 중요했다. 프로야구는 거의 매일 경기가 있었고 꼬박꼬박 중계되었다. 이 시절 가장들은 퇴근 후 어린이회원이 된 아들딸과 함께 텔레비전으로 야구 경기를 지켜볼 수 있었다. 주말에는 자녀들과 함께 야구장을 찾는 것이 하나의 여가 문화로 정착돼갔다.

1980년대 이후 점증해온 프로야구의 인기는 이 무렵 시행된 3S정책만으로는 설명하기 어려운 문화현상으로 자리 잡았다. 삼엄한 권위주의 통치에 숨죽이던 이 시기 대중에게 야구 관람은 잠깐이나마 숨통을 틔워주는 바깥공기였고, 야구장은 억눌러온 정치적 울분을 '완화된' 형태로나마 터뜨릴 수 있는 해소의 공간이었다. 한편 고도성장이 가져온 전례 없는 풍요 속에서 1980년대의 프로야구는 '야구팬'들에 의해 적극적으로 소비되는 여가 문화의 하나로 정착하게 되었다. 야구가 한국에서 가장 대중적인 스포츠로 자리 잡은 것도 바로 이때부터다.

물론 소비적 스포츠 문화가 탈정치화된 대중을 창출함으로써 권위주의 체제가 지속되는 데 도움을 주었다는 점은 분명히 짚고 넘어가야 할 부분이다. 1970년대까지 아마추어 야구의 인기를 뒷받침했던 '애향심'이 프로야구의 등장과 더불어 광역 단위의 '지역감정'으로 전환되고, 이것이 정치적으로 악용되었다는 사실도 마찬가지다. 프로야구 출범은 '야구팬'이라는 좀더 적극적이고 주체적인 팬덤을 형성하는 계기가 되었으나, 정부와 재벌들에 의한 독점적 운영으로 인해 이들 야구팬이 수동적인 소비자의 위치를 벗어나지 못하고 있다는 점도 문제다. 이 같은 문제들은 30년

이 지난 지금까지도 해소되지 않고 남아 있다. 그런 의미에서 1980년대에 대한 질문은 지금 우리에 대한 질문으로 바꾸어 쓸 수도 있다. 지금까지 풀어놓은 프로야구 이야기에서도 알 수 있듯이, 우리는 이제야 이 질문을 진지하게 던지기 시작했을 따름이다.

88 서울올림픽과
시선의 사회정치

박 해 남

1980

올림픽,
서울을 바꾸다[1]

서울올림픽은 1980년대 우리 사회의 변화를 상징하는 이벤트였다. 올림픽은 경제성장과 민주화, 중산층의 형성 등 당시의 낙관적인 분위기를 대변했으며,[2] 중산층 생활양식을 상징하는 마이카, 외식, 여가 등이 일상에 자리 잡는 계기로도 작용했다.

서울올림픽이 이러한 변화를 상징하게 된 데에는 올림픽 개최를 준비하는 7년간 서울의 풍경이 몰라보게 달라졌다는 사정이 자리하고 있다. 올림픽을 앞두고 도심지, 간선도로변, 불량 주거지 등에 대한 대대적인 재개발사업이 펼쳐졌다. 그 결과 약 72만 명의 철거민이 발생했는데,[3] 이는 2008년 베이징올림픽(약 120만 명으로 추정)에 이어 역대 두 번째로 큰 규모이다. 노숙인과 부랑인에 대한 대대적인 단속과 수용이 이뤄졌고, 노점상 및 전통시장에는 철거 및 영업금지 조치가 내려졌다. 정권은 도시를 바꾼다는 명목으로 공중도덕 및 거리 질서 캠페인, 도로변 화단 가꾸기,

거리 청소 등을 실시하면서 계속해서 시민들의 일상에 개입했다.

왜 이렇게 많은 변화들이 있었던 것일까? 그것은 정권이 올림픽을 급속한 산업화 과정에서 서울이 지녀온 도시문제와 사회문제를 해결하고 사회를 통합하는 사회정치의 수단으로 활용했기 때문이다. 국제적으로 큰 주목을 받는 올림픽을 앞두고 정권은 세계의 시선이 우리를 향해 있다는 명분을 앞세워 도시를 대폭 개조하고 여러 '사회문제'를 제거했다. 그 결과 서울올림픽은 서울을 위시한 도시민들의 삶을 뒤바꿔놓았다.

"세계의 시선이 우리를 향해 있다"

19세기 말부터 20세기 초 영국, 프랑스, 독일, 미국 등 일찍이 산업화를 경험한 국가들은 연이어 급격한 도시 팽창을 경험했다. 이 도시들은 노동자들의 빈곤한 삶과 범죄의 만연, 전염병의 창궐 등으로 골머리를 앓았다. 이때 도시에서 발생한 문제들을 '사회문제'Social Question라는 이름으로 묶고, 이를 해결하기 위한 학문, 제도, 실천 들을 발전시키기 시작한 이들이 있었다. 사회경제학자, 사회위생학자, 개혁적 사회주의자, 사회가톨릭주의자, 사회복음주의자 등, 이들은 주로 '사회적'이라는 형용사로 수식되었다. 이들은 전반적으로 부르주아 및 엘리트계층의 입장에서 인도적 자세를 가지고 자신들이 가진 도덕률과 지식을 노동계급에 전파함으로써 도시질서를 창출하고 사회통합을 이루고자 했다. 영국의 사회개혁가 조지프 체임벌린Joseph Chamberlain은 '사회'라는 새로운 지적 대상을 둘러싼 실천들을 '사회정치'라고 불렀다.*

한국은 1960년대부터 산업화와 도시화가 매우 두드러졌다. 그중에서도 서울의 팽창은 다른 도시들과 견줄 수 없을 만큼 빨랐다. 실제로 1960년 244만 명이던 서울 인구는 1970년 550만 명으로 2배 이상 증가했다. 당시 서울의 인구 증가분이 전국 인구 증가분의 47.8퍼센트를 차지했을 정도로 서울은 급속하게 팽창했다.[4]

도시 인구의 증가는 도시문제로 이어졌다. 시골을 등지고 서울로 향한 이들 중 상당수는 유휴 국·공유지나 하천부지, 산기슭 등에 무허가 정착촌을 형성했다. 1966년 통계에 따르면 380만 서울 인구 중 약 3분의 1인 127만여 명이 약 13만 6000동의 무허가 건물에 거주했다.[5] 1960년대 후반에 들어 청계천 복개, 무허가 주택 일소 및 양성화, 시민아파트 건설, 광주대단지 조성 등 여러 가지 도시문제 대책이 마련됐으나 그것들만으로는 문제를 바로잡기 어려웠다. 1968년부터 강남 개발과 기반시설 확충 작업이 시작되었지만 개발은 더 많은 인구를 서울로 불러들였고, 개발로 터전을 잃은 빈민들은 서울 외곽의 빈터에 새로운 무허가 정착지를 만들었기 때문이다.[6]

19세기 말 20세기 초 서구 국가들이 무질서한 도시 상황을 개선하고자 마련한 방안은 노동자들에게 염가의 주택을 공급하는 등의 도시정책과, 일할 수 없는 자에게 보험금을 제공하는 사회정책이었다. 그러나 한국에

---

* Daniel T. Rodgers, "An Age of Social Politics," in Thomas Bender, ed., *Rethinking American History in a Global Age*, University of California Press 2002, 252면. 동즐로(Jacques Donzelot)의 표현에 따르면 사회정치란 '사회적인 것'을 만들고자 하는 정치 과정이라고 부를 수 있다. 루소(Jean Jacques Rousseau)는 정치가 이성을 가진 주권자들이 공적 사안에 대해 합의를 도출하는 것이라고 주장했다. 이와 달리 사회정치는 다소 사적으로 보이는 도덕과 생활습관 등에서까지 합의를 추구한다. 이에 대해 한나 아렌트(Hannah Arendt)는 '사회적인 것'이 사적인 것에 대한 공적인 것의 침투라고 비판한 바 있다. 자크 동즐로 『사회보장의 발명』, 주형일 옮김, 동문선 2005; 한나 아렌트 『인간의 조건』, 이진우·태정호 옮김, 한길사 1996, 제2장 참조.

압구정 현대아파트 부지에서 놀고 있는 철거민 아이들
1981년 서울 강남구 압구정동 현대백화점 인근에 사는 꼬마들이 아파트 단지 건설을 위해 철거된 주택
에서 놀고 있다.

서는 그런 노력을 찾아볼 수 없었다. 국가는 1960년대 이후 줄곧 경제성장
과 고용 증가, 그리고 이를 위한 노동력 확대에만 집중했기 때문이다.
1960년대 초 공적부조, 산업재해보험, 공무원연금법 등이 제한적으로 도
입됐지만 기본적인 필요도 충족시키지 못하는 수준이었다.[7]

　1960년대 후반 유엔의 사회개발 어젠다가 도입되면서 한국에서도 사
회문제 해결을 둘러싼 논의가 본격화되었다.[8] 하지만 고위 관료들은 이를
경제개발과 산업화를 뒷받침하기 위한 국민들의 정신 개조 논의로 변용
시켰다.[9] 국가가 정책적 사회부조 대신 국민 개개인의 정신 개조를 통한
사회규율 확립을 사회문제의 해결책으로 내세운 것이다.[10]

　1970년대에 들어 절대적 빈곤은 줄었지만 상대적 빈곤은 심화되었
다.[11] 전태일의 분신이나 광주대단지 사건 등 노동쟁의와 사회 갈등이 빈

번해졌고, 도시산업선교회나 학생사회개발단처럼 산업사회 문제를 다루는 민간조직도 결성됐다. 도시빈민 문제도 중요한 이슈로 떠올랐다.[12] 베트남전쟁 종결과 미국과 중국의 화해로 정권안보에 위기감을 느낀 유신 정권은 사회문제를 안보와 결부시켰다. 경제 위기나 도시민들의 상대적 박탈감을 안보의 위기 혹은 안보 저해 요인으로 본 것이다. 그런 맥락에서 국가는 국민총화와 단결을 사회문제의 해결책으로 보고 사회기강 확립과 국민의식 개조를 통해 이를 이루고자 했다.[13] '하면 된다'라는 슬로건이 말해주듯, 1970년대 새마을운동의 중요 목표 중 하나도 국민의식을 개조하는 것이었다.[14]

이런 정권이 보기에는 노동자와 학생이 노동을 잘 준비할 수 있게 '건전한' 여가를 보내도록 하는 것도 사회문제 해결에 중요한 요소였다. 그 때문에 정권은 '여가 선용'과 '정서 함양'을 내세워 대중의 여가를 규율하고자 했다. 1970년대 중반 본격화된 대중문화에 대한 규제와 검열은 이러한 차원에서 이뤄진 것이었다. 1975년 12월 모든 라디오 방송국의 인기 심야프로그램(「별이 빛나는 밤에」「꿈과 음악 사이」 등)에서 팝송과 엽서 리퀘스트를 없애고 이를 민요, 가곡, 국민가요,* 군가 등으로 대체시킬 때도 '정서 함양'과 '건전한 사회풍토 조성'이 명분이 되었다.[15] '불건전한' 대중문화를 조장하는 이들에 대한 단속도 같은 논리에서 이뤄졌다. 정권은 장발이나 미니스커트에 대한 단속도 '사회정화' 작업의 일환으로 수행한 것이다.[16]

하지만 이러한 조치들은 서울의 사회문제와 도시문제를 해결하지 못했다. 새마을운동은 이농과 도시 팽창을 막지 못했고, 도시 새마을운동은 별

---

* 1970년 문화공보부가 '국민정서 함양'을 명분 삼아 건전한 가요를 보급한다며 만든 노래들이다. 『동아일보』 1970년 6월 6일자.

다른 호응을 받지 못했다.[17] 1976년에 산재보험 적용이 확대되고, 1977년 의료보험제도가 실시되는 등 복지제도의 확충이 이뤄지긴 했으나 이 역시 수요에 비하면 턱없이 부족했다. 결국 1979년 10월, 부산과 마산에서는 대학생과 도시 하층민들이 대거 참여한 도시봉기가 일어났다.[18] 그 처리를 둘러싸고 벌어진 정권 2인자들 사이의 대립은 정권의 붕괴로 이어졌다.

'바덴바덴의 기적'이 있기까지

올림픽 개최에 관한 논의가 시작된 것은 사회문제와 도시문제가 산적해 있던 박정희 정권 말기였다. 그 때문에 이 같은 상황은 정권 고위 인사들의 올림픽 개최 논의 과정에 영향을 미쳤다.

1988년 하계올림픽 유치를 처음 생각한 것은 박종규였다. 그는 박정희 대통령 영부인 육영수의 피살 이후 요직에서 내려와 사격연맹 회장직을 수행하던 중, 1978년 9월 서울 세계사격선수권대회의 개최를 지휘했다. 당시 우리나라는 세계적인 스포츠 행사를 개최해본 적이 없었다. 다만 1970년에 아시안게임을 개최키로 했다가 경제상황 악화로 개최권을 반납하고 배상금을 지불한 역사가 있을 뿐이었다. 그 때문에 세계사격선수권대회는 기념주화·담배·우표까지 발행될 정도로 큰 관심을 모았다.[19] 행사 후 박종규는 올림픽 유치를 구상했는데, 이는 정권 중심에 재진입하기 위한 계획이었을 것이다.

1979년 2월 대한체육회장이 된 박종규는 올림픽 유치 논의를 위한 전

세계사격선수권대회 기념우표
1978년 서울에서 세계사격선수권대회가 열렸다. 대한민국이 개최한 최초의 국제 스포츠 이벤트였던 이 행사는, 훗날 88 서울올림픽 유치 신청의 단초가 됐다.

문위원회를 만들고,* 위원들에게 「올림픽 유치에 관한 사회적 타당성」이라는 문서를 만들어 문교부에 제출하게 했다. 이들이 8월 2일 제출한 보고서가 관계장관회의에 회부되었고, 여기서 올림픽 개최 신청에 대해 긍정적인 결론이 났다.[20] 9월 24~25일 문교부 장관이 차관회의와 국무회의에서 이를 보고했고, 그에 앞선 21일 박정희 대통령의 승인을 받았다. 차관회의와 국무회의에서는 이를 의결 없이 '접수'했다.[21] 10월 8일 서울시장은 기자회견을 통해 올림픽 개최 의사를 공식적으로 발표했다.

　논의에 참여한 이들은 어떠한 이유로 올림픽 개최를 주장했을까? 관계장관회의 참석자들은 '국민총화'와 '대공산권 교류 및 대북한 우위 홍보'를 이유로 들었다.[22] 문교부가 국무회의에 제출한 안에서는 한국의 경제 발전과 국력 과시, 한국 체육의 국제적 지위 향상, 스포츠를 통한 세계 각국 간 우호 증진, 공산권 및 비동맹 국가와의 외교관계 수립 여건 조성, 국제적 체육행사를 통한 국민들의 긍지와 일체감 제고, 이 다섯 가지를 유치

---

*　최만립의 증언에 따르면 박종규는 이미 개인적으로 박정희 대통령에게 올림픽 유치를 허가받은 상태였기 때문에 1979년 2월에 대한체육회장이 된 것이라고 한다. 최만립 『도전은 끝나지 않았다 ─ 한국 스포츠외교의 산증인 최만립이 전하는 30년 스포츠외교실록』, 생각의나무 2010, 20면.

목적으로 들고 있다.[23] 논의 과정에서 언급된 '사회·경제적 실현 가능성' '국민총화' '국민들의 긍지와 일체감 제고' 등으로 미루어, 사회통합이 중요한 고려사항임을 확인할 수 있다.

박정희 정권의 몰락 이후 1980년 5·18민주화운동을 지나기까지 올림픽 개최 논의는 수면 아래로 가라앉았다. 논의가 재개된 것은 7월 14일 전 대한체육회 부회장 조상호가 회장이 되면서부터였다. 그는 취임과 동시에 올림픽 유치 계획 재논의를 위한 소위원회를 구성했다. 이어서 관료들의 검토 작업이 시작되었다. 하지만 신청 마감을 4주 앞둔 11월 초까지도 결론이 나지 않았다. 대한체육회는 올림픽 개최에 실패하더라도 개최 신청 자체가 아시안게임 유치에 도움이 된다며 찬성했지만,[24] 서울시와 경제 관료들은 경제적·재정적 여건상 불가능하다고 보았다.[25] 그러던 중 상황을 보고받은 신임 대통령 전두환이 문교부에 올림픽 개최 신청을 지시했다.[26] 관료들의 논의와 별도로 대통령 스스로가 올림픽 개최를 원했던 것이다.

전두환은 어떻게 올림픽 개최 의지를 갖게 됐을까? 이에 대해서는 전두환이 올림픽의 정치·경제적 효과에 대한 정보를 갖고 있었다는 사실이 단서가 될 것이다. 5·18민주화운동을 진압한 전두환과 신군부 인사들은 1980년 8월 이병철 삼성 회장의 주선으로 일본 정계의 '흑막'이라 불리던 세지마 류조瀬島龍三 이토추상사 대표와 고토 노보루五島昇 도큐그룹 회장을 만났다. 세지마와 고토는 이 자리에서 1964년 도쿄올림픽의 경험을 전하며 국민의사 결집과 경제 활성화를 위한 방책으로 올림픽 개최를 제안했다.[27] 따라서 전두환의 올림픽 유치 결정에는 국민의사 결집이 중요한 변수가 되었으리라 짐작할 수 있다. 박정희 정권 시기에도 국민의 일체감 제고가 올림픽 유치의 주목적으로 제기됐음을 고려한다면 말이다.

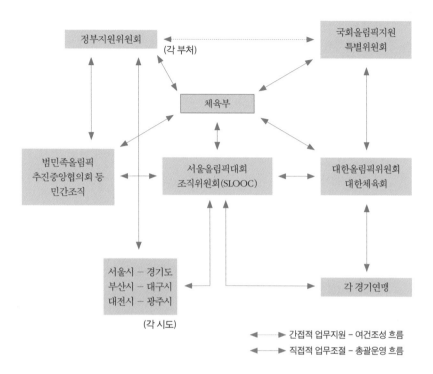

〈그림 1〉 88 서울올림픽 핵심 준비조직

이후 올림픽과 관련된 결정들은 대개 신군부 인사들에 의해 내려졌다. 1980년 11월 30일 올림픽 개최 신청 이후 10개월간의 유치활동을 지휘한 것은 신군부 실세 유학성 안기부장이었다. 그는 체육인과 외교관, 그리고 그때까지 스포츠와 별 관련이 없던 재벌 기업주들(현대 정주영, 한진 조중훈, 대우 김우중, 동아 최원석 등)을 동원해 유치위원단을 꾸렸다. 그리고 1981년 9월 30일 '바덴바덴의 기적'이라 불리는 올림픽 개최지 선정 소식이 들어왔다.[28]

올림픽 개최 결정 이후 핵심 준비조직으로 체육부와 조직위원회가 결성되었다. 특히 올림픽 및 아시안게임 관련 사업 총괄과 조정을 위해 1982년 3월에 신설된 체육부는 준비 과정에서 큰 권한을 가지고 있었다.* 조직위원회는 체육부와 달리 민간기구임을 표명했으나 정부의 강력한 통제 아래 있었다. 실제로 조직위원회 내 최고 의결·집행 기구였던 집행위원회의 경우, 구성원 25명 가운데 9명이 각 부처의 장관이었고, 대한체육회장, 서울시장, 방송협회장 등 정부에 의해 선출된 이들이 집행위원의 다수를 차지했다.[29] 요컨대 정권 고위 인사들이 올림픽 준비에 관한 의사 결정을 맡고 지방자치단체와 재벌 등이 이를 뒷받침했던 것이다.

서울올림픽 개최 준비와
시선의 사회정치

과시: 사회정치의 이유

1980년 출범한 전두환 정권은 1970년대와 다른 방향의 사회정치를 추구했다. 유신정권은 두발과 복장까지 단속할 정도로 규제를 강화했으나 1980년대는 개방화와 자율화에 초점이 맞춰졌다.** 야간통행금지 해제와 교복자율화 등이 대표적인 예로, 이는 사회라는 대상에 접근하는 방식의 변화와도 관계 있다.

---

* 서울특별시 편 『(제24회)서울올림픽대회 백서: SEOUL 1988』, 1990, 337면. 이는 1964년 도쿄올림픽을 준비할 당시 일본정부가 올림픽 담당 장관을 둔 것에서 아이디어를 얻어온 것이다. 같은 책 317면.
** 『동아일보』가 연재 기사 「결산 제5공화국」의 첫 번째 주제로 자율화를 선택할 정도로 자율화는 이 정권을 상징했다. 이때 언급된 사례는 야간통행금지 해제, 교복 및 두발자율화, 학원자율화 등이었다. 『동아일보』 1988년 2월 9일자.

신군부는 박정희 정권과의 차별화를 도모하는 한편 좀더 대중적인 이미지를 위해 사회정의, 사회복지, 민주주의를 강조했다.[30] 일례로 신군부의 정권 접수가 막바지에 이른 1980년 8월, 그들은 '민주복지국가 건설'을 내세웠다.[31] 같은 맥락에서 신군부는 1982년부터 시작될 경제개발 5개년 계획의 이름을 '경제사회발전 5개년 계획'으로 바꾸었다. 복지를 중시하겠단 뜻에서 '사회'를 추가한 것이다.[32] 정권은 또 새마을운동을 대체할 사회정화운동을 출범시켜 도시인들의 생활과 행동에 개입하기 시작했다.* 경제성장 우선이나 민족주의의 활용 같은 발전국가의 특성[33]은 계속 이어졌지만 말이다.

올림픽은 전두환 정권이 추구하던 정책들(개방과 자율화, 사회 발전)의 수행에 매우 유용했다. 예로부터 스포츠는 민족주의를 강화하고 좀더 극적으로 드러내는 장의 역할을 해왔다.[34] 선진국의 상징처럼 여겨지던 올림픽 개최는 발전주의와 쉽게 연결될 수 있다. 나아가 사회에 대한 국가의 개입과 규율, 시민사회의 정치적 동의 확보에도 매우 유용했다.[35]

올림픽 개최권을 따낸 직후인 1981년 10월부터 정부와 여러 언론은 올림픽을 통해 우리 민족(국민)의 모습을 세계에 '과시'해야 한다고 주장했다. 이는 올림픽 유치 논의 단계에서부터 경제발전과 국력 과시라는 형태로 언급된 바 있지만, 올림픽 개최 결정 후엔 그 의미가 약간 달라졌다. 올

---

* 1980년 5월 말 국가보위비상대책위원회(국보위)라는 임시기구를 통해 실권을 장악한 신군부는 '사회악을 일소'한다는 명목으로 각종 범죄자들을 일거에 잡아들여 국민들에게 환심을 사려 했다. 약 3개월간 삼청교육대를 운영한 후 관련 사업을 지속하기 위해 국무총리를 위원장으로 하여 100만 명 규모로 출범시킨 전국적 관제 운동이 사회정화운동이다. 이 운동은 새마을운동에서 상대적으로 소홀했던 도시문제와 산업사회 문제를 주로 다루고자 했고, 그만큼 도시와 직업단체의 역할이 강조되었다. 하지만 이 운동은 적은 예산 탓에 대규모 사업보다는 주로 가두 캠페인과 계몽활동에 치중했다. 장경근 「정부와 국민운동과의 관계 분석을 통한 한국 시민사회의 발전방안 모색 ─ 새마을운동에서 제2의 건국운동까지」, 서울대학교 행정대학원 석사학위논문 2006, 55~60면.

88 서울올림픽 개막식
전세계 160개국이 참가해 올림픽 사상 최대 규모로 진행된 88 서울올림픽의 개막식은 세계 만방에 자랑
스러운 대한민국을 과시하기에 충분했다.

림픽이 그때까지 만들어진 성과를 보여주는 것 대신 앞으로 달성해야 할
목표로 설정되었기 때문이다.

> 모든 국민의 지혜를 모아 친절하고 정다운 국민정신을 과시, 일등 문화
> 국민임을 세계에 인식시키는 계기가 되도록 국민의식의 개혁을 선결과
> 제로 정하였다.[36]

> 이번 올림픽 개최를 통해 우리는 평화를 사랑하는 국민이며 무슨 일이
> 든 할 수 있는 국민이라는 민족적 우수성을 온 세계가 보는 앞에 떳떳하
> 게 과시하면서 80년대의 선진국 건설을 위해 온 국민이 똘똘 뭉쳐 정말

한번 발 벗고 나서야겠다는 결의를 다져야겠다.[37]

올림픽 개최 기간을 전후해서 서울을 찾을 세계의 인파는 1만 명이 넘을 참가 선수와 임원 말고도 수십만 명에 달할 것이다. 이들에게 우리는 아름다운 서울과 위대한 한국의 모습을 유감없이 과시해야 한다. 그러기 위해서는 올림픽 경기를 위한 시설과 진행 준비뿐 아니라 도시계획에서부터 국민과 서울시민의 의식에 이르기까지 실로 혼연일체의 준비와 노력이 경주되어야 한다.[38]

'과시'라는 목표를 이루기 위해 국가는 사회에 '통합'과 '결집'을 주문했다. 사회를 규율하고 국민을 동원하는 것 또한 정당화되었다. 과시라는 목표가 설정되자 사회정치라는 과제가 뒤따르게 된 것이다. 앞의 인용문들에도 1960년대 후반 이후 군사정권이 사회문제를 해결하기 위해 강조한 '의식 개조'가 등장하는 데 이는 과시를 위해 의식 개조라는 사회정치가 필요하게 되었음을 보여준다.

과시를 위한 사회정치에는 정권이 만든 여러 관제 운동이 활용되었다. 내무부는 1981년 '국민의식과 국토 환경을 선진국 수준으로 향상시키기 위해' 올림픽 새마을운동 7개년 종합계획을 추진하겠다고 발표했다. 여기서 정부는 "예의 민족, 선진 사회, 문화국민으로의 발전을 통해 올림픽에서 국위를 선양하고 민족문화를 세계에 과시하는 것"을 목표로 제시했다.[39] 정권 최대의 관제 운동인 사회정화운동의 목표는 의식 개혁, 질서형성, 사회통합 등이었는데, 이 또한 올림픽이라는 무대를 위한 준비 과정으로 여겨졌다.

> 우리는 또 민족의 저력과 우리 사회의 질을 세계만방에 과시하여야 할 88년 올림픽이 눈앞에 다가오고 있다는 점을 유의하여야 하겠습니다. 우리는 이 서울올림픽을 국민의식 개혁의 결정적 계기로 삼아 전국민이 혼연일체가 되어 사회정화운동을 전개해나가야 할 것입니다.[40]

사회정화위원회는 1986년과 1988년 두 번에 걸쳐 『사회정화운동사』를 발간함으로써 자신들의 활동을 정리했다. 그리고 각각의 편찬사에서 사회정화운동의 성과가 아시안게임과 올림픽을 통해 가시화되었음을 주장했다.[41] 이들의 주된 역할이 올림픽에서의 과시를 목표로 한 사회정치의 수행이었음을 말해주는 대목이다. 정권은 올림픽 준비를 위한 외곽 조직으로 '범민족올림픽추진위원회'를 만들었는데, 그들 역시 국민의식 고양과 사회 발전을 중요한 수행과제로 삼았다.

> 대회 개최 여건 조성은 개최국의 국민으로서 질서·청결·친절 등 선진
> 국민의식을 고양하고 이를 계기로 보건·위생 수준을 향상시키는 등 대
> 회 개최의 기회를 최대한 활용하고 산업·문화·관광·스포츠의 제반 수
> 준을 고도로 향상시켜 사회 각 분야의 미진한 부분을 개선하여 국가 발
> 전을 가속화시키는 데 주안점이 있다.[42]

정권은 개방 및 자율화 조치를 추진하는 중에도 사람들에게 질서 있는
모습을 보여달라고 주문했다. 여기에는 올림픽을 대비한 훈련이라는 명
분이 붙었다. 일례로 민정당 사무총장 권정달은 다음과 같이 야간통행금
지 해제의 이유를 설명하고 있다.

> 권 총장은 통금 해제 문제를 여야중진회의에서 거론케 된 것은 "개방
> 시대에 대처한다는 입장과 국민에게 제약을 가해오던 구시대의 제도를
> 풀고, 올림픽에 대비, 국민적 훈련을 쌓고 국력 신장과 사회안정이 돼
> 있다는 것을 대내외적으로 과시해야 한다고 판단했기 때문"이라고 설
> 명했다.[43]

가시와 감시: 사회정치의 과정

올림픽 유치가 결정되고 세계에 우리를 보여주는 것, 즉 과시가 올림픽
의 주요 목적으로 설정되자 반대로 우리가 세계의 시선에 노출되어 있다
는 인식이 이어졌다.

88년까지 앞으로 7년 동안 이제는 좋아도 싫어도 한국은 세계에 노출되게 되어 있다. 세계가 한국을 보러 올 것이고, 세계의 눈이 한국을 주시할 것이다. 언제 어느 구석에 그러한 주시의 눈길이 닿아도 우리는 부끄럽지 않은 한국을 보일 수 있어야 한다.[44]

7년 후에는 온 세계가 한국을 주시하게 될 것이고 우리의 적나라한 모습들이 세계의 안방에까지 나타날 것이 틀림없게 됐다.[45]

자연히 '그들'의 눈에 띌 서울의 경관을 바꿀 필요가 생겼다. 1960년대 말부터 서울 도심부 재개발 사업이 추진되긴 했지만 성과가 미진했고,[46] 1970년대에는 무허가 주택 양성화 정책이 시행되었으나 서울시 주택 가운데 15.5퍼센트는 여전히 불량 주택이었다.[47] 이러한 1980년대 초의 도시 상황은 다음과 같이 그려졌다.

두 개의 국제행사에 참가하기 위해 또 겸사겸사로 한국을 관광하기 위해 찾아올 수많은 외국인에게 보이기에 서울은 아직도 너무나 보잘것 없었다. 인구 규모는 이미 900만에 육박하여 지구상 어느 곳에 내놓아도 손색이 없는 대도시였지만 그 시가지 모습은 낡고 초라했다. 중심 시가지인 종로·을지로·퇴계로 변에는 낡고 나지막한 건물들이 즐비했고 뒷골목으로 한 발짝 들어가면 무질서와 불결과 악취가 뒤엉켜 있었다. 중심 시가지를 벗어나 변두리로 나가면 산허리를 온통 메운 무허가 건물이 바다를 이루고 있었다.[48]

국민들의 의식 개조만으로는 서울을 '과시'하기에 부족하다는 것이 당시 정권과 엘리트들의 판단이었다. 이에 따라 정부와 서울시는 도시 환경 및 미관 개선, 문화 및 여가 시설 조성 등의 대규모 도시 개조 사업에 뛰어들었다.[49] 도심부 재개발 사업과 주택 개량 재개발 사업, 한강종합개발사업, 도시 녹화 사업 등이 1982년부터 본격화되었다.

　이때 '세계의 시선'은 도시를 변화시키는 데 우선순위를 정하는 기준이 자 공권력의 행사를 합리화시켜주는 도구였다. 올림픽 개최가 결정되기 전부터 정부는 대규모의 도시 개조를 예고했다. 실제로 정권을 잡은 신군부는 1980년 8월 복지사회 건설을 천명하고, 같은 해 9월 '500만 호 주택 공급' 계획을 발표했다. 하지만 이 약속은 1년도 못 가 흐지부지됐다.[50] 정부는 원래 계획보다 축소된 규모의 도시 개조를 위해 가시권, 즉 쉽게 눈에 띄는 지역을 우선순위로 삼았다. 이에 따라 고속도로 가시권, 철도 연변 가시권, 공항로 가시권, 호텔 가시권, 경기장 가시권, 고가도로 가시권, 지하철 지상구간 가시권, 올림픽대교 가시권, 백화점 가시권, 문화재 주변 가시권 등 다양한 지역이 가시권으로 설정되었다.

　가시권이란 누구의 눈에 보이는 곳을 말하는가? 그들은 물론 한국에 여행 와 서울 안팎을 구경하게 될 외국인들이다.* 따라서 그들이 머물거나 지나갈 것으로 예상되는 도심지 및 간선도로가 가장 우선적인 재개발사업 대상이 됐다. 1983년 2월 서울시는 1986년과 1988년에 있을 두 행사 전에 53개 도심지구와 42개 간선도로변 재개발을 마치겠다는 뜻을 밝혔

---

* 1966년 10월 미국 존슨 대통령(Lyndon B. Johnson)의 방한 환영행사는 텔레비전 중계로 미국에도 방영되었는데, 이때 서울시청 주변의 슬럼지대가 화면에 고스란히 비춰졌다. 이를 본 재미교포들이 박정희 대통령에게 진정서를 넣고, 그것이 계기가 되어 서울시청 근처의 슬럼을 재개발하는 작업이 진행되었다. 이 또한 '외국의 시선'에 대한 의식과 재개발이 접목된 사례라 할 수 있다. 손정목 『서울 도시계획 이야기 ─ 서울 격동의 50년과 나의 증언』 제2권, 한울 2003, 124~28면.

김포대교–암사동 간 한강종합개발 준공식

한강종합개발사업은 한강 주변을 다양한 목적으로 이용하고 개발하기 위한 사업으로, 1982년 착공해 1986년 9월 10일 아시안게임 개막을 10일 앞두고 완공되었다. 사업의 목적은 크게 치수 기능 확대, 휴식 공간 확보, 올림픽대로 건설, 분류하수관로와 하수처리장 건설, 유람선 및 수상 레저스포츠 시설 마련 등 으로 나뉜다.

는데,* 그중에는 마포로가 가장 중요한 사업대상이었다. 서울시는 을지로(6개 지구), 태평로(6개 지구), 의주로(4개 지구)보다 훨씬 많은 13개 지구를 마포로 주변 재개발 대상지로 선정했다.⁵¹ 김포공항에 도착한 외국인들이 도심으로 향하는 길목이라는 이유에서다. 이 도로는 1979년 지미 카터Jimmy Carter 미 대통령 방문에 맞춰 개발사업이 진행된 후 '귀빈로'라는 이름을 얻은 곳이었다.⁵²

가시권은 "어느 외국 도시에 비해 손색이 없이 가꾸어"져야 했다.⁵³ 이를 위해 서울시는 도심지를 빌딩 숲으로 만드는 작업을 추진했다.⁵⁴ 땅값 비싼 도심에 고층빌딩을 세울 만한 자금을 갖춘 이들은 물론 재벌뿐이었다. 한 신문은 도심지를 재벌이 과점했다고 전했고,⁵⁵ 도심지를 '재벌타운'이라 부르기도 했다.

가시권에는 각종 단속 및 금지 조처가 내려졌다. 서울시는 1982년 대로변에서 보신탕, 개소주, 토룡탕, 뱀집의 영업을 금지하는 조치를 취한 바 있는데,⁵⁶ 이듬해 9월부터는 서울 4대문 안과 호텔 및 경기장 주변, 12미터 이상의 간선도로변에도 같은 조처를 내렸다. 외국인에게 혐오감을 준다는 이유에서였다.⁵⁷ 가시권에 존재하는 규정 외 간판과 옥외광고물, 노점상 및 노상적치물 등도 철거 및 금지의 대상이 되었다.⁵⁸ 86 아시안게임과 88 서울올림픽 외에도 1983년 미주지역여행업자협회ASTA, 국제의원연맹IPU 총회, 1985년 국제부흥개발은행IBRD 총회, 국제통화기금IMF 총회 등의 국제행사들이 있을 때마다 이 같은 단속, 철거, 금지 조치들이 이어졌다. 유명 관광지나 행사 개최가 예정된 도시의 공공장소에서 질서를 어지럽히는 이들은 '올림픽 저해 사범'이라는 이름으로 입건·구속되기도

---

* 같은 책 187면. 사업 속도를 높이기 위해 제3자에게 강력한 수용권을 주는 정책까지 시행했다. 『매일경제』 1981년 8월 21일자.

했다.[59]

가시권을 위주로 한 각종 정비 사업은 사회정치의 과정이었다. 국가는 가시권의 정비 과정을 도시 및 사회 문제를 해결하는 정화 과정과 동일시했다. 가시권을 정비하는 명분으로 질서와 위생을 내세웠기 때문이다. 정권의 입장에서 도시 미화는 사회정화와 다르지 않았다. 일례로 올림픽 직전 성남 모란시장을 폐쇄할 때에도 시 당국은 질서와 위생을 내세웠다.

> 모란장은 도로 무단 점용 및 거리 질서 문란, 즉석 가축 도살, 저질 상품 판매 등의 문제점을 안고 있으며, 궁극적으로는 86 아시안게임과 88 올림픽을 위해 폐쇄되어야 한다.[60]

가시권과 여타 도심지의 무질서와 비위생을 없애기 위해 정권은 가시권을 공권력의 감시 아래 놓았다. 가시권을 감시권으로 만든 것이다. 이런 맥락에서 불문학자 김화영은 '외국인의 시선'이 실제 외국인이 아닌 한국인 감시자들의 시선임을 간파하고 다음과 같이 비판했다.

> 왜 언제부터 우리들의 판단 기준은 사소한 일에서까지 외국인 쪽에 가 있는지 알 길이 없다. 우리는 이토록 우리들 스스로의 독자적 판단능력을 상실해버렸단 말인가? (…) 무서운 것은 외국인의 눈이 아니라 우리들 자신 속에 신화적으로 날조해서 지니고 있는 '외국인의 눈'이다. (…) 도대체 우리의 행동 하나하나를 시시각각 감시하는 듯한 눈을 가진 '외국인'은 어느 나라 국적을 가진 사람일까? 때때로 나는 그 외국인이 혹시나 상상력과 독자적 판단력을 상실한 한국인 자신의 망령이 아닐까 하고 부질없는 걱정을 하곤 한다.[61]

충격적인 인권 유린이 자행됐던 형제복지원
정부는 사회정화 사업의 일환으로 부랑인과 무연고자 등을 강제수용시설에 몰아넣었다. 부랑인에 대한 강제수용은 86 아시안게임과 88 올림픽을 앞둔 1980년대에 가장 활발했다.

노골적인 감시도 있었다. 도시정화를 명분으로 부랑인이나 매춘 여성 등을 시설에 입소시켜 실제적인 감시 아래 둔 것이다. 대표적인 것이 전국 주요 도시에 설치된 부랑인 강제수용시설이었다.* 부랑인에 대한 강제수용은 1975년 내무부 훈령 410호의 발효와 함께 시작되었지만 86 아시안 게임과 88 올림픽을 앞둔 1980년대에 특히 활발했다. 이는 물론 사회정화 사업의 일환이었다.[62] 1983년, 서울역 앞에 위치한 힐튼호텔이 1985년에 있을 IBRD 총회와 IMF 총회의 대회장으로 결정되자 곧장 주변지역 정비 조치가 내려진 것이 그 대표적인 예다. 당시 서울역 근방은 "사창, 소매치

---

* 부산의 형제복지원 외에도 대전 성지원, 인천 삼영원, 해남 희망원, 수원 성혜원, 서울 경생원, 동두천 광혜원, 마산 경남종합복지원 등이 있었다. 김용원 『브레이크 없는 벤츠』, 예하 1993.

기, 앵벌이, 비렁뱅이, 날치기, 넝마주이, 아편쟁이, 노름꾼, 전과자 들이 우글거리는 곳”으로 인식되었기 때문에 자연스럽게 재개발 대상이 되었고, 이곳 사람들 상당수가 서울 외곽에 위치한 장애인 및 윤락 여성 수용 시설로 보내졌다. 이 역시 ‘사회악의 일소’라는 이름으로 정당화되었다.[63]

한강종합개발사업과 문화시설사업 역시 사회정치의 하나로 해석 가능하다. 전부터 논의만 진행되던 한강종합개발사업은 올림픽 개최 결정 이후 바로 공사에 들어갔다. 그 과정에서 한강 둔치를 공원화하는 작업이 이루어졌는데, 이때 사업 주체들이 내세운 명분이 여가 선용과 정서 함양이었다.[64] 도심지 재개발 사업으로 신축된 빌딩 한쪽에 작은 공원을 만들고 시비詩碑를 세울 때에도 시민들의 정서 함양이 명분이었다.[65] 이는 노동자들의 건전한 여가활동을 문제 해결의 수단으로 생각해온 1970년대의 사회정치가 지속되었음을 보여준다.

올림픽 개최 결정 이후 정부는 범국민적 분위기 조성을 위해 노동 현장의 체육활동을 장려했다. 1983년에 공무원 직장체조가 실시되었고,[66] 500명 이상의 사업장에는 직장 운동부를 설치하게 했으며,[67] 100명 이상의 사업장에는 분기마다 사내 체전을 개최하도록 했다.[68] 1983년 10월 19일부터는 ‘대통령기 쟁탈 전국근로자체육대회’가 개최됐다. 이러한 스포츠 이벤트를 장려하면서 정권이 명분으로 내세운 것은 여가 선용과 정서 함양, 그리고 노사협조와 생산성 향상이었다.[69] 1982년 프로야구 출범 당시 만들어진 캐치프레이즈에도 “국민들에게는 여가 선용을”이라는 문구가 있다. 정권은 건전한 여가 선용과 계급 갈등 완화를 위한 사회정치의 도구로 스포츠를 활용한 것이다.*

---

* 흔히 프로스포츠 리그의 출범을 제5공화국 정부가 대중을 우민화하기 위해 시행한 ’3S정책’의 일환으로 이해하는 경향이 있다(강지웅 「스포츠로 지배하라! 5공 3S정책」, 정길화·김환균 외

괄시: 올림픽 사회정치의 한 결과

1988년 올림픽이 다가온 시점에 눈에 띄게 드러난 것은 철거와 재개발, 노점상 단속 등으로 살 곳을 잃은 괄시당하는 자들의 목소리였다. 1987년 민주화운동과 더불어 시민사회의 목소리가 커지고, 『한겨레』 『말』 등 진보 매체가 탄생한 것이 여기에 큰 영향을 미쳤다. 올림픽을 목전에 두고는 정치 성향과 관계 없이 언론계 곳곳에서 '누구를 위한 올림픽인가'라며 힐문하는 소리가 들려왔다.

> 그러나 한 가정의 생계가 달려 있는 수많은 노점상들은 어찌할 것인가. 그들의 생계수단을 없앤 채 올림픽 축제라니 될 말인가. 과연 누구를 위한 올림픽이란 말인가. 참으로 답답하고 한심스러울 뿐이다. 왜 우리는 이처럼 겉치레만을 좋아하는 것일까. 차라리 있는 그대로의 모습을 보여주면서 먹고살기 위해서 열심히 뛰고 있는 한민족의 인내와 끈기를 보여줄 수는 없는 것일까.[70]

> 과연 누구를 위한 올림픽이며 누구를 위한 문화축전 행사란 말인가. 우리 국민을 도외시하고 우리의 것을 뒷전 처리해가며 그 큰돈을 들여 무엇하겠다는 의도인지.[71]

올림픽을 즈음한 도시 정비 과정은 보수 성향의 매체에서도 비판할 정도로 무자비했다. 1983년부터 1988년까지 진행된 재개발사업으로 약 4만

『우리들의 현대침묵사』, 해냄출판사 2006). 그러나 사회문제를 해결하기 위해 당시 국가가 대중의 여가에 끊임없이 개입해왔음을 고려한다면 프로야구 출범 또한 국가가 대중의 여가에 개입하는 한 방식이었다고 해석할 수 있다.

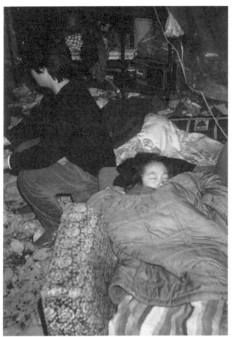

올림픽 준비 때문에 갑작스레 살 곳을 잃은 철거민들
88 서울올림픽을 구경하러 올 외국 손님들에게 가난
한 서울의 모습을 보이면 안 된다는 이유로 상계동
을 비롯한 서울 200여 곳의 달동네 주민들은 살던
집에서 쫓겨나 거리로 나앉았다.

8000동의 건물이 헐렸고, 72만 명이 철거민 신세가 되었다.[72] 게다가 올림픽 개막일에 맞추기 위해 재개발사업을 서두르다보니 현장에서 무수한 폭력이 오갔다. 실제로 1986년 4월부터 1988년 2월 사이에 14명이 그런 이유로 사망했다.[73] 1988년 9월 17일은 여러 의미에서 '데드라인'이었던 것이다. 국제주거연맹 총회에서 한국을 "세계에서 가장 잔인하고 비인간적인 철거를 하는 나라"라고 비판하고, 유엔인권위원회도 여기에 가세할 정도였다.[74] 산업재해도 마찬가지였다. 대표적인 대형 프로젝트였던 롯데월드호텔의 개장 일정을 맞추기 위해 두 번의 100일 작전과 한 번의 50일 작전이 펼쳐졌고,[75] 이 과정에서 20명 가까운 산재 사망자가 발생했다.[76]

올림픽 경기 및 부대 행사 입장료가 높게 책정되어 서민들에게 소외감을 불러일으키고, 계층 간 위화감을 조성한다는 지적도 있었다.

> 우리는 바덴바덴 이래 7년 가까이 '도시 미화'라는 미명 아래 판잣집을 무자비하게 철거하고 노점상들의 삶의 터전을 유린하는 것을 수없이 보아왔다. 외국인들에게 '아름다운 서울'과 '화려한 올림픽'을 보이려고 서민의 생존권을 위협한다면 '세계인의 축제'라는 올림픽의 목적을 어디서 찾아볼 수 있겠는가? 어두운 그늘이 짙게 깔린 가운데 고액의 입장권을 살 수 있는 사람들이 즐겁게 보는 올림픽은 계층 간의 위화감만을 더욱 깊게 만들 것이다.[77]

1989년에는 올림픽이 위화감을 확산시켰다는 주장이 사실로 밝혀졌다. 당시 한국개발연구소[KDI]는 시민 1196명을 대상으로 올림픽이 인권 신장, 언론 자유, 협동심 고양, 여가활동 등 사회 영역에 어떤 영향을 미쳤는지에 대해 설문조사를 수행했다. 설문 항목에는 "자부심과 긍지를 느꼈다.""전국민의 호응도가 높았다고 본다" 등이 있었다. 설문에 참여한 이들은 다른 문항에 대해서는 대체로 긍정적인 의견을 보였지만,[78] 서울올림픽이 "빈부 간에 위화감을 부추겼다"는 질문에 대해서는 '그렇다'고 응답한 경우가 많았다.[79] 올림픽 개최가 끼친 가장 부정적인 영향으로 위화감이 뽑힌 것이다.

1989년 신문들은 과소비와 과시적 소비가 두드러지는 현상을 비판했는데,[80] '풍요감이 지나쳐 낭비와 소비 성향이 전에 없이 확산되고 계층 간의 위화감만 심화됐다'며, 그 원인을 올림픽에 돌리는 시각 또한 존재했다.[81]

올림픽이 만들어낸 균열

> 그나저나팔유팔파오림픽이열리며는그누구의말대로거시기뭣이냐민족사의온갖질곡과시련을극복하여그종지부를꽉찍으까그럴까우리하늘이저쪽끝에서저쪽끝까지훤하게갤까. 그나저나오림픽이끝나며는저텔레비전속사람들이나온갖치사와축사속의사람덜은무신소리로안정된선진조국과정의복지를위하여침을튀길까[82]
>
> ─ 김용택 「팔유팔파」 부분

1985년에 발표된 김용택의 시 「팔유팔파」는 올림픽을 앞세워 국민의 눈을 가린 정권을 비판하고 있다. 실제로 정권과 언론은 88 서울올림픽이 선진국 도약의 계기가 될 것이라는 장밋빛 전망을 전하는 한편,[83] 올림픽

올림픽경기장 건설이 한창인 잠실 일대
서울올림픽을 앞두고 메인스타디움 공사가 진행 중인 잠실주경기장 현장 일대의 전경이다. 허허벌판이
었던 이곳이 머지않아 화려한 빌딩 숲으로 바뀔지 당시에는 누구도 알지 못했다.

을 내세워 다양한 갈등을 봉합하고자 했다. 그들은 사회문제로 여겨지는
것들을 없애, 풍요롭고 평화로운 우리 사회의 모습을 세계에 과시하고자
했다.

그러한 정권의 의도가 얼마나 실현됐는지는 알 수 없으나 적어도 올림
픽 이후 풍요를 과시하는 분위기가 더 확산되었음을 알 수 있다. 이런 흐
름을 대표하는 공간이 바로 강남이다. 1988년 압구정에 제1호 맥도날드
체인점과 제1호 원두커피 전문점이 들어섰다. 강남은 처음부터 중산층 이
상의 거주지였지만, 80년대 초반만 하더라도 이렇다 할 기반시설이 없어
베드타운에 가까웠다.[84] 그러나 1980년대 중반부터 강남에 백화점들이
들어서기 시작하면서 이곳이 소비의 중심지로 떠올랐다.

한편 가시권의 무질서와 비위생을 제거하려던 정권의 움직임은 역설적으로 '빈민'으로서의 정체성을 탄생시킨 계기가 되었다. 올림픽 준비로 생계를 위협당한 철거민과 노점상들은 1989년 전국빈민연합을 결성했다.[85] 신문기사에 '빈민'과 '위화감'이라는 표현이 가장 많이 등장한 것도 이해였다.[86]

올림픽 준비 과정에서 행해진 사회정치는 우리 사회에 뚜렷한 차이를 지닌 2개의 집단을 부상시켰다. 풍요를 과시하게 된 이들과, 감시 대상이 되거나 사회로부터 배제당한 이들 말이다. 올림픽을 계기로 전두환 정권이 펼친 사회정치는 사회에 균열의 선을 긋는 것으로 귀결되고 말았다.

페레스트로이카, 북방정책, 그리고 임수경

김민환

1980

—
1988년, 10년 후
통일을 상상하다

『중앙일보』가 1981년 '창간기념 전국민의식조사'의 하나로 통일문제
와 관련해 실시한 여론조사 결과와 1988년에 실시한 여론조사 결과는 너
무나 대조적이어서 매우 놀랍다. 특히 "통일은 언제 이루어질 것으로 생
각하느냐"는 질문에 대한 답은 정반대의 결과를 보여준다. 1981년의 '창
간기념 전국민의식조사'에서는 응답자의 62퍼센트가 '30~100년 이후'를
선택했고, 오직 8퍼센트만이 '10년 이내'에 통일이 될 것이라고 대답했다.
반면 1988년 '창간기념 의식조사'에서는 '30~100년 이후'라고 답한 사람
은 15퍼센트로 감소한 데 비해, 무려 절반에 해당하는 50퍼센트가 '10년
이내'라고 대답했다. 보통 한 세대를 30년으로 간주하므로 '30~100년 이후'
통일이 가능하다는 답은 사실상 자기 세대에는 통일이 불가능하다는 답
이다. '10년 이내'에 통일이 가능하다는 답은 바로 지금 통일 과정이 시작
되었거나 진행 중이라고 보는 견해이다. 그러니까 1981년에는 자기 세대

에는 통일이 불가능하다고 생각한 사람이 응답자의 62퍼센트였으나 1988년에는 이미 통일 과정이 시작되었다고 생각한 사람이 응답자의 절반에 이른 것이다. 여론조사는 그 결과를 전적으로 신뢰할 수는 없지만, 같은 기관에서 비슷한 문항으로 실시했다면 적어도 시간에 따른 변화의 흐름은 포착하고 있다고 볼 수 있다. 따라서 1988년에 이루어진 이런 극적 전환은 대체로 당시 사람들의 생각을 특정하게 반영하고 있다고 보아야 한다. 도대체 왜 이 시기에 이런 전환이 일어났을까?

1988년 사람들의 통일에 대한 생각을 바꾼 결정적 계기 하나를 지목하는 것은 매우 어렵다. 그러나 적어도 다음 세 가지 내용이 서로 상호작용했다는 점은 반드시 언급해야 할 것 같다.

첫째, 국제정세적인 측면에서 1988년 초여름은 소련 고르바초프Mikhail S. Gorbachyov의 '개혁페레스트로이카'이 절정을 이룬 시기였다. 5월의 모스크바 정상회담, 6월의 제19차 소련공산당 대회에서의 정치적 자유화와 비공산당 승인 조치, 러시아 동방정교회 1000주년에 즈음한 교회와의 화해 등이 모두 이 시기에 이루어진 일이었다. 이런 조치들은 전세계적인 주목을 받았으며, 그 결과 1988년은 소련 내부의 페레스트로이카가 '세계의 페레스트로이카'로 도약하며 '탈냉전'이라는 새로운 세계질서가 구체적으로 그려지기 시작한 해였던 것이다.[1] 이런 흐름에서 소련 및 동구권의 여러 나라들은 '당연하게도' 서울올림픽에 참가하게 되었으며, 한국 사람들은 그들과 익숙해지기 시작했다.

둘째, 국내 정치 차원에서 당시 노태우 정권은 1988년 7월 7일 소위 '7·7선언민족자존과 통일번영을 위한 대통령 특별선언'을 발표하면서 북방정책을 본격 추진하기 시작했으며, 이후 남북관계의 개선과 소련·중국과의 수교를 모색했다. 7·7선언은 남북관계를 "함께 번영을 이룩하는 민족공동체

붉은광장에 선 레이건과 고르바초프
1988년 초여름은 고르바초프의 페레스트로이카가 절정을 이룬 시기였다. 미국과 소련의 정상이 모스크바에서 정상회담을 가졌고, 이어지는 소련의 움직임을 전세계가 주목했다.

로서의 관계"로 표현하고 있으며, 6개 항에 달하는 대북정책 및 사회주의권 정책의 지침을 제시했다. 남북 동포 간의 상호 교류, 이산가족 접촉, 남북 교역 문호 개방, 우방국들의 비군사적 물자에 관한 대북 교역 허용, 국제무대에서의 남북 협력, 그리고 미국·일본과 북한의 관계 개선 협조 및 한국과 사회주의권의 관계 개선에 대한 의지 표명 등이 그 내용이다.

마지막으로 국내 민간 차원에서도 통일운동이 본격화되었다. 1988년 상반기에는 남북 올림픽 공동개최를 주장하는 학생운동이 급속히 확산되었다. 또 전국대학생대표자협의회^{약칭 전대협}는 '6·10남북학생회담' 및 '8·15남북청년학생회담'을 제안했고, 이것을 성사시키기 위해 대규모 '출정식'을 감행했다. 두 번의 출정식은 모두 경찰에 의해 저지되었지만, 대학생들의 이런 시도는 민간 차원의 통일운동을 확산하는 중요한 계기가 되었다.

이렇듯 국내외적으로 1988년은 통일문제와 관련해서 국내외의 많은 요인들이 하나로 합쳐지는 '문제적인' 해였다. 1983년에 『중앙일보』의 국민의식조사가 없었던 것이 매우 아쉽긴 하지만, 설사 있었더라도 1981년 조사와 비슷한 결과가 나왔을 것이라는 점은 쉽게 추측할 수 있다. 통일문제에 있어 1983년은 정확하게 1988년과 반대되는 해였다.

국제적인 측면에서 보면 1983년은 1979년부터 시작된 소위 '2차냉전'의 최고점에 해당하는 해였다. 1979년 12월 소련의 아프가니스탄 침공은 그 이전의 '데탕트' 분위기를 반전시켜 2차냉전 혹은 '신냉전' 시대의 개막을 알리는 사건이었다. 이에 대응해 미국은 1980년 1월 소련에 대한 곡물과 하이테크 상품 수출 금지, 1980년 모스크바 하계올림픽 보이콧, 문화·과학 교류 단축, 군사비 증액과 군사적 대응 준비, 그리고 아프가니스탄의 이슬람반군 지원 등 소련의 아프가니스탄 침공에 강경한 반응을 보였다. 더욱이 1980년 말의 미국 대통령 선거에서 보수강경 반공주의자 로널드 레이건Ronald W. Reagan이 당선되면서 소련에 대한 군사적 우위를 추구하는 정책이 강화되었다. 1983년 3월에는 스타워즈Star Wars 계획, 곧 전략방위구상Strategic Defense Initiative, SDI 계획을 발표해 전세계를 놀라게 만들었다. 이러한 레이건의 대소 강경정책을 결정적으로 강화한 사건이 바로 1983년 9월 1일 소련에 의한 대한항공 민항기 격추 사건이었다.[2]

이해에는 정권 차원에서도 남북관계가 악화 일로를 걷고 있었다. 1983년 2월에는 이웅평 상위(국군 대위에 해당)가 미그 19기를 몰고 남한으로 탈출해 오는 일이 있었다. 또 같은 해 5월 7일에는 북한군 제13사단 민경대 소속 신중철 상위가 휴전선을 넘어 귀순하면서 남북 사이의 긴장이 고조되었다. 12월 3일 밤에는 부산 다대포 해안으로 침투하려던 간첩선 1척이 격침되기도 했다. 무엇보다도 이해 발생한 가장 충격적인 사건은 '버마 아웅산 국립묘지 폭발 사건'이었다. 이 사건은 10월 9일 북한의 '테러리스트'들이 전두환 대통령을 노리고 폭발물을 터뜨려 한국 고위관리 17명과 4명의 버마인이 사망하고, 49명이 부상을 당한 사건이다.[3]

국내 정치적인 측면에서도 1980년 이래 억압정책이 계속되었기 때문에 민주화운동은 물밑에서 움직일 수밖에 없었다. 비록 1983년 12월 21일 당시 권이혁 문교부 장관이 전국대학총학장회의에서 '국민화합'의 명분 아래 5·17군사쿠데타 이후 정치적 이유로 제적된 1363명에 대한 복교 허용 조치 등의 소위 '유화조치'를 공식화했지만, 이 유화조치를 활용한 학생운동 및 민주화운동의 '반격 준비'는 1984년부터 본격화되었다.

1983년의 시점에서 생각해보면, 5년 후인 1988년의 모습은 매우 낯설고 상상조차 하지 못한 모습이었을 것이다.

KAL 007편 격추 사건,
미국과 소련의 마지막 충돌

1983년에 발생한 많은 사건들 중 세계사적으로 주목할 필요가 있는 것은 KAL 007편 보잉 747기 격추 사건이다. 1983년 9월 1일 KAL 007편은 269명의 승객을 태우고 뉴욕의 존 F. 케네디 공항을 이륙했다. 중간 기착지였던 알래스카의 앵커리지에서 연료를 주입한 뒤 항공기는 서울로 가기 위해 소련 영공인 사할린을 지나 블라디보스토크의 소련 군사기지에 거의 접근했다. 이때 소련의 미그 23기와 수호이 15기가 소련 영공에서

20분 동안 침입자를 추적할 것을 지시받았고, 수호이 15기는 명령에 따라 KAL기에 네 번의 경고용 포를 발사했다. 새벽 3시 24분 앵커리지에서 KAL기가 이륙한 지 약 5시간 반 후 수호이 15기 중 한 대가 두 발의 미사일을 발사했고, 이 공격으로 KAL 007편은 폭발했다.

1993년 유엔의 국제민간항공기구ICAO는 이 사건에 대한 최종 보고서를 발간하는데, 여기서 소련이 고의적으로 민간항공기를 격추한 것이 아니며 미국 정찰기로 오인한 소련의 실수에서 비롯됐다고 최종 결론을 내렸다. 소련기는 모든 국제 협약의 내용을 따르고 있었다는 것이다. 소련은 KAL기에 대해 모든 사전 조치를 취하고 순응할 것을 요구했지만 거부당했으며, 최후로 경고사격을 했는데도 반응을 보이지 않고 공해상으로 빠져나가자 그 비행체를 미국의 첩보기로 확신하고 격추 명령을 내렸다고 했다. 여기서 가장 큰 의문은 KAL기 조종사들의 행동이었다. 항공기가 소련 영공 내에 들어갔다는 것을 모를 확률이 거의 없었는데도 불구하고 기장은 자신이 정상 항로를 밟고 있다고 계속 지상관제소에 보고했으며, 소련기의 합법적인 경고 시그널을 철저히 무시하기까지 했다. 그것은 도저히 이해할 수 없는 사태 전개였다.[4]

이 사건은 한국에도 큰 충격을 주었지만, 세계 냉전의 역사에도 이루 말할 수 없는 영향을 남겼다. 한국 국적 민간항공기의 실수로 유발된 이 사건이 국제적인 성격을 띠면서 냉전체제의 긴장 고조에 이용되었기 때문이다. 미소 양 진영은 자기 체제의 공고화와 합리화를 위해 사실을 왜곡하고 이용하는 데 주저하지 않았다.

소련 조종사는 KAL기를 미국 정찰기로 오인해서 격추했다고 주장했으며, 소련 당국은 나중에 격추된 KAL기가 한국 민간항공기인 줄 알고 나서도 이 비행기가 소련의 극동지역 레이더 상태를 확인하기 위해 의도적으

KAL 007편 격추 상황을 설명하는 소련군 참모총장
미소 양 진영은 자기 체제의 공고화와 합리화를 위해 KAL 007편 격추 사건을 왜곡하는 데 주저함이 없었다. 이 사건 전후 미소의 충돌은 냉전체제의 절정 혹은 냉전체제의 마지막 충돌로 기록될 만했다.

로 군사기지에 접근한 것이라고 주장했다. 사실 당시 소련공산당 서기장이던 안드로포프는 나중에 이 사건에 대해 사과할 생각이 있었으나 국방장관 우스티노프의 권유로 그것을 포기했다. 소련의 국제적 위신과 국내적인 파장을 고려한 판단이었다. 반면 미국은 소련이 실수로 KAL기를 격추했다는 사실을 알고 있었음에도, 이 사건으로 촉발된 반소련 분위기를 이용하기 위해서 소련이 의도적으로 민간항공기를 격추했다고 비난하는 데 열을 올렸다.[5] 1980년 이래로 점증해오던 미국의 대소 강경책을 더욱더 강화하기 위해서였다. 요컨대 소련은 처음에는 격추 자체를 부인하고 나중에는 의례적인 사과도 하지 않음으로써 필요 이상으로 비난을 받았고, 미국은 이 기회를 이용해서 성공적인 반소 캠페인을 벌이고 군비 증강이라는 자신의 입장을 굳히는 데 성공한 것이다.

미국과 소련의 이런 대립은 유럽에서 핵전쟁의 공포를 불러일으켰다. 무엇보다 소련이 심각하게 긴장했다. 미국과 서방이 선제공격을 할지도 모른다는 패닉 상태에 빠진 것이다. 특히 소련을 공포로 몰아넣은 것은 1983년 11월 2일부터 11일 사이에 실시된 북대서양조약기구NATO의 대규모 군사훈련이었다. 이 훈련은 핵전쟁에 대비한 훈련이었는데, 소련은 이것이 소련에 대한 핵 선제공격이 될지도 모른다는 공포에 휩싸였다.[6] 소련의 명백한 오해였지만, 이러한 오해로 인해 소련이 '방어적' 핵 선제공격으로 움직일 수 있다는 점에서 매우 심각한 것이었다.

이러한 위기 상황에서 미국과 소련은 다시 협상을 시작했는데, 소련의 '예상하지 못한' 체제 변화가 상황의 전환을 가져왔다. 1984년부터 새로운 사고를 가진 젊은 고르바초프가 소련의 새 지도자로 부상하고 있었다. 그는 전과는 전혀 다른 세계로 나아갈 준비를 하고 있었다. 초강대국의 지도자가 된 그는 반복되는 위협정책을 대신해 신뢰 구축과 일방적인 양보에 가까운 조치를 제안했다. 1985년 소련공산당 서기장 취임 연설에서 '글라스노스트개방'를 강조해 주목을 끌었고, 1986년 4월에는 사회생활의 모든 부분에서 '페레스트로이카개혁'가 필요하다고 역설했다.

이런 흐름 속에 KAL기 격추 사건을 위치 지으면, 결국 이 사건은 한편으로 '2차냉전'의 긴장 상태를 절정으로 치닫게 한 중요한 사건이었으며 다른 한편으로는 당시 공산권의 한계상황과 변화라는 세계사적 조류와 맞물리면서 냉전체제의 해체라는 싹을 틔우는 데 중요한 역할을 한 사건이기도 했다.[7] 아마 KAL기 격추 사건 이후 전개된 미국과 소련의 충돌은 냉전기의 마지막 충돌로 영원히 기록될지 모른다.

소련의 변화가 급격하게 진행되는 시점에 1988년 서울올림픽이 개최

됐고, 소련을 비롯한 동구권 국가들의 참가는 새로운 시대의 상징이 되었다. '2차냉전'과 함께 진행된 서방 측의 1980년 모스크바올림픽 보이콧 및 KAL기 격추 사건 이후 감행된 공산권 국가들의 1984년 LA올림픽 보이콧과 비교했을 때 서울올림픽은 분명 다른 양상을 보였다. 그리고 서울올림픽 이후 탈냉전의 속도는 더욱 가속화되었다.

약간 다른 이야기이지만, 이 사건 이후 레이건 미 대통령이 민간에 자유로운 GPS 활용을 허용하는 대통령지침을 내놓았다는 점을 환기해두고 싶다. 다시는 KAL기처럼 항로를 잘못 잡아 격추되는 민항기가 발생하지 않도록 하겠다는 의도였다. 그러나 실제로 GPS가 민간에 허용된 것은 그로부터 13년이 지난 1996년이었다.

남북회담과 금강산댐
수공 시뮬레이션

1983년 발생한 KAL 007편 격추 사건은 한편으로는 '2차냉전'의 강화를 가져오며 미소 양 진영의 긴장을 높였지만, 궁극적으로 냉전 해체의 싹이 된 아이러니한 운명을 맞았다. 이처럼 1983년에 발생한 '버마 아웅산 국립묘지 폭발 사건' 등 남북 사이의 긴장을 높였던 사건들은 1984년이 되면서 급격하게 잊혀지고 남북 사이에 새로운 대화가 시작되었다. 아웅산 국립묘지 폭발 사건 직후 격렬한 언사로 북한을 비난하던 목소리는 어느새 사라지고 '인도주의적 지원'이나 '형제간의 우애'라는 이야기가 오간 것이다.[8]

1984년 9월 남한에서는 예년에 보기 드문 큰 홍수가 났고 피해가 상당히 컸다. 여기에 대해 구호물자를 제공하겠다는 북한 적십자사의 제의를 남한이 받아들이면서 약 1년 3개월 동안 연쇄적인 남북회담이 진행되었다. 이 시기 전개된 남북 간 회담의 주제는 크게 두 가지였다. 하나는 '경제'적인 것이고, 다른 하나는 '인도주의'적인 것이었다. 수재 구호물자 제공과 관련한 회담은 이 두 가지 범주 모두에 해당한다.

경제적인 회담은 1984년 11월부터 1985년 11월까지 5차에 걸쳐 개최된 '남북경제회담'이 대표적이었다. 남북경제회담은 남한 측의 남북한 교역·경제 협력 제의 및 물자·기술 무상 제공 용의 표명(1984년 8월 20일), 수재 구호물자 인수(9월 29~30일) 그리고 북한 측의 서방 각 나라와의 자본 및 기술 합작을 위한 '합영법' 발표(9월 8일) 등의 배경 아래에서, 남한이 남북경제회담을 제의(10월 12일)하고 북한이 이를 수락(10월 16일)함으로써 개최되었다. 총 5차에 걸친 회담에서 남북 간의 경제교류와 경제협력에 관한 광범위한 문제들이 논의되었다. 그러다가 1986년 1월 22일로 예정된 제6차 회의가 북한에 의해 취소됨으로써 별다른 성과 없이 끝나고 말았다.[9]

인도주의적인 주제의 회담은 수재 구호물자 제공 관련 회담 및 1985년의 남북 이산가족 상봉 회담이었다. 남북 이산가족 상봉 회담은 1984년 10월 수재 구호물자 인도인수 작업이 종료될 때 남한 적십자사 위원장이 북한 적십자사 위원장에게 적십자 본회담을 재개하자고 제의하고 이를 북측이 수용함으로써 실시되었다. 1985년 5월 27일부터 30일까지 서울에서 열린 제8차 적십자 본회담에서 양측은 '남북 이산가족 고향 방문 및 예술공연단 교환'에 합의했고, 이 합의에 따라 역사적인 남북 이산가족 상봉이 1985년 9월 20일부터 23일까지 최초로 이루어졌다. 고향방문단 51명, 기자 및 수행원 50명, 예술공연단 50명 등 151명으로 각각 구성된 남북의 방문단이 상대국을 찾았다. 이 중 남한에 살던 35가구가 북한에 사는 가족 45명과 상봉했으며 북한에 살던 30가구가 남한에 사는 가족 51명과 상봉했다.

한국전쟁 이후 최초의 남북 이산가족 상봉이라는 역사적인 사건은 1983년의 KBS특별생방송 「이산가족을 찾습니다」를 빼놓고는 이야기할 수 없다. 1983년 6월 30일 밤 10시 15분부터 KBS에서 「누가 이 사람을 아시나요」라는 타이틀로 생방송한 것이 이 기획의 시작이었다. 방송 첫날 폭발적인 반응으로 당초 예정된 2시간에서 2시간 30분이나 더 연장해 총 4시간 30분을 방송했다. KBS는 모든 정규방송을 취소한 채 이후 5일 동안 '이산가족찾기'라는 단일 주제로 릴레이 생방송을 진행했다. 이 기간 중 78퍼센트라는 최고 시청률을 기록했다. 이후 7월 10일부터 해외 동포를 위한 생방송도 실시되었다. 이 방송은 이후에도 계속되어 그해 11월 14일까지 총 453시간 45분 생방송 기록을 남겼다. 총 10만 952건의 신청이 접수되어 1만 180명의 이산가족이 상봉했다.[10] 1983년의 이 기획으로 이산가족 상봉에 대한 국내외적인 여론이 환기되었으며, 정부도 남한 내에서의 이산가족 상봉을 지속적으로 지원할 뿐만 아니라 남북 사이의 이산가족 상봉도 추진하겠다는 뜻을 밝히게 되었다. 1985년 남북 이산가족 상봉은 이 특별생방송의 결실인 것이다. 한편 KBS는 이산가족찾기 특별생방송 관련 기록물을 유네스코 세계기록유산으로 등재하고자 신청했으며, 2015년 10월 초 유네스코 세계기록유산 국제자문위원회 회의에서 관련 기록물을 심사 완료하여 10월 9일 유네스코 세계기록유산으로 등재했다.

1985년까지 비교적 순조롭게 진행되던 남북 사이의 대화는 1986년이 되면서 급작스럽게 멈췄다. 북한이 한국의 팀스피리트 훈련을 구실로 남

KBS특별생방송 「이산가족을 찾습니다」
총 453시간 45분 생방송으로 진행된 KBS 「이산가족을 찾습니다」는 10만 952건의 이산가족찾기 신청
을 받아 1만 180명의 이산가족 상봉을 이뤄냈다. 이후 1985년의 남북 이산가족 최초 상봉으로 이어졌고,
2015년에는 관련 기록물이 유네스코 세계기록유산으로 등재되었다.

북체육회담을 제외한 모든 남북 대화를 중단시켰기 때문이다. 그후 2년 동안 남북 사이에는 1983년처럼 긴장감이 높아져갔다. 1986년에는 북한의 '금강산댐' 건설을 둘러싼 논란이 한국사회를 지배했으며, 1987년에는 김현희 등에 의한 KAL 858편 폭파 사건이 발생했다. 그리고 다시 1988년 앞에서 본 것처럼 남북이 급속하게 다방면에서 대화를 이어가게 된다. 1983년 KAL 007편 격추 사건 이후 국제정치는 단 한 번 방향을 바꾸었을 뿐이지만, 1983년 이후 남북관계는 여러 번 요동을 치며 1988년의 상황으로 움직여간 것이다. 이는 남북 사이의 주도권 경쟁뿐만 아니라 남북 내부의 문제가 각각 작용했기 때문으로 보인다.

1986년에 발생한 금강산댐 사건은 한국의 국내 정치에 북한이 어떻게 '활용'되는지를 잘 보여준다. 북한이 중앙방송을 통해 금강산댐을 건설하겠다고 발표한 시점은 1986년 4월 8일이었다. 그리고 8월 2일에 『로동신문』을 통해 금강산댐이 수풍댐을 능가하는 최대 규모임을 밝혔다. 한국정부는 이 발표 이후 3개월 동안 아무런 말이 없다가 10월 30일에 이규효 건설부 장관이 나서 금강산댐 건설 중지 촉구 성명을 발표했다. 여기서 금강산댐의 높이가 200미터 이상이고 최대 저수량이 200억 톤 이상이며 댐 붕괴 시 수도권 일대를 포함한 전지역에 가공할 수마가 덮칠 것이라고 밝혔다. 11월 6일에는 이기백 국방부 장관이 성명서를 발표했는데, 이 댐이 자연재해에 의해서나 인위적으로 붕괴될 경우 한강수계 전역이 수몰되는 것은 물론 여기에 거주하는 주민 1500만 명이 생명을 위협받을 것이라는 놀라운 이야기가 있었다. 또한 북한 병력 십수만 명이 이미 금강산댐 건설 현장에 투입됐다는 사실로 볼 때, 우리 수도권을 완전히 수몰시키는 것이 북한 측이 노리는 바라고 강조하며 금강산댐 건설 즉각 중지를 촉구했다. 여기서 금강산댐이 붕괴될 때 서울시가 어느 정도 침수될지를 보여주는

북한의 수공 시뮬레이션
북한이 높이 200미터, 최대 저수량 200억 톤의 금강산댐을 건설해 수도권을 수몰시키려는 계획을 세우고 있다는 정부의 발표에 전국이 들끓었다. 이어서 정부가 평화의댐 건설 계획을 발표하자 773억 원의 국민성금이 모였다.

그림이 처음 등장했고 모형을 통한 '수공 시뮬레이션'도 실시해 보였다. 이에 따르면 금강산댐의 최대 저수량 200억 톤이 방류될 경우 수위가 50미터에 이르게 되어 63빌딩이 절반가량 물에 잠기고 국회의사당은 꼭대기만 남을 것이었다.

12월 21일 문공부 장관은 한 걸음 더 나아가 "북한 공산집단은 다가오는 88년 서울올림픽을 무슨 수를 써서라도 저지하겠다고 대외적으로 공언해왔습니다. 이는 외교적 또는 군사적 모험도 불사하겠다는 것으로 이번 금강산댐을 가공할 수공수단으로 악용함을 볼 때 그들의 공언이 결코 협박으로 그치지 않음을 실증해주고 있습니다."[11]라고 하여 금강산댐이 서울올림픽 저지를 위해 계획된 것이라고 주장했다.

11월 26일 네 명의 관계 장관은 합동담화문을 통해 '평화의댐' 건설 계획과 '평화의댐 건설 국민모금 계획' 추진을 발표했다. 12월 15일에 '평화의댐 건설 범국민추진위원회'가 발족하면서 본격적인 국민모금운동이 전개됐다. 댐 건설에 대한 국민성금은 총액 773억 원이라는 역사상 최대 규모였다. 이와 더불어 금강산댐 건설 규탄 궐기대회와 평화의댐에 대한 포스터, 표어, 배지 제작과 안보관광단지 조성 같은 상징화 작업이 이루어졌다.

북한이 금강산댐을 이용한 수공을 준비하고 있다는 정부 의견에 대해서는 당시에도 이미 비판적인 증거와 시각이 존재했다. 국방부가 1986년 12월 20일 입수한 미 공병 수로국 금강산댐 공사 분석자료에는 '올림픽에는 지장 없음'이라는 평가가 적혀 있었으나 국방부는 이를 무시했다. 또 서울대 토목공학과의 안수한 교수와 한국과학기술원의 시스템공학연구소가 북한이 200억 톤의 담수 능력을 갖는 댐을 건설하는 것은 경제적으로나 지형상으로나 불가능하다고 결론 내렸으나 이와 같은 생각과 보고서들은 무시되었다.

여러 차례 의혹이 제기되었던 '금강산댐 사건'에 대한 진실 규명 노력은 1993년 국회 국정감사와 감사원의 감사를 통해서 본격적으로 이루어졌다. 감사원은 다음의 8가지 문제점을 지적했다. "① 북한의 금강산댐 건설 목적을 수공 목적만으로 단순 판단했다. ② 금강산댐의 규모 과대 추정 및 과장 발표가 이루어졌다. ③ 금강산댐 붕괴 시 하류 피해 정도를 과대평가했다. ④ 올림픽에 위협이 없는데도 '평화의댐'을 성급하게 착공했다. ⑤ 금강산댐의 위험성에 치중한 정부 발표로 국민 불안감을 조성했다. ⑥ 금강산댐에 대한 진지한 대책 강구보다는 (…) 시국안정 유도 분위기 조성을 위한 홍보 및 규탄 행사에 방점을 찍었다. ⑦ 관 주도로 불필요한 '평화의댐' 건설 지원 국민성금을 모금했다. ⑧ 댐 선행공사에 대해 부당한 수의계약을 체결했으며, 부적절한 수의계약 대상 업체를 선정했다."[12] 그리고 이 모든 것을 안기부와 전두환 전 대통령이 주도해서 진행했다는 점을 밝혔다. 또 전두환에게는 해명서를 요구했으며, 안기부에는 '부서주의' 조치를 취했다. 전두환은 해명서에서 '당시로서는 100퍼센트 중 1퍼센트라도 의심이 남는다면 대응책을 찾지 않을 수 없었다'며 자신의 무죄를 주장했다.

전두환과 안기부가 '금강산댐 사건'을 일으켜 국민들을 협박한 것은 1984년 말의 유화조치 이후 전열을 가다듬은 민주세력이 조직을 새롭게 정비해 1985년부터 대대적인 반격에 나섰기 때문이다. 민주세력은 특히 1985년 선거에서 돌풍을 일으킨 신민당을 중심으로 1986년 초부터 '직선제 개헌' 등의 주장을 제기하면서 정권과의 정면 대결을 준비하고 있었다. 정권의 정당성에 대한 도전이 전면화되면서 정권의 불안정성이 높아지던 바로 그때 북한의 금강산댐 건설 중지를 촉구하는 대북 성명서를 발표했던 것이다.

1987년 6월항쟁과 7~9월의 노동자대투쟁을 거치면서 한국사회의 민주화는 전진하는 것 같았지만, 그해 12월의 대통령 선거에서 전두환의 친구인 노태우가 대통령으로 당선되면서 일보 후퇴했다. 노태우 후보의 당선은 기본적으로 김영삼과 김대중 두 야당 후보의 후보단일화 실패에 따른 분열로 인한 것이었다. 그러나 정부가 대통령 선거 18일 전에 발생한 KAL 858편 폭파 사건의 범인 '마유미'^{한국 이름 김현희}를 대통령 선거 하루 전날 바레인에서 서울로 압송해 이를 대대적으로 선전한 것이, 국민들의 안보심리를 자극함으로써 선거 결과에 영향을 미치고자 했던 노태우 후보의 마지막 선거전략이라고 생각하는 사람이 많았다.[13] KAL 858편 폭파 사건은 근본적으로 북한을 한국 내 정치의 변수로 끌어들인 '금강산댐 사건'과 마찬가지라는 인식이다. 그리고 이런 생각은 현재에도 많은 동의를 받고 있다.

주석단의 박철언, 영웅처럼 입장한 임수경

1988년 이후 정부 차원의 북방정책과 민간 차원의 통일운동을 대표하는 사람은 각각 박철언과 임수경이다. 이 두 사람은 1989년 동일한 시기에 북한을 방문했다. 1989년 6월 30일 남측의 전국대학생대표자협의회가 파견한 임수경 대표가 평양의 '릉라도 경기장'에서 열린 제13차 세계청년학생축전 개막식에 입장할 때, 세계청년학생축전 참관을 겸한 비밀회담을 위해 방북 중이던 박철언 청와대 정책보좌관은 김일성 주석, 김정일 비서와 함께 주석단에서 그 모습을 바라보고 있었다.[14] 임수경이 항소이유소에서 "드디어 개막식이 시작되었다. (…) 15만 관중들은 '조국통일'을, '조국은 하나다'를 커다랗게 외쳤다."[15]라고 밝힌 개막식의 광경을, 박철언은 회고록에서 "임수경 양이 우레와 같은 박수갈채 속에 각국 선수들과 함께 영웅처럼 손을 흔들며 입장"[16]했다고 묘사하고 있다. 아마 임수경은 한국에 자신의 증언을 증명할 사람이 있으리라고는 생각조차 못했을 것이다.

임수경은 1989년 8월 15일 판문점을 통해 남측으로 돌아와서 국가보안법에 규정된 '반국가단체의 지배하에 있는 지역'으로 '탈출'한 혐의로 구속되었다. 임수경 외에도 이해 방북한 문익환 목사, 서경원 의원, 소설가 황석영 등이 모두 밀입북 혐의로 구속되었다. 반면 박철언은 한시해 북측 수석대표와 1985년 5월부터 1991년 11월까지 42차례나 만났으며, 만난 장소도 평양, 서울, 판문점, 백두산, 제주도, 싱가포르 등 매우 다양했다.[17]

박철언과 임수경의 방북 후 서로 다른 삶의 경로는 남북관계가 적대적 공존이라는 '분단체제'의 속성을 지니고 있음을 잘 보여준다.[18] '남한 당국'과 만난 북한은 동시에 '남한 민간'과도 만나고 있었던 것이다. 남북관계만 놓고 보면 1987년 이후 한국의 민주화는 남한 민간이 남북관계의 중요한 축으로 등장했음을 의미한다. 북한에 남한 당국이나 민간이 만날 '북한 민간'이 없다는 사실을 염두에 두면 구조 자체는 '비대칭적'이라고 할 수 있다. 그러나 남북관계에서 행위자가 하나 더 늘어났다는 점은 그 자체로 매우 중요하다. 이론적으로 남북 당국의 주도권 싸움이라는 변수 외에 남한 당국과 남한 민간의 주도권 싸움이라는 변수가 생김으로써 남북관계는 대화 및 대결 외에는 다른 방식이 존재하지 않는 '양자관계'에서 다양한 결합이 가능한 '삼자관계'로 진화했기 때문이다.

박철언은 1988년의 7·7선언을 주도적으로 준비했다. 1984년 북한 적십자사로부터 수재 구호물자를 제공받은 후부터 박철언은 대북정책에서 중요한 역할을 했으며 특히 노태우 정권기에 북방정책을 총괄하는 정책보좌관에 임명되었다. 그는 정책보좌관실 산하에 정책기획 비서관, 정책조사연구 담당 비서관, 남북문제 담당 비서관을 두어 북방정책과 대북정책을 총괄하도록 했다.

노태우 정권이 북방정책을 본격적으로 추진한 데에는 한반도 안팎에서 조성된 몇 가지 배경이 있었다. 먼저 노태우 정권은 서울올림픽 참가를 독려하기 위해 사회주의권 국가들과의 접촉을 적극 모색했으며 그 과정을

군사분계선을 넘는 임수경과 문규현
1989년 6월 30일 세계청년학생축전이 열린 평양의 릉라도 경기장에 임수경이 모습을 드러내자 관중은 우레와 같은 박수를 보냈다. 그해 8월 15일 군사분계선을 넘어 돌아온 임수경은 국가보안법 위반으로 구속되었다.

통해 그 국가들과의 관계 개선을 도모했다. 그리고 첫 결과로서 서울올림픽 개최 직전 헝가리에 국교 수립 약속을 얻어낼 수 있었다. 소련 고르바초프 대통령의 개혁·개방정책이 조성한 탈냉전의 분위기 역시 노태우 정권의 북방정책에 유리하게 작용했다.

이 시기에는 서울올림픽 공동개최 요구를 비롯한 학생 및 재야세력의 통일운동이 확산되었는데, 이는 노태우 정권으로 하여금 한편으로는 통일운동 세력을 통제하면서도 다른 한편으로는 남북 대화를 통해 통일운동 세력과 경쟁하지 않을 수 없는 상황을 만들었다.[19] 이 경쟁에서 노태우 정권이 선택한 것은 '창구 일원화'의 이름으로 민간 통일운동의 대북 접촉을 적극 차단하는 것이었다. 정권은 '공안정국'을 조성해 민간의 통일운동을 탄압했는데, 이러한 공안정국은 그동안 재개된 각종 남북 대화를 다시금 지체시켰다. 북한이 문익환 목사를 비롯한 방북 인사들의 사법 처리에 항의하는 차원에서 남북 대화에서 철수한 것이다. 여기에서는 물론 1989년 하반기부터 본격화된 소련 및 동구 사회주의권의 변화 및 붕괴가 북한의 고립감과 위기감을 고조시킨 점도 고려해야 한다.

남북 대화가 침체된 바로 이 기간에 한국과 소련 및 동구 사회주의권의 관계 개선은 급속도로 진전되었다. 1989년 2월에 헝가리와, 11월과 12월에 각각 폴란드와 유고슬라비아와 수교를 맺었다. 이어 1990년 3월에는 체코슬로바키아, 불가리아, 루마니아와 수교했다. 그리고 1990년 9월 마침내 소련과, 1992년에는 중국과 수교하게 되었다. 한소 수교와 한중 수교에서 박철언 팀의 비공개 활동은 매우 중요한 역할을 했다.[20]

1991년, 1985년 이래의 남북 사이의 고위급 비밀 접촉은 가장 큰 결실을 맺게 된다. 한국과 북한은 1991년 12월 13일 서울에서 열린 제5차 남북고위급회담에서 '남북 사이의 화해와 불가침 및 교류·협력에 관한 합의서'를 채택했다. 이 '남북기본합의서'는 남북관계의 역사에서 제도적 합의의 최고 수준이다. 여기서는 '통일을 지향해나가는 잠정적 특수관계'라는 남북관계의 기본 성격을 규정했으며, 정치·군사·사회·문화 등 모든 영역에서 남북관계의 발전 방향을 제시했다.[21] 남북기본합의서가 채택되기 전인 1991년 9월 18일 열린 제46차 유엔총회에서 남북은 각기 별개의 의석을 가진 회원국으로 유엔에 가입했다.

요컨대 1988년 시작된 북방외교는 1990년의 한소 수교와 1991년의 한국·북한 유엔 동시 가입 및 남북기본합의서 채택을 거쳐 1992년 한중 수교를 통해 그 정점에 달했던 것이다. 그러나 노태우 정권의 임기 말인 1992년 10월 선거를 앞둔 시점에 '남한조선노동당' 사건이 터졌고, 바로 다음 날 한미 국방장관이 1992년 일시 중단된 팀스피리트 훈련의 준비를 재개한다고 발표함으로써 모든 남북관계는 중단되었다. 이로써 남북기본합의서는 무용지물이 되었으며, 북미 및 북일 관계는 한소 및 한중 관계처럼 수교에 이르지 못했다. 세계사적인 탈냉전을 배경으로 1988년 시작된 한반도의 탈냉전 프로젝트인 북방정책은 이처럼 1992년에 미완으로 끝나고 만 것이다.

1988년부터 1992년 사이에 남북관계에 작용한 여러 차원의 힘들, 가령 국제정치에서의 긍정적 규정력, 남북 정부 간의 협상 및 대립, 남한 당국과 남한 민간 사이의 경쟁 및 갈등, 남한 민간과 북한 당국 사이의 교감 등은, 지금까지 살펴본 것처럼 내용적인 측면에서 매우 이례적이고 특수한 것이었다. 그러나 형식적인 측면에서는 우리가 그후 남북관계를 파악할 때 고려할 주요 변수가 모두 드러나서 일종의 보편적인 측면이 존재한다. 곧 남북관계는 남북 정부 간의 문제만이 아니라 국제정치적인 규정이 핵심 요인이며, 남한 당국과 남한 민간의 관계, 남한 민간과 북한 당국의 관계 등이 복합적으로 작용하는 다차원적인 문제적 공간인 것이다. 여기에 남북관계를 둘러싼 남한 민간들 사이의 갈등, 소위 '남남갈등'이 추가될 수 있을 것이다. 이런 복잡한 요인들 모두가 동시에 그 모습을 드러냈다는 점에서 이 시기는 남북관계에서 '거대한 전환'이 발생한 시기였다.

우리는 그후 남북관계의 변화에 대해서 비교적 잘 알고 있다. 북한의 핵 문제는 탈냉전 이후 국제정치의 새로운 '상수'가 되었고, 남북 정부 간 협상은 갈등과 조정을 거쳐 2000년과 2007년 남북정상회담으로 꽃을 피웠으나 다시 단절과 대립으로 치닫고 있다. 남한 당국과 남한 민간 통일운동은 경쟁·갈등과 협력·분업 사이에서 진자운동을 하는 등 그 관계가 복잡해졌으며, '남남갈등'은 갈수록 격화되었다. 그리고 마침내 2016년에는 북한을 대화와 교류의 대상이라고 천명한 1988년 7·7선언 이후의 모든 노력의 상징인 개성공단이 폐쇄되었다. 이로써 남북관계는 어느새 1980년대 초·중반의 어느 시점으로 돌아간 것 같다.

이 상황에서 다시 1980년대의 경험을 회고하는 것은 어떤 의미가 있을까? 1983년의 극한 대립의 순간에서 순식간에 일어난 1984년 대화 국면으로의 전환이, 지금의 남북 사이의 극한 대립이 극적으로 변할 수 있음을 낙관적으로 기대하는 '역사적' 근거가 되었으면 좋겠다는 순진한 희망을 갖고 싶지만, 현실은 그렇게 녹록하지 않다. 그렇다고 지나치게 비관적이기에도 우리는 1988년 이래로 수많은 긍정적 경험을 갖고 있다. 어쩌면 우리는 향후 남북관계를 전망할 때 지속적으로 낙관과 비관 사이에서 방황할지도 모른다. 그때 '거대한 전환'이 일어난 이 시기를 잘 들여다보면, 비관적 요소를 최소화하고 낙관적 요소를 최대화할 수 있는 어떤 묘수가 보이지 않을까? 1988년 북방정책은 절반은 성공했고 절반은 실패했다고 평가받는다. 성공의 요인과 실패의 요인이 모두 존재하는 이 시기는 그래서 더욱 소중하다고 할 수 있다.

500만 호에서
5개 신도시까지

임동근

1980

아파트 분양의 시대

1980년 12만 2683호의 단독주택과 7만 6889호의 아파트가 건설되었다. 호수로만 보면 아파트가 전체 주택 중에서 차지하는 비중은 36퍼센트 정도로, 단독주택의 63퍼센트 수준에 그쳤다. 하지만 1980년대의 출발이 되는 이해는 우리나라에서 단독주택이 아파트보다 많이 지어진 마지막 해다. 이후 아파트는, 비록 2000년대 초반 전체 공급량에서 차지하는 비중이 30퍼센트 대까지 떨어지긴 했지만, 언제나 다른 형태의 주택들보다 더 많이 지어졌다. 그런 점에서 1980년대는 아파트의 증가세를 눈으로 확인할 수 있던 시기이자, 아파트가 향후 한국의 대표적인 주거 형태로 자리 잡게 될 것임을 예측하게 만든 시기이다.

그렇다고 이 시기에 주택 공급이 늘어나기만 했던 것은 아니다. 1977년 주택 건설량이 20만 호를 넘어서자마자 이듬해 30만 호가 건설됐다. 그러나 신규 주택 공급량은 계속 줄어들어 1979년 25만 호, 1980년 21만 호, 1981년 15만 호로 3년 만에 반 토막이 났다. 주택 공급이 다시 30만 호 수

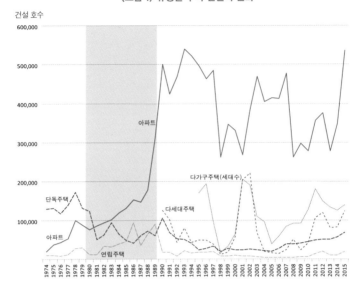

〈그림 1〉 유형별 주택 건설의 변화

건설 호수

- 출처: 주택은행 『주택금융』, 각 연도; 『국토교통부 주택국 통계자료』, 2015 자료를 토대로 재구성.

준으로 회복된 것은 1988년 이후부터다. 민간 건설 부문은 부침이 더 심했다. 1978년 18만 호였던 민간의 주택 건설은 이후 늘고 줄기를 반복했다. 1981년 7만 2000호까지 떨어졌던 민간주택 공급량은 1983년 다시 14만 호로 올라갔고, 1985년 다시 9만 5000호로 떨어진다. 올림픽이 끝난 1989년에는 무려 30만 호의 민간주택이 지어졌다. 1990년대 초반에는 신도시 건설과 맞물려 수치가 45만 호 수준까지 치솟았다. 결국 1980년대는 민간주택 공급의 암흑기라 불릴 만큼 민간이 주택을 건설하지 않던 시기이다. 아파트 시대가 열렸지만 민간주택 건설은 제자리걸음이었던 셈이다.

1980~89년, 10년 동안 주택 분야에서는 수없이 많은 변화가 있었다. 1977년 유신헌법 시절에 만들어진 주택분양제도가 1983년까지 큰 틀을

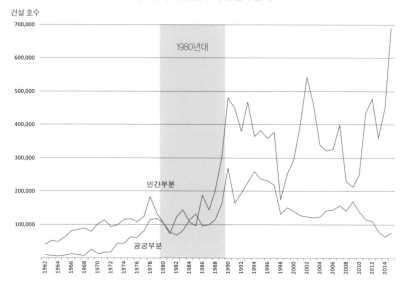

〈그림 2〉 부문별 주택 건설의 변화

건설 호수

1980년대

민간부분

공공부분

• 출처: 주택은행『주택금융』, 각 연도;『국토교통부 주택국 통계자료』, 2015 자료를 토대로 재구성.

유지하면서, 선착순·추첨제 등을 통해 주택이 판매됐다. 청약저축제도 개편, 소형 건설 의무화 등이 지배하던 1980년대 중반에는 누구도 5년 안에 수도권에 5개 신도시가 건설될 것이라고 예측할 수 없었다. 집 한 칸 장만하는 것이 일생일대의 소원이던 수많은 무주택 서민들에게 1980년대는 정치·사회 변화만큼이나 주거 환경의 변화도 급격했던 시기이다.

당시에 집을 살 수 있었던 사람은 누구이며, 어떻게 샀는가? 경제는 자유주의를 향해 나아가고, 사무직 노동자들의 계급 분화가 일어나 신중산층이 출현하고, 숙련 노동자들을 중심으로 임금이 상승하고, 스포츠·음악·영화 등 문화 융성의 시기였던 1980년대는 역설적으로 국가가 주택시장을 강하게 통제하던 권위적인 시기이기도 했다. 이 시기 정부의 통제 아래 수많은 게임들이 벌어졌고, 많은 이들이 판돈을 걸고 여기에 참여했다.

아주 잠깐이었지만 굉장히 강력하게 작동한 한국 특유의 아파트 분양제도가 그것이다. 그림 1과 2를 그린 힘 또한 바로 여기에 있다.

숨 가쁘게 변한
주택정책

1970년대 말 주택 공급 관련 정책들이 숨 가쁘게 변했다. 1977년 8월 18일 분양 관련 제도들의 출발점이 되는 '국민주택 우선공급에 관한 규칙'이 제정·시행된다. 이 규칙은 주택건설촉진법이 규정한 국민주택은 모두 무주택 세대주에게 공급한다는 것을 골자로 주택청약부금에 가입한 사람들에게 주택을 우선 분양하도록 했다. 주택은행에 개설하는 청약부금은 말 그대로 주택을 산다고 약속하고(청약請約) 다달이 내는 돈(부금賦金)을 말한다. 근로자 재산형성 저축과 비슷하게 사전저축 기능도 수행하는 청약부금은, 정부가 직접 건설하거나 민간에서 정부 지원을 받아 만든 국민주택을 사기 위해서는 반드시 들어야만 하는 강제 저축이었다.

당시는 수출 호황에 따른 부동산 경기 과열로 아파트 가격이 치솟던 상황이었다. 서울에서는 아파트 개발업체들이 폭리를 취한다는 비난이 끊이질 않았고 정부가 짓던 아파트의 가격 또한 계속 올라갔다. 자연히 정부 정책에 대한 불신이 만연했다. 집값 문제로 사회 불안이 계속되자 정부에서 관련 정책들을 쏟아내기 시작했다. 1977년 12월 주택 건설의 뼈대가 되는 '주택건설촉진법'이 전문 개정되면서 정부는 주택 건설 및 공급의 모든 과정을 통제하게 되었다. "사업 주체는 (…) 건설부 장관이 정하는 주택의 공급 조건, 방법 및 절차 등에 따라 주택을 건설, 공급하여야 한다."(주택건설촉진법 개정안 제32조) 이로써 국민주택뿐 아니라 대한민국의 모든 신규 건설 주택은 정부의 통제 안으로 들어갔다. 정부가 사업 승인 과정에서 분양가를 규제하는 것도 가능해졌다.

주택 가격 폭등 속에 '국민주택 우선공급에 관한 규칙'이 만들어진 지 1년도 안 된 1978년 5월 10일, 민간주택까지 규제 범위를 넓힌 '주택 공급에 관한 규칙'이 제정됐다. 이에 따라 주택 공급은 1세대 1주택을 원칙으로 하게 됐고(제4조) 국민주택은 여전히 무주택자에게만 공급됐다. 이때 등장한 것이 '청약예금'이다. 기존 청약부금이 국민주택을 분양받기 위한 것이었다면 청약예금은 규모가 큰 민간 건설 주택을 분양받을 때 필요했다. 민간 건설 주택이라도 규모가 작은 것은 국민주택과 마찬가지로 청약부금에 가입해야 했다. 청약부금이나 청약예금에 가입한 사람들만 새로 공급되는 집을 살 수 있게 된 것이다. 건설사 또한 분양가와 매각 일시, 입주자 선정 방법 등을 정할 때 미리 정부 허락을 받아야 했다. 예전에는 건설업체들이 직접 하던 입주자 선정도 주택은행이 전담했고, 한 번 당첨된 사람에게는 3년 동안 분양 기회를 주지 않는 3년 내 재당첨 금지 규정이 생겼다.

같은 해 6월 경제기획원 장관이 지가 상승분을 사회로 환원시킨다고 발표했다. 하지만 정부의 정책을 비웃기라도 하듯 아파트 분양 열기는 여전했고 한 달 뒤인 7월에는 현대아파트 부정분양 사건까지 터졌다. 그 결과 1978년 8월 8일, 흔히 8·8조치라고 불리는 부동산 대책이 발표되었다. 이를 통해 정부는 지가가 오르는 토지를 특정하여 거래할 때 신고 및 허가 절차를 밟도록 했고, 투기의 주범으로 지목된 복덕방을 규제하는 부동산 중개업 허가제를 실시했다. 재벌들의 부동산 투기를 막기 위해 법인 소유의 비업무용 토지에 대해 무거운 세금을 매기고, 부동산 심의위원회를 신설하는 한편 양도소득세를 인상했다. 역사상 가장 강력한 투기억제책이었다. 1979년에는 영세민을 위한 공공임대주택 건설 계획 등이 발표되어 1970년대 후반 정부 정책들은 사회주택 제도를 지향하는 것처럼 보였다. 토지의 소유와 처분은 공공의 이익을 위해 적절히 제한할 수 있다는 토지 공개념 논의가 나온 것도 바로 이때다. 이처럼 1980년대 초반은 정치적 급변기인 동시에 대한민국의 주택정책 패러다임이 바뀌는 순간이었다.

집 없는 설움
덜어주는 길

무주택 서민의 어려움이 어떻다는 것은 더 말할 것이 없다. 임대차계약을 하기 전에 들어올 사람의 가족 수가 몇이고 그들의 성격이 어떠하며 직업과 수입이 어떠한가에 이르기까지 꼬치꼬치 캐고 드는 어려움을 겪는 것이 상례다. 계약기간은 고작 6개월이다. 9월에 셋방에 들어온 사람은 봄이 오기 전에 추위 속에 집을 비워야 한다. 거기에다 월세나 사글세처럼 물가에 민감한 것도 드물다. 혹 임대차 기간을 다시 연장하게 된다면 어김없이 20~30퍼센트 월세나 사글세 값을 올리게 마련이다. 임차권자의 지위의 불안정은 여기에 그치지 않는다. 집이 팔리면 다른 전세방이나 사글세 방을 찾아 헤매야만 한다.

(…) 그동안 주택정책이 집 없는 사람에게 작은 집이나마 마련할 수 있는 재정 지원이나 금융 지원에 소홀했던 반면 고급 호화 아파트의 건설이나 분수에 맞지 않는 큰 집을 짓는 데 더 유리한 여건이었지 않았나 보아지는 것이다.[1]

1980년대 서울 관악구 봉천동 풍경
주택 건설 촉진을 위한 꾸준한 정부 시책에도 불구하고 도시의 주택난은 해소되지 않았다. 서울의 비싼 집값을 감당할 수 없는 서민들은 산으로 산으로 올라 달동네에서 살거나 서러운 셋방살이를 감내해야 했다.

1980년 총조사에 따르면 전국의 주택 수는 약 530만 호, 가구 수는 800만 가구였다. 도시에는 250만 주택에 470만 가구가 살았고 이 중 서울은 97만 주택에 184만 가구였다. 통계에 잡힌 자가 거주 가구는 전국이 467만(59퍼센트), 도시기 200만(43퍼센트), 서울이 82만(44퍼센트) 가구였다. 가구 수 기준으로 보면 전국적으로 세입자 가구가 330만인 셈이다. 이 가운데 270만 가구가 도시에 살았고, 또 그중 100만 가구가 서울에 사는 세입자였다. 1970년대 말 1년에 25만~30만 호가 지어지고 있었으니 이들 모두에게 집을 공급하기 위해서는 공급량만 따지면 15년, 낡아서 사라지는 주택과 세대 수 증가까지 고려하면 20년이 필요했다.

문제는 당시 정부가 취하고 있던 주택정책의 방향이었다. 정부는 1972년 주택건설촉진법을 제정한 이래 주택 건설은 민간 자본에 맡기고, 정부는 소외 계층에 국민주택을 공급하는 방침을 세웠다. 이 같은 상황에서 주택 공급을 확대하려면 주택 가격을 높여 민간 건설업자들이 충분한 이문을 남길 수 있도록 해야 하는데, 정부는 주택 가격 상승에 따른 사회 불안을 잠재우기 위해 부동산 가격 안정 정책을 실시했다. 분양가를 규제하든 직접 저렴한 주택을 공급하든 간에, 정부가 행동을 취할수록 민간의 주택 건설 시장은 얼어붙게 마련이었다. 실제로 1980년 주택 경기 침체로 민간 건설사가 분양가 인상을 고심할 때 주택공사는 아시아개발은행에서 차관을 받아 인천 구월동에 10~15평 아파트 2000여 호를 내놓았다. 분양가는 평당 70만 원이었고 융자비율은 50퍼센트까지였다. 한 해 전인 1979년 12월 압구정 현대아파트(9차)는 평당 97만 5000원, 부산의 비치맨션은 평당 99만 4000원으로 평당 분양가 100만 원을 눈앞에 두고 있었다. 따라서 인천지역 주택개발업체는 큰 피해를 볼 수밖에 없었다. 주택공사에서 공급한 주택은 민간 건설 주택에 비해 평형이 작았지만 그 영향은 주택시장 전체에 고루 미쳤다. 반대로 압구정 현대아파트처럼 평수가 큰 아파트의 가격도 소규모 아파트의 공급가에 영향을 미쳤다. 공공주택 시장과 민간주택 시장이 말처럼 쉽게 구분되지 않았던 것이다. 게다가 주택공사에서 건설하는 국민주택의 규모가 점점 더 커져 규모만으로는 민간 건설 주택과 구분할 수 없게 되었다.[2]

정부는 공공주택 정책을 통해 임대주택을 확대하여 '소유'에서 '주거'로 패러다임을 전환할 것이라 공언했다. 집을 살 수 있는 계층이 확대되지 않는 한 분양 위주의 주택정책은 실패할 수밖에 없었으므로 임대 위주의 주택 공급 확대가 절실한 상황이었다. 그러나 1960~70년대 공공부문의 임대주택 건설은 거의 전무했다. 우리나라 최초의 공공임대주택은 1971년 주택공사에서 공급한 서울 개봉지구 13평 아파트 300호로 알려져 있지만[3] 이마저도 분양이 안 되어 임대주택으로 전환한 것이었다. 1972년 정부는 서민주택 건설을 위해 국민주택기금법을 제정하고, 채권 발행 등으로 기금을 조성해 저소득층을 위한 임대주택 건립에 힘쓰겠다고 발표했다.[4] 주택의 유효수요가 이미 한계에 도달했다는 판단 때문이었다. 이처럼 정부는 1970년대 내내 임대주택 건설 위주로 정책을 전환할 것이라고 발표했으나, 실상 주택은행은 아파트 건설업체에 대출을 해주었고 주택공사에서 건설하는 주택의 규모도 점점 커져갔다. 이에 정부는 1978년 복지주택이라는 새로운 저소득층 주거정책을 발표했지만, 이 또한 서울 외곽 공업단지의 노동력 재배치 차원에서 이루어졌을 뿐이다. 결국 1980년대의 330만 세입자 가구는 거의 대부분 민간주택에 세 들어 살아야 했다.

1980년에 발표된 500만 호 주택 건설 계획에서도 공공임대주택 건설과 세입자 보호 문제가 대두됐다. 우선 정부에서는 1981년 3월 5일 주택

임대차보호법을 제정해 민간 임대시장의 세입자들을 보호하고자 했다. 1982년에는 임대주택 육성 방안을 마련해 기업을 통한 세제 및 융자 지원을 약속하여 임대주택 확대만이 현재의 주택문제를 해결할 수 있다는 의견을 피력했다. 1984년 12월에는 임대주택건설촉진법을 제정해 민간의 임대주택 건설을 장려하고자 했다.

민간의 임대주택 건설을 장려하려면 정부에서 수익을 어느정도 보장해 줘야 한다. 따라서 해마다 토지의 값싼 공급, 저리 융자 혜택 등 다양한 정부 지원이 이루어졌다. 덕분에 시행 초기 목표치에는 한참 못 미쳤지만 민간 임대주택 건설량 또한 차차 증가세를 보였다. 공공의 임대주택 건설량 증가는 훨씬 두드러졌다. 주택 경기 불황에도 불구하고 공공부문은 매년 10만 호 이상의 주택을 공급했다. 1982년 임대주택 공급량은 3489호에 불과했지만 1983~86년 4년간 9만 3297호의 임대주택이 건설됐고, 1987~88년 2년 동안에는 12만 호가 공급됐다. 신도시 개발에 따른 공급량 증가로 1989년과 1990년에는 각각 8만 2000호, 14만 4000호의 임대주택이 건설됐다. 특히 1987~89년은 임대주택이 공공부문 주택 공급량의 50퍼센트를 차지했을 정도다.

수치상으로는 공공임대주택의 증가로 세입자들의 삶이 한층 나아진 것처럼 보인다. 그러나 실상 서민은 임대주택에 들어가기 어려웠다. 민간 건설 임대주택의 경우 임대한 지 5~10년 안에 해당 주택을 분양받아야 했고, 주택공사에서 지은 임대주택의 경우에도 초기 입주자가 아니면 단순 임대가 불가능했다. 이는 건설업체들이 분양을 통해 초기 투자금을 빨리 회수하고자 했기 때문이다. 1987년 이후 주택 경기가 되살아나면서 대형 건설업체들이 임대주택 건설을 기피하고, 중소업체들이 대형 건설업체와의 경쟁을 피해 임대주택을 건설하는 기현상이 나타났다.[5] 그 과정에서 대형 건설업체에서 지은 임대아파트가 분양아파트로 전환되는 일도 생겼다. 입주자들 또한 임대주택보다 분양주택을 선호했다. 집값이 나날이 급등하는 상황이었으므로 하루 빨리 목돈을 만들어 주택을 분양받는 편이 남는 장사였기 때문이다. 수도권을 비롯해 주택 가격이 급등하던 일부 지역의 세입자들이 나서서 임대주택을 분양주택으로 전환해달라고 요청할 정도였다.[6]

주택 경기가 안 좋을 때는 임대주택에 대한 요구가 빗발치다가 경기가 풀려 부동산 투기 붐이 일면 건설업체와 주민들 모두 분양주택을 요구하는 불안정한 상황이 이어졌다. 문제를 해결해야 할 정부가 여기에 휩쓸려 정책을 이리저리 바꾸다보니, 정작 장기 임대주택이 필요한 서민들은 소외되기 일쑤였다. '세계 무주택자의 해'이자 임대주택을 통한 주거 보장이 국내외에서 뜨겁게 논의되던 1987년, 주택공사의 실태조사에 따르면 셋방살이를 하는 가구의 39퍼센트가 집세 문제로 5년간 6번 이사를 했다고 한다. 1980년부터 근 5년간 13만 4800여 채의 임대주택이 건설됐지만 2~5년 후에는 분양으로 전환되었고, 20년 이상 장기 임대주택은 5000가구뿐이었다. 당시 세입자 가구의 71.3퍼센트는 전세보증금 400만 원 이하의 집에서 방 한두 칸을 얻어 살았다.[7] 반면 주택공사가 세운 목동아파트의 경우 보증금 781만 7000원에 월 임대료가 9만 5000원이었는데, 임대기간 5년 동안 매년 임대료를 갱신해야만 했다.[8]

흔들리는
국민주택 분양제도

1945년 이후 공공주택 정책의 핵심은 '국민주택 건설'이었다. 1960년대에 정부는 단독주택 위주의 국민주택단지를 건설했고, 1972년 만들어진 주택건설촉진법의 초기 명칭도 '국민주택건설촉진법'이었다.[9] 정부는 국민주택 건설 촉진을 위해 국민주택채권을 발행해 국민주택기금을 조성했다. 이렇듯 '국민주택'은 공공주택 정책의 뼈대를 구성했다. 1980년대의 주택정책도 국민주택 공급이란 목표 아래 이루어졌고, 큰 틀은 주택건설촉진법에서 규정한 생산과 분양의 통제였다.

이 무렵 공급된 주택은 국민주택 '규모' 이상과 이하로 나뉘었고, 이에 따라 토지 공급가 융자 지원 등이 달라졌으며, 양도세·부가세 면제 등 세제 지원 여부가 결정되었다. 1978년 이후 정부에서 주택 규모와 상관없이 모든 주택을 규제했기 때문에 1980년대 들어서 규모의 문제는 분양 방식의 차이를 가져올 뿐 분양제도 자체에는 영향을 끼치지 않았다. 그러나 개별 건설업체에 재정 및 세제 지원은 큰 이슈였다. 정부는 국민주택의 규모를 결정하고, 정부 지원을 여기에 연동함으로써 서민들을 위한 소형주택을 공급하고자 했다. 따라서 이 시기에는 '규모의 문제'로 인해 건설업체와 정부 간에 긴장과 갈등이 이어졌다.

1972년 주택건설촉진법에서 규정한 국민주택의 규모는 10~12.5평이었지만, 이듬해 18~25.7평(40~85제곱미터)로 확대됐다. 이후 전용면적 25.7평은 주택의 크기를 가늠하는 중요한 기준이 되었다. 민간기업 입장에서는 정부 지원을 받을 수 있는 평수 가운데 가장 큰 25평대 주택을 많

서울 목동 소형아파트 분양 현장
1985년 12월, 서울 강서구 신정동 목동 아파트 3차분 가운데 국민주택 규모의 소형아파트 분양이 시작됐다.
접수처에는 수많은 사람이 몰려 장사진을 이뤘다. 이들 중 실제로 살 집을 찾아 나선 '서민'은 몇이나 될까?

〈그림 3〉 국민주택기금 지원의 주택유형별 비중

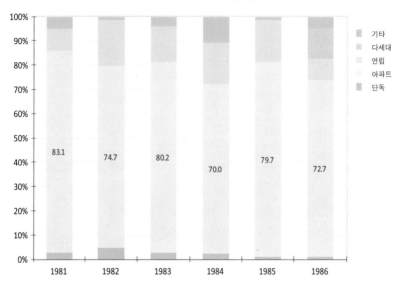

• 출처: 주택은행 『주택금융』, 각 연도 자료를 토대로 재구성.

이 지을 수밖에 없었다. 1978년부터는 '국민주택 우선공급에 관한 규칙'에 의해 전체 건설량의 50퍼센트 이상을 국민주택 규모 이하로 짓도록 강제했다. 특히 주택공사 및 지자체 등 공공부문에서는 대부분의 주택을 국민주택 규모로 건설했고, 정부의 지원이 절실한 민간 건설업체 역시 국민주택 규모 이하의 주택 공급을 늘렸다. 1980년 서울에서 분양된 주택의 약 80퍼센트가 국민주택 규모 이하였다. 하지만 전용면적에 대한 기준이 만들어지는 과정에서 실제 분양 평수가 30평대를 넘어섰고, 공용면적을 확대해 전용면적을 기준 이하로 내리는 기술 등이 발전했다. 그 결과 새로 공급된 주택의 경우 규모도 커지고 분양가도 비싸져서 국민주택이 서민에게 도움이 되는지에 대한 의문이 끊임없이 제기됐다.

정부가 주택 분양가를 통제하는 상황에서는 규모가 작을수록 평당 건설비가 비싸지기 때문에 민간기업 입장에서는 정부의 소형주택 건설 강제에 반발할 수밖에 없었다. 이에 주택 공급 규모를 둘러싼 정부와 민간기업의 갈등이 이어졌고, 1981년 정부가 경기 부양을 목적으로 소형주택 비율 의무화를 폐지하면서 정책이 일관성을 잃었다. 이후 공공부문에서 주도한 목동 개발 현장에서도 국민주택 규모를 초과하는 주택들이 공급되기 시작했다. 정부는 서민 주택문제가 제기될 때마다 국민주택 규모를 줄이거나 규모 이상의 주택에 대한 통제를 강화하는 등의 조치를 반복했고, 급기야 1985년 상계동 개발 과정에서 13평 미만의 소형주택을 30퍼센트 이상 짓도록 의무화하기도 했다. 그러나 주택공사에서는 '1986년 청약저축 가입자 만족도 조사에 따르면 13~15평형이 선호도가 가장 높다'며 13평형 이하 주택의 의무화는 미분양 사태를 발생시킬 것이라고 주장했다. 국민주택 기준 규모는 원래대로 두고 소형 건설 의무 비율만 높이자는 것이다.[10] 공공이든 민간이든 건설업체 입장에서는 기준 평형을 키우고 싶은 바람이 있을 수밖에 없었다. 한편 주택은행에서 운용하는 국민주택 기금 또한 회수가 원활한 아파트 위주로 공급되었다.

주택 규모에 대한 통제가 불가능한 상황에서 정부는 분양가 통제에 의존할 수밖에 없었다. 그러나 분양가 역시 주택 규모와 마찬가지로 정부가 완전히 통제하기 어려운 것이었다. 일례로 500만 호 건설 계획에 따라 민간 건설업체의 주택 공급이 절실했던 1981년, 서울시는 경기 조절을 위해 주택 가격 통제를 중단했다. 또 분양가를 억지로 낮추면 초기 입주자들에게만 개발이익이 돌아간다는 비난도 있었다. 어찌 됐든 분양가는 계속 올랐고, 정부는 1983년 분양 가격 현실화 조정 및 채권입찰제 도입이라는 또다른 규제수단을 들고 나온다. 이 제도는 분양가 상한제가 폐지되고 원가연동제가 실시되는 1980년대 후반까지 주택 공급에 큰 영향을 미쳤다.

〈표 1〉 분양 가격 상한선의 변화 추이　　　　(단위: 만 원)

	1977	1980	1981	1982	1985	1989
85제곱미터 이하	55	90	105	105	126.8	126.8
85제곱미터 이상	55	90	105	134	134	134

• 출처: 김경환 「주택시장 관리정책」, 『주택문제해소대책』, 현대경제사회연구원 1991, 90면.

　　채권입찰제는 분양 가격을 통제하는 대신 주택 매수 희망자에게 그 매입액이 국민주택기금으로 환원되는 제2종 국민주택채권을 사도록 강제화한 제도이다. 채권입찰제에서는 주택 분양이 경쟁 입찰로 이루어지는데, 이때 주택 매수 희망자가 매입한 채권이 많을수록 당첨기회가 높아진다. 매수자 입장에서 주택 가격은 분양가에 채권 값을 더한 가격이며, 주택의 실제 가격은 입찰에 참가한 사람들과의 경쟁에서 결정된다. 본래 정찰제로 운영되던 주택 분양을 경매제로 바꾼 것은 공급자와 수요자 모두에게 바람직하지 않았다. 건설업자가 받는 돈은 분양가로 한정되었지만 주택구매자가 지불하는 가격은 그보다 훨씬 높았기 때문이다. 그 결과 대형 건설업체들은 해외건설 붐을 타고 다른 나라로 진출하거나 분양가 통제를 받지 않는 주택 건설에 집중하는 등 분양제도를 벗어난 사업들을 강구했다. 소비자 또한 기존 주택 가격과 신규 주택 분양가의 차이가 크지 않아 정부의 주택 분양체제에 매력을 느끼지 못했다. 게다가 당시 대부분의 분양주택은 단독주택이나 연립주택보다 20~30퍼센트 더 비싼 아파트였다. 서민들에게 분양제도는 '남의 집 잔치'이자 '그림의 떡'일 뿐이었다.

공동주택이 된
단독주택

1980~89년 10년 동안 주택 건설 인허가량은 254만 호였고, 이 사이 늘어난 주택의 수는 184만 호였다. 이때 실제 건설량은 집계되지 않았기 때문에 주택 인허가량을 통해 신규 주택 공급량을 살펴볼 수밖에 없지만, 이를 유형별로 나눠보면 어떤 주택이 철거되고 새로 지어졌는지 정도는 알 수 있다. 새로 건설 허가가 난 주택 254만 호 중 27퍼센트가 단독주택(다세대주택 포함)이었고, 아파트가 55퍼센트, 연립주택이 18퍼센트였다. 반면 늘어난 주택 184만 호 중 68퍼센트가 아파트고 단독주택은 10퍼센트 정도였다. 즉 단독주택은 68만 호를 새로 짓고 19만 호가 증가했으므로, 대략 40만 호가 새로운 주택 건설을 위해 철거되었음을 추측할 수 있다.

철거된 단독주택은 대부분 다세대 혹은 다가구 주택으로 전환되었다. 1984년 정부는 단독주택에 별도의 부엌과 화장실, 출입구 등을 설치할 수 있도록 건축법을 바꾸었다. 이에 따라 일부 단독주택 소유자들이 집을 개조해 아파트 분양시장에서 소외된 서민층을 끌어안았다. 이듬해인 1985년 다세대주택 건축 기준이 완화되어 건폐율이 40퍼센트에서 50퍼센트로 늘어나고 용적률도 150퍼센트로 확대됐다. 그 결과 3층짜리 다세대주택에 반지하와 옥탑 등을 추가해 5층 건물로 만드는 편법이 유행처럼 번졌다. 1990년 가구 수 증가로 주택 수요가 800만에서 1141만으로 늘었지만, 전체 가구의 75퍼센트인 864만 가구는 다세대주택으로 변한 단독주택에서 흡수했다. 단독주택에 사는 세입자는 전체 가구의 38퍼센트인 432만 가구를 기록했다. 유형별·점유형태별 가구 수 기준에서 단독주택

<표 2> 1980년대 주택과 가구 수의 변화

			1980	변화량	1990
전체 주택	**주택 건설***	1980~89		2,539,475	
	주택 수		**5,318,880**	**1,841,506**	**7,160,386**
	전체 가구 수		8,011,998	3,396,076	11,408,074
		자가가구	4,687,634	993,116	5,680,750
		전세가구	1,913,999	1,251,458	3,165,457
		월세가구	1,243,515	945,364	2,188,879
		기타	169,850	203,138	372,988
단독주택 (다세대 주택 포함)	**주택 건설***	1980~89		682,948	
	주택 수		**4,652,127**	**190,155**	**4,842,282**
	전체 가구 수		7,107,312	1,532,583	8,639,895
		자가가구	4,221,646	−113,566	4,108,080
		전세가구	1,670,703	865,818	2,536,521
		월세가구	1,115,625	669,230	1,784,855
		기타	99,338	111,101	210,439
아파트	**주택 건설***	1980~89		1,399,589	
	주택 수		**373,710**	**1,254,407**	**1,628,117**
	전체 가구 수		390,574	1,287,521	1,678,095
		자가가구	255,645	820,138	1,075,783
		전세가구	99,326	248,951	348,277
		월세가구	16,971	158,659	175,630
		기타	21,632	56,773	78,405
연립주택	**주택 건설***	1980~89		456,938	
	주택 수		**161,795**	**325,711**	**487,506**
	전체 가구 수		204,515	390,174	594,689
		자가가구	114,125	261,666	375,791
		전세가구	61,822	85,183	147,005
		월세가구	17,727	28,998	46,725
		기타	10,841	14,327	25,168
기타 유형	전체 가구 수		309,597	185,798	495,395
		자가가구	96,218	24,878	121,096
		전세가구	82,148	51,506	133,654
		월세가구	93,192	88,477	181,669
		기타	38,039	20,937	58,976

• 인허가 기준

• 출처: 『인구주택총조사』, 1980, 1990; 『주택건설실적(인허가통계)』, 국토교통부 2015 자료를 토대로 재구성.

에 거주하는 자가가구는 유일하게 감소 추세를 보였다.

변화는 도시지역에서 주도했다. 전국 도시지역의 가구 수는 1980년 471만에서 1990년 851만으로 80퍼센트 이상 늘었고, 전월세 가구 수는 260만에서 485만으로 200만 가구 이상 늘었다. 이 중 단독주택 가구 수는 471만에서 596만으로 증가하고 전월세 가구 수는 227만에서 389만으로 160만 가구가 증가했다. 즉 늘어난 전월세 가구 수의 80퍼센트가 다세대주택으로 바뀐 단독주택에서 거주한 셈이다. 수도권에서도 상황은 다르지 않았다. 서울과 경기를 포함한 수도권 지역 거주 가구는 240만에서 443만으로 늘었고, 이 중 단독주택 가구 수는 191만에서 290만으로 증가했다. 전월세 가구 수는 전체 130만에서 257만으로 증가했고 단독주택 전월세 가구는 115만에서 200만으로 늘었다.

1980년에는 우리나라 전체 가구 중 32퍼센트가 수도권의 단독주택에서 전월세로 살았고, 1990년에도 33퍼센트가 그랬다. 그 10년간 우리나라 전체 가구 수는 42퍼센트나 증가한 반면 단독주택 전월세 가구의 비율이 그대로였던 것은 늘어나는 가구 수를 다세대주택으로 변한 단독주택이 수용했다는 의미이다. 1980년대까지 소규모 건설업체와 개인들이 주택 수요에 반응해 주택을 공급했고, 정부는 이를 제도적으로 지원함으로써 수도권으로 이주하는 대규모 상경 인구를 수용했다. 당시 부실공사의 대명사는 연립주택에서 다세대주택으로 바뀌었고, 일조권, 주차 문제, 날림공사 등과 관련된 단독주택의 부실공사 문제는 끊임없는 논란을 낳았다. 정부는 표준주택설계도를 배포하고 주택의 품질 관리 및 시공 후 하자보수 규정 등을 만드는 등 개선책을 마련하는 듯했으나 실제로는 정부가 통제하는 신규 분양아파트에만 관심을 집중하고 있었다. 공동주택이 되어버린 단독주택은 공급도, 소비도 개별 주체들에 의해 이루어졌다.

5개 신도시 발표와
대규모 택지 공급

1980년대는 비교적 물가가 안정된 시기였다. 그러나 주택과 관련된 지표는 그렇지 않았다. 1980년대 초반 '초저물가 시대 초고가 부동산'이 사회에 물의를 일으켰다. 주택시장을 통제하고자 했던 정부 정책으로 인해, 역설적으로 민간기업, 특히 대형 건설사의 주택 건설은 '태업'이라 할 만큼 부진했고, 공급량이 부족해짐에 따라 집값이 상승했다. 1980년 '초호화' 아파트의 분양가가 평당 100만 원 정도였는데, 1990년 소형아파트의 평당 분양가는 215만 원에 달했다. 원가연동제를 통해 주택 가격이 꾸준히 상승했기 때문이다.

주택 가격이 안정된 시기에도 전셋값은 요동을 쳤다. 1987년 1월에는 한 달 만에 강남의 소형아파트 전셋값이 30퍼센트나 오른 일도 있었다. 1987년에는 서울을 포함한 전국의 모든 주요 도시에서 주택 임대료가 상승했다. 이 무렵 집값은 안정세를 이어갔던 탓에 전세가가 집값의 70~80퍼센트 선까지 올랐다. 춘천·원주와 서울 강남구 일부 아파트에서는 전세가와 집값이 역전되는 현상도 나타났다.[11]

이유는 여러 가지였다. 3저 호황, 노동자의 실질임금 상승, 전후 베이비붐 세대의 주택시장 진입, 도시의 2차 산업 발전과 제조업 노동력의 확대, 정부의 물가 통제와 이에 따른 주택건설업계의 공급 부진, 집값 안정으로 인한 주택 매입 욕구 저하, 증시 호황에 따른 부동산 유입 자금 감소 등이 전셋값을 요동치게 만들었다. 이 가운데 주택 부족 및 가격 상승, 세입자의 증가 및 주거 상황 악화 등은 정부가 직접 행동에 나서게끔 이끌었다.

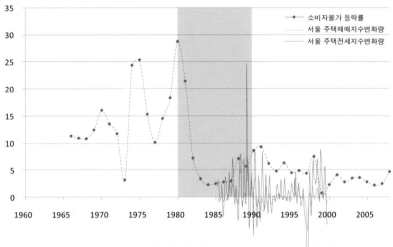

〈그림 4〉 물가변동과 주택 매매 및 전세 지수의 변화

• 출처: 주택은행(국민은행), 주택 매매 및 전세 지수(월별); 통계청 자료를 토대로 재구성.

1987년 민주화 이후 극심한 사회변화 속에서 집권한 노태우 정권은 1988년, 향후 6년간 200만 호를 건설할 것이라 발표했다. 그럼에도 부동산 가격 상승이 멈추지 않자 이듬해 4월 정부는 다시 30만 호를 한꺼번에 공급하는 5개 신도시 계획을 발표했다.

  민간 건설을 조장하지 않고는 주택 공급 목표량을 채울 수 없는 상황에서 정부는 여전히 모순에 빠져 있었다. 한편으로는 토지 공개념을 도입해 부동산 투기를 잡겠다고 약속하면서도 다른 한편으로는 집값이 올라야만 작동하는 민간 공급 장치를 유지했기 때문이다. 어찌됐든 1988~91년 동안 서울 지역 아파트 값이 평균 2.6배 상승하고, 당시의 건설 역량을 뛰어넘는 신도시 주택 대량 공급 계획이 시행된데다 1989년 10월 기존의 분양가 상한제가 폐지되고 원가연동제가 도입되면서 민간 건설업체들의 주택 공급량도 급증했다.

서울 대단지 아파트 공사 현장
이 무렵 정부는 민간 건설을 조장하기 위해 다양한 시책을 내놓았다. 공공부문에서 직접 토지를 공급하여 대단지 아파트 조성을 가능케 한 택지개발촉진법도 그중 하나였다.

이와 함께 정부의 실질적인 행동도 뒤따랐다. 이 시기 정부는 신규 주택 200만 호를 건설하는 데 국민총생산의 6.5퍼센트인 65조 원을 투자하겠다고 밝혔다. 1981년부터 시행된 택지개발촉진법으로 대량 토지 공급이 가능해진 것도 큰 도움이 됐다. 이 제도는 공공부문에서 토지를 수용해서 민간 건설업체에 원가에 공급하는 것으로, 대단지 아파트 공급을 가능하게 했다.

반대로 민간 건설을 방해한 정책은 무엇이었을까? 바로 분양제도의 전국적 확장과 강화였다. 이 시기 정부는 공공부문의 적극적인 주택 공급에 맞춰 전국 67개 시까지 포괄하도록 분양제도의 범위를 넓혔으며, 12평 (40제곱미터) 이하 소형주택 공급 기준을 세우는 등 주택정책의 공공성을 확보했다. 분양제도 아래서 국민주택기금이 확충되는 가운데, 강제 소화되는 국민주택채권의 매입액과 청약저축만도 1981~90년 동안 국민주택기금 조성액의 70퍼센트에 달했다. 민간주택의 건설 자금을 지원한 주택은행 자금도 46퍼센트가량이 청약예금과 청약부금을 통해 조달됐다.[12] 이 기금이 당시의 공공부문 주택 건설량을 증가시켰다. 이 시기에는 공공 임대주택 또한 제도적인 틀을 갖췄다. 1982년부터 1990년까지 총 40만 호의 장기 임대주택이 공급되는데, 이 중 33만 호가 1987년 이후 건설된 것이었다. 주택임대차보호법이 개정되어 임대차보호기간이 1년에서 2년으로 늘어난 것도 1989년의 일이었다.

1980년대의 마지막 3년은 수많은 한계와 부작용에도 불구하고 집값 상승 억제와 저소득층 주거 안정 부분에서 어느정도 소득이 있었던 시기다. 하지만 이후의 상황은 그리 희망적이지 않았다. 1990년대 들어 유효수요 대비 공급 과잉과 서민의 주거 불안정이 더 심해졌기 때문이다. 1990년 주택 신축 허가량은 75만 가구로 1980년대의 3배 이상이었고, 5개 신도시에 대규모 주택 공급이 있었다. 게다가 건설업체의 부도와 미분양 사태, 다세대주택의 급증, 외환위기 이후의 주택시장 붕괴 등 또다른 역동이 기다리고 있었다.

1980년대 초에 추진된 사회주택으로서의 공공주택 정책과 1980년대 후반의 조처들은 서민들로 하여금 언젠가 내 집 마련의 꿈을 이룰 수 있다는 희망을 품게 만들었다. 그러나 이 꿈은 10년 뒤인 1990년대 후반, 국민임대주택 건설 계획이 발표된 후 똑같이 되풀이되었다.

사회주의 완전승리의
전시장이 된 평양의 명암

이 세 영

1980

극장국가 북한,
극장도시 평양

　2002년 6월 20~25일 와다 하루키^{和田 春樹} 교수가 평양을 찾았다. 북일 국교촉진국민협회의 제2차 방문단의 책임자로서 간 것이다. 그는 방북소감을 밝히면서 "새삼 평양은 극장도시, 북은 극장국가라고 느꼈다."라고 술회했다.[1] '극장국가'란 20세기의 저명한 사회인류학자 클리퍼드 기어츠^{Clifford Geertz}가 1979년 발간한 저서 『네가라 ─ 19세기 발리의 극장국가』에서 제시한 개념이다. 기어츠는 19세기 발리에서 왕의 정치적 권위가 강제적 수단에 의한 통제보다는 왕이 사회와 우주의 중심임을 주기적인 의식을 통해 과시하는 것에 기반을 두었다고 분석했다. 즉 극장국가란 힘이나 정통성보다는 형식과 의례에 의해 권력이 유지되는 국가 형태를 의미한다.

　와다는 김정일 체제의 북한을 극장국가로 보았다. 그는 특히 북한을 극장국가로 만든 연출가이자 디자이너로서의 김정일의 역할에 집중했다.[2]

그렇다면 그는 왜 평양을 극장도시라고 느꼈을까? 북한이 극장국가라면 그 수도인 평양은 북한체제가 세우고 싶어하는 권위를 가장 극적으로 보여주는 도시이기 때문일 것이다. 사실 평양이라는 도시는 그 자체가 '우리식 사회주의'의 승리를 외쳐대는 확성기이자, 그 승리가 시각적으로 표현된 거대한 스펙터클이다. 그렇다면 평양은 언제부터 이렇게 요란한 과시의 장이 되었고, 그 이유는 무엇일까? 그리고 이 거대한 도시 안에 사는 사람들은 누구이며, 어떻게 살아가고 있는 것일까? 비록 평양 거리에 직접 발을 내디딜 순 없지만, 이 글을 통해서나마 평양으로의 여행을 떠나보자. 여기서는 스펙터클한 건축물을 통해 평양이 '극장도시'로서의 면모를 완성하는 1980년대에 주목한다. 우선 평양 건설의 흐름부터 살펴보자. 로마가 하루아침에 세워진 것이 아니듯이, 평양 또한 하루아침에 '일떠선' 것은 아니니까.

폐허에서
도시로 일어서다[3]

평양은 북한에서 가장 큰 도시이자 인구가 가장 많은 도시다. 1944년 34만이던 평양의 인구는 1980년대 초에 252만, 1980년대 말에는 300만을 넘어섰다. 인구가 50년 사이에 무려 10배 가까이 늘어난 셈이다. 다른 도시들의 성장과 견주어보면 실로 엄청난 차이다.[4] 그만큼 평양은 북한에서 가장 중요한 도시로 인정받아온 것이다.

평양은 북한의 수도이기 전에 이미 고조선과 고구려의 수도로서 1000년이 넘는 오랜 역사를 지닌 도시다. 그러나 평양이 지금의 모습을 갖추게 된 것은 1950년 6월 25일 발발한 민족 최대의 비극, 한국전쟁 이후부터다. 3년간의 전쟁은 한반도의 모습을 바꿔놓았다. 미군이 평양에 투하한 폭탄은 태평양전쟁 5년간 퍼부어진 폭탄 전체의 양과 맞먹었다. 북한의 자료에 따르면, 당시 평양의 인구가 30만 정도였는데 평양에 투하된 폭탄은 35만 기에 이르렀다고 한다. 한국전쟁으로 평양은 석기시대로 돌아간 셈이다.

하지만 평양의 초토화는 반전의 토대를 제공했다. 새 이념으로 새 도시를 건설할 기회가 생긴 것이나. 소련이나 중국, 동유럽 등 다른 사회주의 국가들과는 달리, 북한은 '이상적인 사회주의 도시'를 건설할 때 기존 도시 조직과의 마찰을 겪을 일이 없었다.[5]

1957년 시작된 제1차 5개년 계획에서부터 평양은 사회주의 도시로서의 면모를 만들어가기 시작했다. 이 5개년 계획의 토대가 된 것은 전쟁 중 김일성의 지시에 따라 김정희가 제작한 1953년의 마스터플랜이었다. 지주의 아들이었던 김정희는 '북조선임시인민위원회 산업국 건설부장'이란 직책에 오르면서 김일성의 총애를 받았다. 이후 조선건축가동맹을 조직하는 데 주도적인 역할을 하고, 해방 후 북한의 첫 번째 해외 유학생으로 선발되어 소련 건축아카데미에서 유학했다. 전쟁이 한창이던 1951년 1월, 잠시 귀국한 김정희는 전후 평양 재건을 위한 마스터플랜을 작성했다. 이 것을 바탕으로 사회주의 도시계획의 특징을 담아 만든 것이 1953년의 두 번째 마스터플랜이다.

한편 평양의 도시 설계를 전문적으로 담당한 연구자 집단도 있었다. 평양도시설계연구소가 바로 그것이다. 1947년 도시설계사무소라는 이름으로 창립됐으나 전후 국가계획위원회 중앙도시설계연구소로 변경됐다가 1986년 평양도시설계사업소로, 2003년 다시 평양도시설계연구소로 바

꿰었다. 평양도시설계연구소는 금수산기념궁전, 국제친선전람관을 비롯한 기념비적 건축물과 천리마거리, 락원거리, 창광거리, 안상택거리 등에 세워진 살림집을 비롯해 총 3만 7000여 건의 설계를 담당했다. 창립 25주년에는 수도 건설에 기여한 공로로 '김일성 훈장'을 받았다. 북한의 도시 설계와 관련해서는 백두산건축연구원도 유명하다. 소규모 도시 설계 집단으로 시작한 이곳은 1962년 설계연구원으로 확장되었고 1989년 9월에는 김정일의 지시로 평양 중심부에 새 건물을 마련했다. 이곳에서 설계한 대표적인 건축물로는 묘향산 국제친선전람관, 평양시 창광거리, 평양 류경호텔 등이 꼽힌다.[6]

혁명에 성공한 사회주의 국가가 가장 먼저 착수하는 일은 도시 내에 상징적 공간을 조성하는 것이다. 평양의 도시공간을 조성하는 데에도 사회주의 혁명을 선전하는 상징적 광장이나 기념비가 매우 중요한 요소로 작용했다. 평양의 상징화 작업은 크게 광장의 조성과 기념비의 건설 두 가지로 구성되었다. 김정희는 1953년 마스터플랜에서 평양을 여러 개의 위성 지역으로 구분하고 각 지역에 상징적 광장을 배치했다. 그는 한 지역 내에서도 공간적 위계질서를 구현하고자 했으며, 상징 광장들의 연계로 위성 지역끼리 이어지도록 했다. 모든 광장의 중심에는 물론 김일성광장이 있었다. 핵심 상징 공간으로 계획된 김일성광장을 중심으로 대동강 맞은편에 이 광장과 대응되는 상징 공간을 배치하여, 평양의 중심부가 대동강을 중심으로 양쪽에 배치되게끔 했다. 이러한 배치는 이후 평양의 도시 개발 과정에서 가장 중요한 축이 되었다.[7]

평양의 상징화 작업에 쓰인 두 번째 방법은 기념비 건설이다. 북한에서는 기념비 건축을 그들의 사상과 시대, 그리고 예술을 함께 담아내는 작업으로 간주해 매우 중요하게 여겼다. 기념비 주변에는 광장을 함께 조성

김일성광장 너머로 보이는 주체사상탑
전후 평양 재건을 위한 마스터플랜을 작성한 김정희는 상징 광장과 기념비 건설을 통해 '극장도시' 평양
의 모습을 만들어냈다.

해 기념비가 도시의 공간 구성에서 주요 역할을 하도록 했다. 주체사상을
선전하기 위해 세운 주체사상탑이나 노동당 창건 기념탑 등이 그 대표적
사례다. 평양의 기념비 건설은 지속적으로 이어져 1980년대에 절정을 맞
았다.[8]

1960년대 초 평양시 개발 계획이 확정되어 대동강 강북지역에 주요 거
리 건설 사업이 추진됨으로써 평양은 오늘날과 같은 구조를 갖추게 되었
다. 1960년대에 평양의 모든 도로는 아스팔트나 콘크리트로 포장되었고,
평양의 가장 중요한 대중교통인 지하철과 무궤도전차가 이때 계획되고
만들어지기 시작했다. 평양의 도시 개발은 사회주의 이념을 선전하고 실
현해줄 다섯 가지 개발전략하에 이루어졌다. 도로 확장, 도로변 고층 아파
트 집단화, 대규모 공공시설과 문화시설 구축, 상징 광장과 기념비 건축,

외국인을 위한 레저 및 편의 시설 확충 등이 그것이다. 공원 속 도시를 평양 건설의 기본방향으로 하면서 과밀을 피했기 때문에 평양 도심의 건물 밀도가 주거지역의 그것보다 더 낮았다.

1970년대에 들어 북한은 마르크스-레닌주의를 주체사상으로 대체하기 시작했다. 이는 건축양식에도 많은 영향을 미쳤다. 실제로 이 무렵 준공된 평양의 인민문화궁전이나 국제친선전람관 등은 우리나라 전통 건축양식에 입각해 설계되었다. 1970년대는 북한이 정치·경제적으로 가장 안정된 시기였고, 따라서 이때 기념비적인 건축물이 가장 많이 세워졌다. 한편 이 시기 도시 개발의 주요 특징 가운데 하나는 소련의 지원을 받아 건설된 거리가 모두 헐렸다는 점이다. 또 북한은 이때 제1차 6개년 계획(1971~76년)을 수립해 88만 세대의 건물을 신축했다. 주택의 규모가 25평으로 커졌고 건물도 고층화하기 시작했다. 당시 평양에 고층 살림집이 많이 세워진 데에는 평양으로 유입된 인구를 수용하려는 목적 외에 고층 건물이 주요 도로의 경관을 향상시키는 데 효과적이라는 판단이 작용했다.[9]

1980년대 평양의 도시 개발은 도시 확장과 국제도시화라는 두 가지 키워드로 정리할 수 있다. 이 시기 들어 북한 당국은 평양의 수평적 확장과 수직적 확장을 동시에 꾀했다. 확장은 주로 늘어난 인구를 수용하기 위한 살림집 건설을 통해 이루어졌다. 초고층 살림집의 등장이 가장 큰 변화였고, 이는 평양의 수직적 확장을 이끌었다. 창광거리의 경우 새로 거리를 조성하면서 기존 건물을 모두 허물고 그 자리에 20~30층 규모의 초고층 살림집을 세웠다. 평양의 고층 아파트 건설은 북한이 88 서울올림픽에 대응해 준비한 1989년 세계청년학생축전과도 관련이 있다.[10] 한편 새로 조성된 문수거리는 평양의 수평적 확장이 본격적으로 시작됨을 뜻했다. 이 거

고층 건물이 들어찬 평양
1980년대 들어 북한은 평양의 수직적 확장을 꾀했다. 초고층 살림집(위)과 류경호텔(아래)의 모습에서
보듯 주요 도로의 경관을 향상시키는 데 효과적이라고 판단했기 때문이다. 이어서 릉라도 5·1경기장(가
운데) 등을 건설하며 평양을 국제도시로 변모시켜갔다.

리는 만수대기념비광장에서부터 대동강 맞은편의 대동강구역까지 이어지며, 대동강구역은 노동당 창건 기념탑을 중심으로 한 영역을 말한다.

1980년대에 나타난 평양의 두 번째 개발 목표는 평양을 국제도시로 만드는 것이었다. 이를 위해 당국은 국제 수준에 맞는 문화 및 편의 시설을 건설하는 데 초점을 맞추었다. 그 일환으로 평양에 국제 수준의 문화 및 레저 시설을 확충하는 사업이 계획되었다. 여기에는 일종의 경쟁심리가 작용했다. 1980년대에 들어서면서 서울이 아시안게임과 올림픽을 유치하며 국제도시의 모습을 갖추기 시작했기 때문이다. 이에 북한 당국은 평양 만경대구역의 청춘거리에 30층 규모의 서산호텔과 대규모 스포츠 콤플렉스를 조성함으로써 국제대회를 유치할 수 있는 환경을 만들고자 했다. 그 결과 1989년에는 15만 명을 수용할 수 있는 세계 최대 규모의 '릉라도 5·1경기장'이 완공되었다.

평양을 국제도시로 만들기 위한 노력은 녹지 확충과 연관 위락시설의 확충으로 이어졌다. 이때 나온 구호가 '도시 속의 공원이 아닌, 공원 속의 도시를 만들자'였다. 도시 전반에 걸친 녹지 확충 사업으로 1인당 녹지 면적을 높이고, 위락 및 편의 시설을 확충해 평양을 외국인도 즐겨 찾는 국제도시로 만들고자 한 것이다. 녹지 확충 사업이 가장 활발하게 이루어진 곳은 대동강 양안과 주요 거리였다. 대동강 동쪽 강변에는 주체사상탑을 건설하고 그 주변을 광장과 공원으로 조성했으며, 릉라도 서쪽 모란봉 기슭에는 개선청년공원을 조성하는 등 대동강을 중심으로 녹지화·공원화 사업을 대대적으로 추진했다. 또한 외국인 대상의 대규모 호텔인 류경호텔과 평양 고려호텔, 양각도 국제호텔 등이 모두 이때 계획되었다.[11]

1980년대 후반에 접어들면서 조선노동당은 제3차 7개년 계획 (1987~93년)을 수립하고, 평양에 기념비적 건축물을 구축하는 대규모 건설공사에 초점을 맞추었다. 와다가 본 '극장도시' 평양은 바로 1980년대에 그 대강이 완성된 것이다.

'사회주의 완전승리'의
전시장

1980년 10월, 북한은 조선노동당 제6차 대회를 개최했다. 이 대회에서 김일성은 온 사회의 주체사상화를 다그치고 사회주의의 완전한 승리를 촉진하기 위한 과업을 제시했다. 여기서 제시된 총체적 과업이란 전적으로 새로운 것이라기보다 오랜 기간 주장된 내용들을 강조한 것에 지나지 않았다. 어쨌든 북한은 1980년대 들어와 김정일의 지도하에 기념비적인 건축물을 건설함으로써 사회주의의 성과를 과시해나갔다. 평양산원, 주체사상탑, 개선문, 인민대학습당 등이 이 시기에 세워진 대표적인 건축물이다. 특히 20리 바닷길을 막는 서해갑문 공사가 완공됨으로써 서해안에 넓은 간석지가 확보되고, 대동강이 인공저수지로 바뀌었다.[12]

과시용 시설의 건설은 "이르는 곳마다 극장, 영화관, 체육관, 야영소, 휴양소, 정양소, 공원, 유원지, 유희장을 비롯한 온갖 문화시설이 꾸려져 있다."[13]는 김정일의 호언장담과 연결된 것이었다. 특히 평양의 동평양대극장, 청년극장, 릉라도 경기장, 양각도 축구경기장, 광복거리의 교예극장과 학생소년궁전, 청춘거리의 경기장 등은 모두 김정일의 관심과 관련되어 이루어진 것들이다.[14] 여기서는 1980년대에 준공되었거나 지어지기 시작한 평양의 기념비와 건축물에 대해 살펴보도록 하자.

평양산원

무상의무교육과 무상치료제는 북한의 경제 규모를 고려할 때 대외적으로 내세울 만한 성과였다. 이는 자연스럽게 사회주의 체제의 '우월성'을 강조하는 근거가 되었다. 무상치료제는 1946년 12월 19일 북조선임시인민위원회에서 채택한 사회보험법과 '로동자, 사무원 및 그 부양가족들에 대한 의료상 방조 실시와 산업 의료시설 개편에 관한 결정서'를 통해 1947년 1월 27일부터 실시되었다. 이는 사회보험에 가입되어 있는 종업원과 그 가족들에게 무료로 의료서비스를 제공한다는 점에서 제한적인 형태의 무상치료제라 할 수 있다. 전쟁 중이었던 1952년 11월 북한 당국은 '내각결정 제203호'를 통해 1953년 1월 1일부터 국가 부담으로 전주민에 대한 무상치료를 실시했다. 그러나 의료서비스 공급 능력이 충분치 않아 제대로 시행되기 어려웠다. 실제적인 무상치료가 이루어진 것은 1960년대에 접어들어서였다. 1960년 2월 27일 개최된 최고인민회의 제2기 제7차 회의에서 「인민보건사업을 강화할 데 대하여」가 채택되었다. 이를 통해 북한은 무상치료제 시행의 기반을 갖추고 본격적인 시행에 들어갔다.[15]

1980년 3월 31일 개원한 북한 유일의 여성 종합병원인 평양산원은 사회주의 체제의 우월성을 현시하는 전시장이었다. 대동강구역 문수거리에 자리 잡은 이 병원은 연건축면적 6만 제곱미터의 13층 건물과 6개 동의 부속건물, 대형 분수가 설치된 '동방식 공원'으로 구성돼 있다. 여기에는 산과産科 540개, 부인과 460개, 소아과 500개 등 2000여 개의 병실과 1500개의 병상이 설치돼 있다. 진료과목은 산부인과, 안과, 구강과, 이비인후과, 내과, 비뇨기과, 구급소생과, 뢴트겐과, 물리치료실, 심장 및 뇌기능 진단실 등이다. 본관 건물 중앙홀 천장에는 커다란 샹들리에가 달려 있

북한 유일의 여성 종합병원, 평양산원
무상의무교육과 무상치료제는 사회주의 체제의 우월성을 강조하는 근거가 되었다. 1980년 3월 31일에
개원한 평양산원은 체제 우월성을 현시하는 전시장의 역할을 했다.

고, 대리석 바닥에는 동백꽃·도라지꽃·은행나무꽃 무늬가 새겨져 있다.
1층에는 대기실과 접수실, 외래 진찰실 및 텔레비전면회실 등이 있는데,
텔레비전면회실은 면회 온 사람들이 텔레비전 화면을 통해 산모를 만나
는 곳이다. 병실에는 환자가 병상에 누워 의사, 간호원과 소통할 수 있는
'신호 통신장치'가 설치돼 있고 갓난아기실에는 '푹신한 침대와 영양가공
설비, 목욕설비, 특수 실험 설비, 조산아 보육기' 등이 구비돼 있다. 타원형
의 수술실 천장에는 견학창이 마련돼 실습용 망원경으로 수술 과정을 관
찰할 수 있다. 사각형의 수술실은 컬러텔레비전 화면을 통해 밖에서도 수
술에 도움을 줄 수 있도록 설비했다. 병원 앞에 있는 동방식 공원에는 회
령의 백살구나무, 개성의 향나무 등 전국 각지의 유명한 나무들이 심어져

있고, 공원의 중심부에는 대형 꽃분수가 설치돼 있다.

주체사상탑

1982년 김일성의 70회 생일을 기념해 건립된 주체사상탑은 대동강을 사이에 두고 평양의 중심인 김일성광장과 마주해 있다. 강 중앙에는 150미터 높이의 분수 두 개가 솟아올라 탑 주변의 경관을 더 아름답게 만든다. 흰색 화강암으로 축조된 주체사상탑은 워싱턴 기념비보다 1미터 더 높은 170미터 높이로 만들어져 세계에서 가장 높은 탑이 되었다. 정상에는 20미터 높이의 횃불 형상이 밤 10시까지 조명을 밝힌다. 이 횃불은 주체사상이 전세계를 비추고 있음을 상징한다. 하지만 최근에는 전력난으로 인해 조명과 분수가 작동하지 않는 경우가 많다고 한다.

탑 앞면과 뒷면에는 주체라는 말을 새기고 금을 입혀놓았으며, 탑 기단부 안쪽으로는 아치형의 전실이 있다. 여기에는 대리석·옥돌 등 귀한 돌로 제작된 80여 개의 명판이 장식되어 있고, 그 위에는 세계 전역에서 활동하는 주체사상 연구단체들의 소망과 기원이 기록되어 있다. 이 탑은 주체사상을 세계적 철학으로 정립시키려 했던 1970~80년대의 노력을 반영한다.

70미터의 탑은 김일성이 살아온 70년의 시간을 상징하며, 탑신을 구성하는 70개의 단(양 옆에 각각 17개, 그리고 앞뒷면에 각각 18개) 역시 같은 의미를 갖는다. 또한 김일성을 기리는 12행의 찬양시가 가로 15미터 세로 4미터 크기의 사각 공간에 새겨져 있다. 주체사상탑 건립에 사용된 2만 5550개의 화강석 역시 중요한 의미를 지니는데, 이는 김일성이 70회 생일까지 살아온 날수를 상징한다. 탑 기단부에 세워진 조형물은 각각 노동자·농민·학생·군인 들을 상징한다. 탑 앞에는 노동자·농민·지식인을 형상하는 3인 군상도 있는데, 이들은 각각 망치·낫·붓을 쥐고 대동강을 향해 서 있다. 탑 정상에는 전망대가 있으며 중앙의 승강기를 타고 올라갈 수 있다.[16]

개선문

1982년 북한은 민족해방과 김일성의 70회 생일을 기념해 모란봉 앞에 개선문을 건립했다. 개선문은 1945년 10월 소련 점령군에 의해 소개된 김일성이 첫 연설을 했던 지점에 자리하고 있다. 남쪽 기둥에는 '1925'와 '1945'라는 숫자가 새겨져 있는데, '1925'는 김일성이 조국 독립을 위해 고향집을 떠난 1925년을, '1945'는 조국이 독립한 1945년을 가리킨다.

평양의 개선문은 프랑스의 개선문과 유사하지만 그보다는 약간 더 크다. 북한의 개선문은 높이 60미터에 너비 50미터, 길이는 36.2미터이다. 1만 500개의 화강석으로 축조되었고, 전통적인 목조 건축양식을 모방하고 있다. 전통적인 박공 형태의 지붕을 얹은 전망대는 엘리베이터를 타고 오르며, 발코니에는 백두산의 정경이 새겨져 있다. 대문의 높이는 27미터이고 너비는 19.6미터이다. 두 번째 단에는 앞뒤로 '김일성 장군의 노래'가, 그리고 아치 양 측면에는 유격대 나팔수의 조각상이 새겨져 있다. 아치 위에는 김일성의 생일을 기념하기 위해 얕은 돋을새김으로 70송이의 진달래가 조각되었다.[17]

인민대학습당

평양산원이 북한의 무상치료제를 상징했다면, 인민대학습당은 무상의 무교육을 자랑하는 건축물이라고 할 수 있다. 인민대학습당은 '전당·전민이 학습하자'는 구호 아래 1972년 12월 2일 착공되어, 1982년 4월 김일성

북한 최대의 종합도서관, 인민대학습당
인민대학습당은 김일성의 70회 생일에 맞춰 준공된 북한의 무상의무교육을 자랑하는 시설로, 북한 내에서 '온 사회 인텔리화의 중심지'로 일컬어진다.

의 70회 생일에 맞춰 준공됐으며 '온 사회 인텔리화의 중심지' '근로자들의 통신종합대학' 등으로 일컬어진다. 북한 최대의 종합도서관이기도 한 이곳에서는 주체사상과 과학기술 등을 연구하고 주민들에게 강의를 제공한다.

　평양시 중구역 남문동에 위치한 인민대학습당은 대동강을 사이에 두고 주체사상탑과 마주 보고 있다. 한식 건물로는 북한에서 가장 규모가 큰 건물로 34개로 구성된 지붕의 형태는 합각식이고 총 건축면적은 10만 제곱미터에 달한다. 1층 중앙홀에는 커다란 김일성 좌상이 있고, 내부에는 600여 개의 방과 6600여 명을 수용할 수 있는 열람실 및 회의실·강의실·문답실·음악감상실·서고 등이 있다. 서고에는 3000만 권의 장서가 보관

돼 있는데, 특히 주체사상 관련 자료와 과학기술 관련 자료가 가장 체계적으로 정리돼 있다. 열람실은 김일성·김정일 저작물 열람실, 사회과학·기초과학·기술공학 열람실, 잡지 열람실, 특수기술문헌 열람실, 축소필름 열람실, 참고문헌 열람실 등으로 나뉘어 있고, 1일 수용인원은 1만 2000명이다. 주요 강의과목으로는 과학이론, 외국어 강습, 주체사상 교양 강습 등이 꼽히고 있으며, 이 밖에 공장·협동농장 등에 강사를 직접 파견하는 현장 강의와 이동문고도 운영하고 있다.

세계청년학생축전을 준비하다

평양 건설이 다시 한번 절정을 이룬 것은 1989년이었다. 1989년 7월 평양에서는 제13차 세계청년학생축전이 개최되었다. 세계청년학생축전이란 세계민주청년연맹 주도로 개최되는 행사로, 사회주의 체제의 청년과 학생들이 주로 참가한다. 제1차 축전이 1947년 7월 25일 체코슬로바키아의 수도 프라하에서 열렸으며, 에콰도르의 키토에서 열린 제18차 축전(2013년)이 가장 최근의 행사다.

평양의 제13차 세계청년학생축전에는 177개 국가에서 2만 2000명이 참가했다. 역대 가장 많은 나라가 참가한 대회였다. 1988년 서울올림픽을 의식한 북한은 세계청년학생축전을 국가 역점 사업으로 삼아 성대하게 개최했다. 서울올림픽보다 규모가 큰 행사였다고 대대적으로 홍보했음은 물론이다.

평양은 세계청년학생축전을 준비하는 과정에서 광복거리와 하신거리,

경흥거리 등 새로운 거리를 많이 조성했다. 그중 광복거리는 평양시 만경대구역의 팔골4거리에서 김일성 생가인 만경대 진입로 입구에 이르는 5.4킬로미터 길이의 거리로, 러시아 공학기사들의 도움을 받아 건설됐다. 북한은 세계청년학생축전 유치 후 만경대구역 부근의 안골에 대단위 체육촌을 개설했다. 뒤이어 편의·봉사시설 건설 및 도시 정비 차원에서 평양에 현재와 같은 주요 거리들이 조성됐다. 길이 6킬로미터, 너비 100미터짜리 도로가 만들어졌고 2만 5000가구를 수용할 수 있는 260개의 조립식 고층 아파트가 들어서기 시작했다. 북한 역사상 최대 규모의 건설 프로젝트였다.[18] 도로 양편은 12~30층 규모의 고층 아파트로 된 '살림집구역', 만경대학생소년궁전·평양교예극장 등 문화시설 밀집 지역, 향만루식당·청춘관 등 편의시설 구역 등 9개 구역으로 나뉘어 조성되었다. 아쉽게도 이 프로젝트는 축전이 열린 1989년까지 완료되지 못했고, 2단계 공사가 1991년에 시작되었다.

새 거리에는 전보다 훨씬 크고 다양한 건물들이 배치되었다. 1970년대 초 평양에서 제일 높은 건물은 천리마거리의 15층 건물이었고, 1970년대 중반 락원거리에 20층 건물이 세워졌다. 그런데 이때 새로 만들어진 창광거리에는 30층짜리 건물이, 경흥거리에는 40~41층 규모의 아파트가 새롭게 들어섰다. 만수대에는 새로이 분수공원이 건설되었는데, 그 규모가 어마어마해서 총부지가 5만 제곱미터에 달하고 분수 수조의 크기도 1300제곱미터에 이른다고 한다.[19]

세계청년학생축전의 위력은 강력했다. 참가자들을 위한 숙소와 각종 문화시설들이 봇물처럼 건설되었다. 1988년 3월에는 연건축면적 1만 제곱미터, 지하 포함 10층 규모의 평양국제문화회관이 준공되었다. 1층에는 수공예품을 비롯한 민족예술 작품들을 전시할 수 있게 했고, 2층에는

150석 규모의 연회장을 마련했다. 더불어 민예전람실, 미술작품전시장, 비동맹 국가 및 발전도상 국가들의 민족악기전시장, 영화감상실, 음악감상실, 무용전습실, 창작실, 회담실과 면담실 등이 설치되었다.

1988년 9월에는 청춘거리에 체육시설들이 건설되었고 1989년 5월에는 광복거리에 평양교예극장이 준공되었다. 연건축면적 7만여 제곱미터의 극장은 다각형의 건물들을 묶은 독특한 형식으로 지어졌다. 여기서는 일반 곡예는 물론 수중·빙상·동물 곡예도 가능했다. 3500석의 관람석과 무대가 마련되었고, 배우들의 훈련장과 휴게실, 동물 대기실 등이 주변 건물에 배치되었다.

평양교예극장이 준공되던 날 릉라도에서는 5·1경기장이 준공되었다. 20만 7000여 제곱미터의 연건축면적에 15만 석을 가진 대규모 경기장이었다. 각국의 자동차 경주장들을 제외하면 세계에서 가장 큰 다목적 경기장이다. 준공 이틀 전인 1989년 4월 29일 중앙인민위원회는 이곳에 인민대경기장이라는 이름을 붙였지만, 5월 1일 준공식 때 지금의 이름으로 바뀌었다. 준공식이 국제 노동절인 5월 1일에 진행된 점을 감안한 결과였다. 2002년과 2005년에는 이곳에서 아리랑 축제가 개최되기도 했다.

같은 날 동쪽에 보통강, 남쪽에 대동강을 둔 해발 50미터의 산봉우리에는 량강호텔이, 광복거리 중심부에는 청년호텔이 들어섰다. 각각 330여 칸과 900여 칸의 객실을 갖춘 대규모 호텔이었다. 청년중앙회관도 이날 새로이 문을 열었다. 연건축면적 6만 제곱미터에 수용 인원은 4000명이었다. 대규모 극장과 회의실, 다기능홀, 면담실, 휴게실, 분장실, 사무실, 청량음료점, 공기조화기실 등 760여 칸으로 구성된 건물이다. 극장 무대에는 3개의 수평이동 승강무대, 1개의 회전무대가 설치되었고, 2000석 규모의 극장에는 3개의 요술무대가 갖추어졌다. 외부는 흰 본체 건물 위에

광복거리의 만경대학생소년궁전
평양에서 개최된 제13차 세계청년학생축전에 앞서 북한은 참가자들을 위한 숙소와 각종 문화시설들을
속속 건설했다. 2000석 규모의 극장과 도서관을 비롯해 100여 개의 소조실과 활동실을 갖춘 만경대학
생소년궁전도 이 시기에 만들어졌다.

역동적인 황금색 지붕을 얹어 종래에 보기 힘든 형태였다.

5월 2일에는 만경대구역 광복거리에 만경대학생소년궁전이 세워졌다. 여기에는 2000석 규모의 극장과 도서관, 과학기술·체육·문화예술 등 100여 개의 소조실과 활동실이 있다. 학생소년궁전이란 6~9세의 인민학교 학생들의 과외활동을 위해 건설된 시설로서, 규모가 큰 곳은 학생소년궁전, 작은 곳은 학생소년회관이라고 부른다. 만경대학생소년궁전에는 500여 명의 상근 교직원과 객원교사 및 교육보조원이 근무하고 있으며, 하루 평균 5000여 명의 학생들이 과학토론회, 실험실습, 실기 훈련, 제작 활동 등을 통해 1인 1기를 습득하고 있다.

5월 18일에는 동평양대극장과 평양국제영화관이 완공되었다. 동평양대극장은 원형의 건물 본체에 수직·수평적 선을 적절히 가미해 안정감을 느끼게 했다. 이 극장에는 관람홀과 종합연습실, 노래와 무용 연습실, 독창연습실을 비롯해 극장 운영과 편의 제공을 위한 640여 개의 방이 있다. 평양국제영화관의 건물 외관은 17개의 바람개비가 돌아가는 듯한 형상으로 동적인 느낌을 주는데, 부드러운 곡선 처리가 인근에 있는 양각도 축구경기장의 외관과 강한 대조를 이룬다.

이처럼 평양은 1980년대 후반 올림픽을 개최한 서울과의 경쟁의식 속에서 세계청년학생축전을 개최하고, 평양을 찾을 세계 각국의 손님을 맞기 위해 대규모 건축 프로젝트를 진행했다. 북한은 전세계를 향해 '우리식 사회주의'의 우월성을 뽐내기 위해 평양을 '극장도시'로 만들었다. 그 극장에서 무엇을 보고 느끼는지는 사람들마다 다를 것이다. 그러나 일각에서는 경제가 이미 어렵던 상황에 무리하게 축전을 개최하고 대규모 건설 사업을 강행한 것이 1990년대 '고난의 행군'을 촉발했다는 평가도 있다. 거대한 마천루는 그 그림자도 긴 법이리라.

평양에서의 하루

지금까지 하늘 위에서 내려다보듯 평양의 랜드마크들을 조망했다면 이제 땅으로 내려와보자. 과연 평양에는 어떤 사람들이 살았고 그들의 일상은 어땠을까? 우선 평양의 일상을 채우는 경관을 둘러보자.

방송을 통해 드넓은 광장을 가득 메운 북한 군사들의 퍼레이드나 대규모 군중집회를 본 적이 있을 것이다. 이렇듯 북한의 도심은 정치적 구심점 역할에 집중하고 있기 때문에 상업과 서비스 등 경제적 기능은 약한 편이다. 실제로 북한의 상가는 도심지가 아니라, 주거지와 맞닿은 단일 건물에 있다. 여러 서비스 시설들이 직장과 주거지를 가깝게 위치시킨다는 직주

근접의 원리를 바탕으로 위계와 규모에 따라 고르게 배치되어 있다.

　북한 사람들은 지위와 계층에 따라 규격화된 독립가옥이나 아파트 등을 지정받아 사용하고 임대료를 지불한다. 주택 관리 및 입주 배정 권한은 시·도 인민위원회의 '도시경영사업소'에서 장악하고 있다. 평양은 직주근접의 원리에 따라 초고층 아파트를 공공기관과 함께 가로변에 지었다. 서울의 가로변 건물이 주로 상업시설 또는 업무용 건물인 것과는 대조적이다. 시가지 내 주거지역의 구분이 따로 없고 공공생활 단위의 위계와 배후지역의 규모에 따라 주거서비스 시설의 용도와 규모가 결정된다.

　평양의 주거시설은 도시 전체의 경관을 주도하는 기념비적 건축으로서의 의미도 있다. 따라서 평양의 주택은 대개 실험성이 강한 형태로 지어진다. 그 때문에 이곳의 건물들은 기본형인 일자형을 비롯해 'ㄱ자형' '타워형' '계단형' '곡선형' '원형' '육각형' 'I자형' '바람개비형' 등 다양한 형태를 취한다. 또 개별 건물의 평면형뿐 아니라 여러 동의 건물이 합쳐져서 만드는 경관도 매우 다채롭다.[20]

　기본적으로 평양은 북한정권을 지탱하는 핵심 계층이 거주하는 곳이다. 한국전쟁 이후 정권이 평양시민에 대한 성분 조사와 추방을 반복해왔기 때문에 평양에서 산다는 것 자체가 정권의 신임을 받는다는 의미이다. 평양시민은 일종의 특권층인 셈이다.[21]

　그러면 1980년대 평양 사람들의 삶은 어떠했을까? 1990년대에 있었던 심각한 경제 위기로 북한체제에 큰 변화가 생기기 전, 평양시민들의 삶은 서로가 경쟁하기보다는 공동체를 중요하게 여기고, 여가와 노동의 균형을 지향하는 사회주의 체제의 특성을 보였다. 체제의 특성상 노동 강도가 높지 않았으며, 취업과 내 집 마련 등 삶의 기본 요소들이 보장되기 때문에 구성원들이 굳이 부의 축적에 집착할 필요가 없었다. 한데 이런 공동체 중심의 일상은 자연스럽게 개인에 대한 규제를 동반했다. 이에 따라 학교 선택은 물론 노동과 여가에도 공동체가 개입했다.

한편 평양시민들은 선택받은 집단으로서의 선민의식을 가졌다. 누구나 평양에 거주하고 싶어했고, 당국이 '보여주기' 위해서 평양지역의 생활조건을 더 적극적으로 개선했기에 거주 편의성도 좋은 편이었다.

평양시민들의 삶에는 이념이 중시되었다. 김일성 중심의 지배체제 확립을 위해 '교양'이라고 불리는 사상학습이 강조되었다. 그들은 군중정치 대회를 비롯한 다양한 행사에 참여해야 했지만, 그 또한 일종의 특권의식 속에서 이루어졌다. 특히 대규모 정치행사나 의례 등이 사회통합을 증대시켜 지역에 대한 소속감이 다른 지역보다 강한 편이었다.[22]

이 시기 평양 사람들의 삶에 더 가까이 다가가게 해줄 자료가 있다. 1980년대에 김일성종합대학에서 교환학생으로 공부했던 러시아인 안드레이 란코프Andrei N. Lankov가 유학 시절의 경험을 엮어 출간한 책 『평양의 지붕 밑』연합통신 1991이 바로 그것이다. 이 책에 따르면 러시아 유학생 란코프가 체류하던 1985년 당시, 평양에는 현대식 고층 건물이 대대적으로 건설되고 있었다. 그러나 고층 건물 바로 뒤편에는 초라한 가정집들이 즐비했다. 란코프는 평양 외곽으로 나가면 '빈민촌'들이 그대로 드러나 있었다고 말한다. 특히 동평양, 즉 대동강의 왼편은 개발이 지체되어 문수거리를 제외하고는 현대적 건물을 찾아보기 어려웠다. 그런 곳은 기껏해야 대동강변과 새살림, 동대원, 그리고 이와 연결된 대학거리, 테제거리뿐이었다. 그 외 지역에는 벽돌로 지은 단층집들이 옹기종기 서 있었다. 이런 곳은 거리라고 부를 만한 길도 없고 그저 집과 집 사이를 연결하는 골목길이 비포장 상태로 남아 있을 뿐이었다.

단층집 구역은 비록 가난한 사람들의 공간이었지만, 깨끗하고 알뜰하게 꾸며지기도 했다. 사람들은 집 주변에 칠을 할 만한 곳에는 모두 회칠을 했고, 좁은 마당이지만 매일 아침 쓸어서 텃검불 하나 없이 깨끗했다. 텃밭도 정성스럽게 가꾸어서 잡초 한 포기 찾아보기 힘들었다. 11월이면 날씨가 좋건 나쁘건 모두가 힘을 모아 김장하는 모습을 볼 수 있었다.[23]

한편 란코프는 이 시기에 등장한 새로운 도시생활 풍경으로 장마당에 대해서 기록했다. 장마당은 1960년대 초 북한에서 개인상업이 완전히 금지되면서 도시에서 자취를 감췄다. 하지만 1980년대 들어 경제가 경색되고 도시생활의 경제적 필요가 커지면서 장마당이 다시 생겨났다. 당국의 묵인하에 매달 1일, 11일, 21일은 장날로 정해졌다. 이날은 농민들이 들에 가는 대신 장을 보러 나섰다고 한다. 대부분의 장은 평양 시내 골목길이나 음침한 장소에 섰다. 그중 제일 큰 장은 평양 동쪽 큰 다리 밑에 서는 송신장마당이었다. 여기서는 식료품 파는 사람을 보기 힘들었다. 물론 사과, 고기, 콩나물, 집에서 만든 당과류(주로 엿), 감자, 콩 등을 파는 사람도 있었지만, 대다수 장사꾼들은 식료품이 아닌 다른 물건을 의자 밑에 숨겨놓고 팔았다. 주로 옷이나 외국제 약, 사진 필름, 수공업 제품과 값비싼 녹음기나 사진기 등이었다.[24]

한편 평양 시내에는 도로가 한가할 정도로 자동차가 많지 않았다. 평양 시민들은 자동차 대신 무궤도전차를 이용했다. 1980년대 중반 평양에는 대략 20개 정도의 전차 노선이 있었다고 한다. 전차나 버스에서는 10전짜리 표를 내는데 이 표는 정류소를 비롯한 모든 상점에서 살 수 있었다. 버스는 그리 많지 않아 평일에는 하루 종일 다니지만 명절이나 휴일에는 아침과 저녁에만 다녔다. 대다수의 버스가 체코제 'SKODA'와 헝가리에서 만든 'IKARSHA'였다고 한다.

평양 시내 여객 운수에는 복선으로 다니는 지하철이 큰 역할을 했다. 평

평양 거리의 사람들
1980년대 평양에 체류한 안드레이 란코프는 시내에는 한가할 정도로 자동차가 많지 않았다고 전한다.
평양시민들은 자동차 대신 무궤도전차를 애용했고, 가까운 거리는 걷거나 자전거를 이용했다.

양의 지하철은 1968년 소련의 기술 원조로 건설되었는데, 핵 대피소를 겸
해 만들어졌기 때문에 깊이가 100~150미터 정도로 깊은 편이다. 란코프
의 기록에 의하면 이 지하철에는 기밀문이 아주 많았으며, 전차 길이에 어
울리지 않게 승강기에서 플랫폼까지가 매우 길었다고 한다. 당시 3량짜리
전차가 4~10분마다 다녔지만, 출퇴근 시간을 제외하고는 이용객들이 많
지 않은 편이었다.[25]

당시 평양 사람들은 어떤 모습들이었을까? 란코프에 따르면 평양 여성
들은 여름에 주로 흰 셔츠와 치마를 입었다. 한복은 큰 명절이나 임신 중
에 입는 옷이었고, 여자들은 일할 때만 바지를 입었다. 남자들도 여름에는
흰 셔츠와 바지를 입었다. 당시 젊은 남자들이 신사로서 갖추어야 할 물건
은 시계와 우산, 일제 안경이었다고 한다. 한편 그 당시 젊은이들 사이에

서는 추운 겨울에도 외투를 입지 않는 것이 유행이었다.[26]

란코프의 눈에 특히 인상적으로 비친 것은 평양 사람들의 유별난 아이 사랑이었다. 모두가 가난했지만 아이만은 어떻게 해서든지 잘 입혔고, 빈민촌에서도 탁아소·유치원만은 아주 깨끗하게 꾸몄다. 아이를 업은 여성이 지하철에 들어오면 누구든지 일어나 자리를 양보해주었고 지하철에 탄 모든 사람이 아이를 주목했다. 모두들 아이를 안아보려고 했고, 옷을 바로잡아주거나 말을 걸고 먹을 것을 쥐여주기도 했다.[27]

평양은 그다지 놀이 문화가 발달한 편이 아니었다. 휴일이면 시민들이 보통 가족과 함께 대성산이나 시외로 나가 들놀이를 즐겼다. 하루 종일 먹을 것을 준비해 가서 노래하고 춤추며 노는데, 모두가 다함께 손을 잡고 원을 그리며 노래에 맞추어 돌면서 모였다 헤졌다 하는 북한식 춤을 추었다고 한다. 서양식의 춤은 이미 1950년대 말에 완전히 없어졌기 때문이다. 간혹 녹음기를 가진 사람도 있었으나 대개는 한 사람이 노래를 부르고 나머지가 손뼉으로 박자를 맞춰주었다. 그 밖에도 평양 사람들은 장기를 즐겨 두었다고 한다.[28]

한 도시에 대해 이야기하면서 잊지 말아야 할 것은 그 도시의 삶을 만들어가는 사람들이다. 평양시민들은 평양에 거주한다는 이유만으로 여러 가지 특권을 누렸지만 각종 정치행사에 동원되어야만 했다. 또 대로변에 우뚝 솟은 고층 아파트에 사는 사람이 있는가 하면 고층 건물 뒤나 시 외곽의 오래된 단층집에 사는 사람들도 많았다. 고개를 들면 '사회주의 완전 승리'를 자랑하는 거대한 마천루들이 즐비했지만, 마천루에 가려져 응달진 골목길 틈새에는 다가올 고난의 전조가 스며들어 있었다.

보천보전자악단과
북한의 신세대

전영선

1980

시대와 감성

　새로운 세대는 새로운 문화를 필요로 하고, 또 새로운 문화를 창조한다. 세대마다 청소년기에 겪는 문화적 체험이 다르기 때문이다. 청소년기에 형성된 문화적 감성은 시간이 흘러도 쉽사리 변하지 않는다. 사람들이 새로운 문화를 받아들이는 데 어려움을 느끼는 것도 문화적 감성의 보수성 때문이다. 「가요무대」 「7080콘서트」 「뮤직뱅크」와 같이 다른 세대를 대상으로 하는 음악 프로그램이 동시대에 함께 존재하는 이유가 바로 그것이다. 이렇듯 같은 시대를 산다고 해서 모두가 같은 문화적 감성을 가지는 것은 아니다.

　시간이 지나면서 문화적 감성이 변하는 것은 남과 북이 다르지 않다. 2000년 이후 북한에서도 새 세대의 문화를 둘러싼 고민이 깊어졌다. 새 세대가 혁명선배를 무시하거나 공산주의 규율에서 벗어나 일탈하는 것을 막기 위해 교양방송을 제작하고 해설사업을 강화했다. 사회적 경험이 다른 새 세대가 사회의 기풍을 흐트러뜨릴까 고민한 것이다. 이렇듯 걱정은

늘 구세대의 몫이었다. 제 가치를 자식세대에 물려주고 싶어하는 부모세대는 '사람은 역시 부지런해야 해.' '그래도 우리나라가 제일이야.' '역시 음악은 메시지가 있어야 해.' 하면서 새 세대를 걱정했다.

그런 북한에 급격한 변화가 일어났다. 3대 세습체제를 구축한 지도자부터가 새 세대였다. 북한의 새 지도자로 떠오른 김정은은 기존의 혁명전통을 잇는 한편 새 세대로서 변화를 이끌어야 하는 어려운 과제를 안았다. 그는 그 과제의 열쇠를 아버지 김정일의 음악정치에서 찾았다.

김정은 시대의 모란봉악단, 김정일 시대의 보천보전자악단

2011년 12월 17일 김정일 국방위원장의 사망으로 김정은 시대가 열렸다. 『로동신문』은 3일 뒤인 12월 20일 김정일의 사망을 공식 보도하고, 그로부터 이틀 뒤 김정은을 '김정은 동지'로 호명하여 그가 김정일의 후계자임을 공식화했다. 명분은 '숭고한 흰눈철학의 순결한 계승'이었다. 김정일 사망 7일째인 12월 24일, 김정은은 '김정은 대장 각하'가 됐고, 12월 30일 최고사령관 자리에 올랐다. 김정일 사망 후 보름도 지나지 않은 시점이었다. 김정은 시대의 개막은 이처럼 신속했다.

김정은의 권력 승계는 최고 권력의 3대 세습이라는 의미도 있지만 다른 한편으로 온전한 전후세대의 등장을 의미한다. 이는 사회주의 조선을 '건국'한 김일성 세대와, 김일성 세대의 유훈을 '계승'한 김정일 세대에서, 김정은 세대로의 전환이었다. 건국과 계승이 중시된 앞 시대와 다른 김정은 시대의 중심 어젠다는 무엇이 될지 관심이 모아졌다. 그도 그럴 것이 김정

김정은 시대의 개막
북한은 김정은 권력 승계의 정통성을 혈연에서 찾았다. 김정은은 '백두산 줄기 만경대 가문'으로서의 정통성을 강조하기 위해 외모까지 할아버지 김일성과 닮아 보이게 연출했다.

은은 김정일과 성장 배경이 전혀 달랐기 때문이다.

모스크바 유학을 거절하고 김일성종합대학교 정치경제학부에서 수학한 김정일은 졸업 후 노동당에서 선전선동부 사업을 담당하며 김일성의 충실한 후계자를 자처했다. 그는 후계자가 된 후에도 자신이 '주체사상을 가장 잘 이해하는 지도자'임을 강조했다. 새 지도자로서 새로운 사상이나 이념을 내세운 것이 아니라, '주체사상을 가장 잘 이해하는 가장 충실한' 후계자임을 선전한 것이다. 그만큼 김정일에게는 김일성 사상의 계승이 권력 승계의 가장 중요한 명분이었다.

반면 김정은은 스위스에서 학창 시절을 보냈기 때문에, 주체사상 계승을 집권의 명분으로 내세우기 어려웠다. 김정은에게는 새로운 무언가가 필요했다. 우선 북한은 김정은 권력 승계의 정통성을 혈연에서 찾았다. 김정은은 '백두산 줄기 만경대 가문'으로서의 정통성을 강조하기 위해 외모까지 할아버지 김일성과 닮아 보이게 연출했다. 아버지 김정일과의 연계성은 예술적 감성에서 찾았다. 김정일의 음악정치를 받아들여 '열린 음악정치'를 내세운 것이다.

그러나 혈통의 정통성만으로는 부족했다. 김정은은 새 시대에 걸맞은 변화를 필요로 했고, 그 일환으로 예술단을 선택했다. 이때 등장한 모란봉악단은 김정은 시대의 변화를 알리는 예고편이 됐다. 2012년 5월에 있었던 모란봉악단 창단 공연은 파격의 결정판이었다. 단원들은 허벅지가 훤히 드러나는 초미니 원피스를 입고, 10센티미터 이상 되는 킬힐을 신었다. 그들은 어깨선마저 드러낸 채 서구의 노래와 율동을 선보였다. 그들은 북한이 그간 제국주의 문화라고 비판해온 미국 영화 「록키」의 주제가와 프랭크 시나트라의 노래 '마이 웨이'를 연주했다. 무대의 배경화면에는 미국인 록키가 소련 챔피언을 쓰러뜨리는 장면이 나왔다. 자본주의의 상징인 미키마우스와 백설공주, 개구쟁이 스머프 캐릭터 인형도 등장해 무대 위를 쏘다녔다. 북한 유일의 전국방송국인 조선중앙텔레비전은 두 시간 가까이 진행된 이 공연을 거의 그대로 북한 전역에 내보냈다. 텔레비전이 있는 집이라면 대부분 이 공연을 시청했을 것이다. 김정일 사망으로부터 반년도 채 지나지 않은 시점이었다. 이는 김일성 사망 후 3년을 유훈통치 기간으로 설정하여 일종의 국상을 치렀던 김정일의 통치와는 상당히 대비되는 지점이다. 이렇듯 김정은은 모란봉악단을 통해 새 시대가 시작되었음을 확실하게 각인시켜나갔다.*

---

* 문화 분야에서 가장 주목받는 것은 모란봉악단이다. 김정은 체제 출범 이후 첫 번째로 만들어진 모란봉악단은 2012년 시범 공연 이후 주요 명절과 행사 때마다 축하 공연을 주도하고 있으

모란봉악단의 등장

김정일 사망으로부터 채 반년이 지나지 않은 시점인 2012년 5월에 열린 모란봉악단의 창단 공연은 파격의 결정판이었다. 초미니 원피스와 킬힐을 신은 단원들은 서구의 노래와 율동을 선보였다.

이보다 30년 정도 앞선 1985년에도 모란봉악단만큼이나 파격적인 예술단이 모습을 드러냈다. 바로 보천보전자악단이었다. 사실 북한에 전자음악이 도입된 것은 그로부터 2년 전인 1983년 7월이다. 북한 최초의 경음악단인 왕재산경음악단이 전자음악을 연주하기 시작했고, 이를 통해 전자음악의 효용을 확인한 북한은 1985년에 만수대예술단 소속 전자음악연주단을 독립시켜 보천보전자악단을 만들었다.

왕재산경음악단과 보천보전자악단은 전자음악을 한다는 공통점이 있지만 차이점도 분명했다. 우선 왕재산경음악단은 주로 민요풍의 노래를 했던 반면, 보천보전자악단은 경쾌한 리듬의 생활가요를 불렀다. 또 왕재산경음악단은 연주와 무용을 전문으로 하는 경음악단의 성격이 강했지만, 보천보전자악단은 신시사이저를 비롯한 전자악기를 주축으로 피아노 등의 양악기와 장새납, 꽹과리 등의 전통악기를 함께 사용하는 방송 전문 악단이었다. 일찍부터 전자음악을 시작한 왕재산경음악단보다 보천보전자악단이 북한사회에 끼친 영향력이 훨씬 컸던 것도 이런 차이 때문이다.

북한 음악의
목적과 역할

음악은 북한사회에 가장 큰 영향을 미치는 예술 분야의 하나이다. 김정일은 자신의 '타고난 예술적 재능'에 '총대와 음악'을 결합하여 '선군시대'

며, 김정은 시대의 문화 본보기 단체로 위상이 높아지고 있다. 현재 북한에서는 문화예술 전반에서 모란봉악단의 성과와 기풍을 배워야 한다고 강조하고 있다. 여기서는 '당에서 제시한 과업을 어떤 일이 있어도 관철하는 결사 관철의 정신' '혁신적이고 진취적인 창조 열풍' '집단주의적 경쟁 열풍'을 모란봉악단의 창작 기풍으로 규정하고, 사회적으로 따라 배울 것을 주문한다.

의 독특한 정치방식인 음악정치를 만들었다. 김정일의 음악정치는 김정은 체제로 이어졌다. 김정은은 김정일의 감성정치를 이어받아 '김정은식 음악정치'를 표방했다. 음악이 최고 지도자의 자질로 평가됨으로써 음악 정치의 대를 이어가고 있는 셈이다.

음악에 대한 북한의 시각은 분명하다. 음악은 사회를 위해서 복무해야 한다는 것이다. 물론 음악만 그런 것은 아니다. 북한은 모든 문화예술이 사회를 위해 존재할 때 의미가 있다고 보기 때문에, 문학이나 그림도 사회에 복무해야만 가치 있는 예술이 된다. 음악에서 사상성을 강조하는 것도 사상 없는 음악은 알맹이가 없다고 보기 때문이다. 북한은 정권 출범 이후 지금까지 사상성과 예술성을 결합시키고 사회주의적인 내용을 효과적으로 표현하여 "인민적인 우리 식 음악을 발전시킨다."는 것을 음악 창작의 원칙으로 삼고 있다.

북한은 정권 출범 시기부터 음악의 방향과 내용이 정립되어 있었다. 이미 1946년 8월 8일 김일성은 「음악예술인들은 새 민주조선 건설에 적극 이바지하여야 한다」는 교시를 내림으로써 북한 음악이 택해야 할 방향을 분명하게 드러냈기 때문이다. 이 교시에서 김일성은 "음악은 민족적 특성을 살리면서도 혁명의 요구에 맞게 발전시켜야 한다. 우리의 음악은 우리 인민의 감정과 정서에 맞고, 새 조국 건설에 일떠선 우리 인민들의 환희와 기쁨, 긍지와 자부심, 혁명적 열정을 반영한 참말로 인민적이며 혁명적인 음악이 되어야 한다."라고 규정했다.

1966년 4월 30일 김일성은 작곡가들과의 대담 「혁명적이며 통속적인 노래를 많이 창작할 데 대하여」[1]를 통해 혁명가요 창작 지침을 내렸다. 그는 음악이 인민을 혁명적으로 교양하여 적군을 와해시키는 데 중요한 역할을 하므로 '인민 대중의 사상과 정서에 맞는 작품'을 만들어 인민 스스로 자신의 역사적 사명을 깨닫고 새로운 사회주의 건설에 이바지할 수 있도록 지도해야 한다고 요구했다. 그러나 여기서 '인민 대중의 사상과 정서에 맞는 작품'이란 인민의 취향과 기호를 반영한 음악이 아니라 당에서 요구한 음악을 의미한다.

북한에서 인민 대중은 문화 향유의 주체가 아니다. 인민 대중이 보고, 듣고, 즐겨야 하는 문화예술은 당에서 결정하고 당에서 공급한다. 음악 역시 마찬가지다. 당은 인민의 사상과 정서에 맞는 작품을 만들어서 공급해야 한다. 북한의 음악가들이 해야 할 일은 당과 인민을 음악으로 연결하는 것이다. 북한에서 음악이 의미있는 것도 혁명에 기여하기 때문이며, 음악은 생활 속에서 인민들을 혁명정신으로 무장시키기 위해 활용된다. 그런 탓에 북한에서 가장 많이 불리는 노래는 우리나라 유행가에 해당하는 생활가요가 아니라 최고 지도자를 찬양하는 송가나 당의 정책을 소재로 한 정책가요다.*

혁명의 목적을 다하기 위해 음악에서 강조하는 것이 가사다. "노래가 혁명적인 내용을 가진 명곡으로 되자면 가사를 사상성이 높게 잘 써야 하기" 때문이다. "생활을 반영하고 사상 주제적 내용을 표현하는 데서 직접적이고 구체적인 것만큼 노래의 내용을 혁명적인 것"으로 만드는 가사를 쓰는 것이 명곡 창작의 핵심이다.

---

* "음악을 창작하는 데 중요한 것은 당 정책을 반영한 가요를 많이 창작하는 것입니다. 당 정책을 반영한 가요를 많이 창작하는 것은 가요 창작에서 우리 당이 견지하고 있는 일관적인 방침입니다. 지난날에는 당 정책을 반영한 가요를 많이 창작하여 인민들 속에 널리 보급하였습니다. 그때에는 그야말로 온 나라가 당 정책을 반영한 랑만적인 노래로 차 넘쳤습니다. 그런데 지금은 거리와 공장, 기업소, 협동농장들에 나가보아도 당 정책을 반영한 노래를 얼마 들을 수 없습니다. 음악예술 부문에서는 당 정책이 제시되면 그것을 반영한 가요를 제때에 창작하여 인민들 속에 널리 보급하여야 하겠습니다." 김정일 「혁명적 문학예술작품 창작에서 새로운 앙양을 일으키자 ─ 문학예술 부문 일군들과 한 담화, 1986년 5월 17일」, 『김정일선집 8권』, 평양: 조선로동당출판사 1998, 378면.

최고 지도자를 찬양하는 송가
북한에서 가장 많이 불리는 노래는 우리나라 유행가에 해당하는 생활가요가 아니라 '김일성 장군의 노래' '김정일 장군의 노래' 같은 최고 지도자를 찬양하는 송가나 당의 정책을 소재로 한 정책가요다.

　인민이 즐기는 노래를 만들기 위해서는 우선 인민의 생활 속으로 들어가 보아야 한다. 인민의 삶에서 당의 요구를 관철할 수 있게 하는 소재를 잡아야 하기 때문이다. 그렇게 만들어진 음악은 인민들이 당에서 요구하는 정책을 쉽게 이해하고 자연스럽게 따를 수 있도록 한다. 일례로 당이 수산정책 강화를 위해 만든 '바다의 처녀'1962나 천리마운동을 강조하고자 만든 '우리는 자랑찬 천리마작업반'1961, 발전소 건설장에서 청년 노동력이 동원되어야 한다는 '발전소건설장에 불꽃 날리네'1980, 공장의 자동화를 선전하는 '정방차 타고 일하는 기쁨'1980 등의 가요가 바로 당의 정책을 현장에서 어떻게 관철할 것인가 하는 과제를 제대로 실천한 시대의 명곡으로 평가된다.

　북한 음악의 방향성은 김정일의 『음악예술론』조선로동당출판사 1992으로 집약되었다.『음악예술론』은 가요부터 연주, 지휘에 이르기까지 북한 음악의 창작 규범을 세운 경전이자 지침서이다. 김정일은 여기서 형식과 내용의 인민성을 강조했는데, 인민성이란 '인민들의 정서에 맞아야 한다.'는 원칙을 말한다. 즉 내용과 창법 모두 인민의 정서에 맞아야 한다는 것이다. 그러나 그는 인민들이 즐기는 가요라고 해서 퇴폐적이거나 비관적인 생각을 담은 유행가처럼 되어서는 안 된다고 강조했다. 또 그러면서도 인민들이 쉽게 이해하고 부르기 편한 노래를 만들어야 한다고 했다. 그래야만 음악을 인민들의 공산주의 투쟁을 고무하는 계급교양 및 선전 수단으로 활용할 수 있기 때문이다. 이것이 북한의 '통속적인 노래'다. 남한에서는 '통속적'이라는 말이 부정적으로 쓰이지만, 북한에서는 보편적이고 대중적이며 쉽다는 긍정적인 의미로 사용된다. 그 때문에 김정일은 구체적인 사실을 소재로 한 '좋은 음악'을 많이 만들어 널리 보급하면 인민을 혁명적으로 교양할 수 있을 뿐만 아니라 적군을 와해시키는 데도 큰 성과를 거둘 수 있다고 보고, 이를 음악의 목적으로 삼았다.

북한이 추구하는 음악의 기능과 역할은 '주체음악' 개념을 통해 높이 평가된다. '주체음악'이란 "인류 역사 발전의 장구한 시대를 거쳐 논의되어온 음악의 참된 사명과 역할, 그 성격에 관한 근본 문제"를 주체사상에 의거하여 해결하고, 그에 맞추어 창작한 것을 말한다. 북한은 "주체시대에 상응한 음악, 주체시대의 요구와 사명에 이바지하는 음악"인 주체음악만이 "우리 시대의 본질을 가장 정확히 체현하고 주체시대의 위업에 충실히 복무할 수 있"는 가장 선진적인 음악이라고 단언한다. 이 시대가 "인민 대중의 자주성을 위한 투쟁이 가장 높은 단계에 올라서고 인민 대중이 세계를 지배하는 주인으로 등장하여 혁명과 건설을 힘차게 추진하는 주체시대"였기 때문에 "음악은 예술의 사회적 본성에 맞게 인민 대중의 지향과 요구를 반영하고 인민 대중을 위해 복무함으로써 주체시대의 요구와 사명에 이바지해야 한다.”는 것이다.

이 같은 관점에서 북한은, 지난날에는 지배계급에 복무하는 음악이 주류를 이루었고, 일부 진보적인 음악의 경우에도 상류사회의 테두리에 머무른 한계가 있었다고 보았다. 제국주의 시대에 이르러서도 음악이 인민의 것이 되지 못한 이유는 지배계급이 인민 대중을 타락시키고 투쟁의식을 마비시키는 ‘대중음악’을 퍼뜨렸기 때문이라는 것이다. 주체시대의 도래로 북한의 인민 대중이 비로소 사회발전의 전면에 나서게 되었다는 것이 그들의 주장이다. 그러므로 음악도 주체시대의 주인인 인민 대중을 위해 복무해야 한다는 논리가 성립하는 것이다.

북한은, 지난날에는 ‘인민 자신이 음악의 주인이 되지 못’했고 음악은 ‘인민에게 복무하지 못했다’며, ‘인민 대중이 알아듣고 즐길 수 없는 음악’을 철저하게 극복해야 할 대상으로 규정했다. 대표적인 서양의 부정적 음악으로 지목된 것이 전자음악이었다. 서양의 전자음악은 사회에 복무하기는커녕 해만 끼친다는 것이다. “쟈즈, 디스코, 록크, 쌈바 등 반인민적이며 퇴폐적인 음악이 만연되고 있어 그것은 선율의 기형화를 낳게 하고 단조로운 리듬을 무미건조한 부속물로 만들며 사람들의 건전한 사상의식을 마비시키는 해독적 작용을 하고 있다.”[2]라는 표현은 서양 음악을 바라보는 북한의 시각을 잘 보여준다. 보천보전자악단의 등장이 북한 음악계를 비롯한 사회 전체에 큰 영향을 미쳤던 것도 이 같은 전자음악을 본격적으로 도입했기 때문이었다.

보천보전자악단의 등장과
생활가요

보천보전자악단의 가장 큰 특징은 전자음악을 도입했다는 데 있다. 그러나 앞서 이야기한 것처럼 전자음악은 북한에서 그리 환영받는 장르가 아니었다. 전자음악을 중심으로 하는 재즈나 록 등은 사람들의 건전한 사상의식을 마비시키는 '반동적 부르주아 음악'으로 비판받아왔기 때문이다. 그렇다면 북한은 왜 1980년대 중반 전자음악을 본격적으로 수용하기로 결정했을까? 당시 북한사회에 무슨 일이 있었던 걸까?

1980년대는 북한체제가 가장 안정적이었던 시기다. 정권 수립 초기에는 권력을 둘러싼 내부의 갈등이 있었고, 1960년대에는 중국이나 러시아와의 외적 갈등이 적지 않았다. 하지만 내부의 권력 다툼은 1960년대부터 김일성에게 권력이 집중되는 것으로 일단락됐고, 김일성에서 김정일로 이어지는 권력 후계 구도 역시 1970년대를 지나면서 안정됐다. 여기에 1980년대 들어 시작된 경제개발 5개년 계획이 어느정도 성과를 내면서 경제적인 상황도 나쁘지 않았다.

정치와 경제의 안정 속에서 인민들의 문화적 욕구 또한 높아졌다. 이전까지 북한의 문화는 항일무장투쟁이나 '미제와의 전쟁'처럼 외부세력과의 투쟁과 승리의 역사를 주된 내용으로 했다. 그러나 이제 북한체제 내부의 문제를 다독여줄 문화가 필요하게 된 것이다. 체제안정으로 인한 자신감 상승과 함께 전쟁을 경험하지 않은 세대의 등장도 북한 문화의 새 변수로 다가왔다. 1980년대는 광복으로부터 40년, 6·25전쟁으로부터는 30년 가까이 지난 시점이었다. 새로운 세대의 등장은 새로운 시대적 감성

하나음악정보센터를 찾은 김정일
음악인들과 만난 자리에서 김정일은 인민들의 다양한 생활을 반영한 가요가 부족하다고 지적했다. 그 제안은 곧바로 받아들여져 보천보전자악단의 '휘파람'을 비롯한 다양한 생활가요들이 만들어졌다.

을 요구했다. '우리 식' 음악으로는 그 요구를 충족시킬 수 없었다.

음악인들과 만난 자리에서 김정일은 인민들의 다양한 생활을 반영한 가요가 부족하다고 지적했다. 음악인들이 인민을 정치적으로 교양하는 데 집중하느라 근로자들의 다양한 생활과 정서를 반영하는 데는 관심을 돌리지 못하고 있다는 것이다.[3] 또한 김정일은 처녀에 대한 노래를 비롯하여 여성에 대한 노래도 나오는 것이 없다고 지적하면서, 이를 봉건사상의 잔재에 의한 것으로 보았다. 이 밖에도 어린이를 위한 노래나 자장가, 결혼식 또는 환갑잔치에 부를 노래가 없다는 지적도 있었다.[4]

김정일의 제안은 곧바로 실행에 옮겨졌다. 인민들의 일상생활을 소재로 한 생활가요가 만들어진 것이다. 반응은 폭발적이었다. 보천보전자악단의 불멸의 히트곡 '휘파람'을 비롯해 행사 오프닝곡으로 사랑받은 '반갑습니다' '도시 처녀 시집와요' '축배를 들자' '아직은 말 못해' '여성은 꽃이라네' '나는 몰라요' '내 이름 묻지 마세요' '자장가' 등이 발표되어 큰 사랑을 받았다. 기존의 송가나 정책가요와는 주제나 내용이 완전히 다른 새로운 음악이었다. 보천보전자악단의 공연은 예술 공연과 영화, 스포츠 등 문화 프로그램을 주로 방영하는 만수대TV를 통해 토요일 저녁과 일요일 정오에 평양시민을 대상으로 방영되었다. 보천보전자악단의 공연은 신세대에게 특히 인기가 있었고, 생활가요는 발표되자마자 북한 주민의 애창곡이 되었다.

새 가요의 핵심은 물론 전자음악이었다. 북한은 '우리 식 전자음악'과 '우리 음악의 세계적 발전'을 명분으로 그토록 비판했던 전자음악을 도입하여 새로운 리듬의 음악을 탄생시켰다. 기존 북한 가요의 대부분이 클래식 리듬을 사용해 경건하거나 행진곡 느낌을 주었던 것과는 달랐다. 신시사이저와 전자기타를 중심으로 한 전자음악은 장식음도 많이 사용하고 다양한 음악적 기교를 부릴 수 있었다.

김정일의 지적 역시 새 음악에 고스란히 반영되었다. '휘파람'은 북한의 혁명시인 조기천의 시 「휘파람」을 기초로 만들어진 노래로, 짝사랑에 빠진 총각의 애틋한 사연을 담고 있다. '아직은 말 못해' '여성은 꽃이라네' '내 이름 묻지 마세요'는 여성의 입장에서 소박한 사랑의 감정을 노래한 곡이다. '축배를 들자'는 결혼식이나 환갑잔치 같은 행사에서 부르는 노래이고, '반갑습니다'는 공연이나 행사의 오프닝 때 부르는 노래이다. 어린이를 위한 노래와 자장가도 만들어졌다.

보천보전자악단의 공연은 북한이 선보인 이전의 모든 음악 공연과는 확연히 구분됐다. 일상생활이나 사랑을 주제로 한 노랫말이나 흥겹고 유쾌한 창법도 새로웠지만, 머리와 가슴을 꽃술로 장식한 반짝이 의상과 북한에서는 보기 힘든 화려한 조명의 무대장치, 키보드와 전자기타를 든 연주자의 화려한 퍼포먼스는 충격 그 자체였다. 보천보전자악단 소속의 전혜영, 김광숙, 리경숙, 리분희, 조금화 등은 일약 최고 인기가수 반열에 올랐다. 작곡가인 부단장 리종오는 수많은 히트곡을 창작한 공로로 1989년 인민예술가 칭호를, 1991년에는 북한 최고의 상훈인 김일성상을 받아, 예술가로는 최고의 명예를 누렸다. 보천보전자악단의 생활가요는 지금도 북한 주민들이 가장 즐겨 부르는 노래다.

김정일은 '새로운 시대의 변화'를 위해 보천보전자악단을 만들었다. 김정은이 모란봉악단을 통해 변화를 촉구한 것도 그런 이유에서다. 새로운 시대는 새로운 음악을 요구할 명분이 되었다. 낡은 시대와 대비되는 새로운 시대를 규정하는 일은 오직 최고 지도자의 몫이었다. 광복 후 북한에 들어선 사회주의 정권이 가장 먼저 강조한 것도 새로운 시대였고, 1966년 내부 권력투쟁 끝에 유일지배체제를 쟁취한 김일성이 강조한 것도 새로운 시대였다.* 김정일이 보천보전자악단을 통해 보여주고자 한 것 역시 새로움이었다.

1980년대에는 전후세대의 사회적 역할이 크게 증대됐다. 혁명세대, 전

---

* "갓 쓰고 당나귀 타고 다니던 때의 예술은 지금 우리 청년들의 생활감정에 맞지 않습니다. 전야에는 뜨락또르가 달리고 온 사회가 혁명적 열정으로 들끓고 있으며 전체 인민이 공산주의를 향하여 질풍같이 내달리고 있는 오늘 옛날 식으로 거문고를 퉁퉁거리면서 시조나 흥얼흥얼 읊는다면 그것이 어떻게 시대적 감정에 맞을 수 있겠습니까. 그것은 오늘의 시대적 감정에 절대로 맞을 수 없습니다. 우리 시대의 예술은 옛날 식으로 너무 느릿느릿해도 안 되고 너무 경박해도 안 됩니다. 우리는 노래를 하나 지어도 어디까지나 우리 시대 사람들의 정서에 맞게 지어야 합니다." 김일성 「혁명적이며 통속적인 노래를 많이 창작할 데 대하여 ─ 작곡가들과 한 담화, 1966년 4월 30일」, 『김일성저작집 20권』, 조선로동당출판사 1982, 334면.

쟁세대와는 완전히 다른 역사적 경험을 지닌 전후세대가 본격적으로 등장하면서 이들 세대에 맞는 시대상이 요구됐다. 사회적으로는 전쟁영웅, 혁명영웅 대신 '숨은 영웅'이 부각되었다. '숨은 영웅'은 생활 속에서 묵묵히 자기 일을 하는 존재이다.* 보천보전자악단이 부른 노래에도 그런 인물이 부각되었다. "시집을 가면 어데로 가나/나 혼자 남몰래 생각했네/선반에 모범 진실한 그이/언제나 책임량 초과하며/동지애 뜨거운 젊은 그이"'처녀로 꽃필 때' "도시의 총각보다 쇠돌을 캐는/금골의 그 동무가 마음에 들어"'아직은 말 못해' "땀 흘려 온질을 높이 쌓아온 꽃나이 청춘들이/그 언제 이름을 남길려고 위훈 세웠던가요"'내 이름 묻지 마세요' 등의 가사에서 드러나듯 당시의 청춘들이 생각한 이상적인 상대의 모습은 노동 현장에서 열심히 일해 '혁신자 꽃다발'을 받는 인물이었다.

생활가요의 미래는

보천보전자악단의 창단을 주도한 것은 김정일이었다. 조선노동당 선전선동부에서 정치활동을 시작한 그에게 예술은 정치적 기반을 구축하는 강력한 수단이었다. 1960년대 중반 이후 예술과 관련된 모든 논의는 당의 정책을 충실하게 전달하는 데 초점이 맞춰졌다. 예술의 역할은 정책을 신

---

* "우리 작가들은 사회적으로 의의 있고 참신한 종자를 찾아내기 위한 탐구가 부족합니다. 지금 온 나라가 숨은 영웅들의 모범을 따라 배우는 운동을 널리 벌리고 있는데 이러한 주인공들의 생활과 정신세계를 깊이 파고든다면 훌륭한 종자를 찾아낼 수 있을 것입니다. 사실 숨은 영웅들의 경우만 놓고 보더라도 그들의 생활과 정신세계에는 새롭고 의의 있는 종자가 있다고 생각합니다." 김정일 「현실 발전의 요구에 맞게 작가들의 정치적 식견과 창작적 기량을 결정적으로 높이자 ─ 조선작가동맹 제3차대회 참가자들에게 보낸 서한, 1980년 1월 8일」, 『김정일 선집 6권』, 조선로동당출판사 1995, 406면.

혁명가극 「피바다」
예술의 효용을 누구보다 잘 알고 있는 김정일의 주도로 혁명가극 「피바다」와 혁명연극 「성황당」 등이 현대적으로 재창작되면서 북한 예술의 전형이 만들어졌다.

속하게 반영하고 전달매체로서 호소력을 지니며, 유일사상의 체계 확립에 기여하는 것으로 제한되었다. 김정일은 항일혁명투쟁기에 창작된 문학작품을 북한 문화의 중심으로 옮기는 작업을 주도했다. 그의 주도로 혁명가극 「피바다」와 혁명연극 「성황당」이 현대적으로 재창작되면서 북한 예술의 전형이 만들어졌다. 예술의 효용성을 누구보다 잘 알고 있던 김정일이 음악의 효용성에 관심을 갖게 된 것은 어찌 보면 당연한 수순이었다.

전후세대가 본격적으로 사회에 진출하기 시작하면서 예술의 효용성은 더 커졌다. 특히 음악은 사회 분위기를 조성하고 정책을 효율적으로 전달하면서 집단성을 불어넣는 중요한 장르로서 대중교양의 수단으로 주목받

왔다.* 당시 해외에서는 디스코 음악을 중심으로 전자음악 열풍이 불었다.

김정일이 보천보전자악단을 창단하면서 내세운 명분은 새 시대 인민들의 요구에 맞는 새로운 음악이 필요하다는 것이었다. 그러나 언제나 그렇듯 새로운 요구는 '인민의 것'이 아니라 '최고 지도자의 것'이었다. 북한에서 새로운 시대는 과거를 청산하는 명분이요 수단이다. 김정일은 보천보전자악단을 통해 낡은 시대의 유산을 버리고 새로운 시대로 나아가자는 메시지를 보낸 것이다. 새로운 시대가 무엇이고, 어떠해야 하는지를 가장 간편하고 감성적으로 전달하는 수단으로 음악을 활용한 것이다.

보천보전자악단의 노래에 생활가요만 있는 것은 아니다. 실제로 보천보전자악단의 주요 레퍼토리는 김일성 부자에 바치는 송가와 정책가요, 북한 주민들의 민족적 긍지와 자부심을 주제로 한 노래였다. 오히려 생활가요보다는 '친근한 이름' '사랑의 미소' ' 뵙고 싶어' '빛나라 정일봉' '기다렸습니다'같이 '친근한' 김정일을 강조한 가요나 '휘날려라 공화국기 우리 삼색기'처럼 체제를 찬양하는 노래를 훨씬 더 많이 불렀다. 생활가요로 인민들을 위무하면서도 음악의 중심은 늘 정치에 두었던 것이다. 이처럼 보천보전자악단은 전후세대의 등장과 북한체제의 안정으로 생겨난 새로운 음악 수요에 부응하기 위해 만들어졌으나 북한 음악의 정책적 틀을

---

* "노래를 통한 교양사업을 강화하여야 하겠습니다. 강연회 때마다 노래 보급을 하도록 하여야 하겠습니다. 나는 이미 오래전에 강연회 때에 노래 보급을 할 데 대하여 강조하였습니다. 그런데 노래 보급을 형식적으로 하였으며 그것마저 최근에는 하지 않고 있습니다. 강연회 때 강연회 참가자들에게 노래를 보급하는 것은 당이 내놓은 방침인데 어떻게 되여 하지 않는지 모르겠습니다. 당 중앙위원회 선전선동부 일군들이 강연회 때에 노래 보급을 하지 않는다는 것을 알면서도 대책을 세우지 않은 것은 잘못되었습니다. 최근에 노래 보급을 잘하지 않다보니 일부 사람들이 일상생활에서는 물론, 대회나 공식적인 행사에 참가하여서도 노래를 제대로 부르지 못합니다. 전당적으로 노래 공부를 하는 분위기를 세워야 하겠습니다." 김정일 「당 대열의 통일과 단결을 강화하기 위한 당 조직들의 과업 ― 조선로동당 중앙위원회 조직지도부, 선전선동부책임일군회의에서 한 연설, 1982년 9월 7일」, 『김정일선집 7권』, 조선로동당출판사 1996, 238면.

"우리는 당신밖에 모른다"
북한의 경제상황이 어려워지면서 당에서는 전시가요를 호명했다. 모란봉악단 역시 최근 들어 수령과 당
을 위해 헌신하자는 내용의 공연으로 일관하고 있다.

벗어나지 않았다.

예나 지금이나 북한 음악의 방향은 분명하다. 김일성의 항일혁명투쟁
이나 미제와의 전쟁은 시대를 넘어 지금까지도 북한 음악의 주요 소재로
사랑받고 있다. 김정일이 음악정치를 표방한 것도 암울한 정치 상황을 총
대와 노래를 통해 극복해나가자고 독려하기 위해서였다. 실제로 이 시기
"총대와 김정일 총비서의 사상이 깃든 노래의 결합은 군인들을 '김정일의
전사'로 만들고 유사시 목숨을 바쳐 결사옹위하도록 도움을 준다."고 믿
어졌다. 이는 북한에서 음악이 어떻게 활용되는지를 보여주는 분명한 예
다. 이렇듯 북한 음악은 정치를 떠날 수 없다. 실제로 1990년대에 들어 북

한 경제가 어려워지자 당에서는 내부의 경제적 어려움을 극복하고 사회주의 건설을 독려하기 위해 전시가요를 호명했다. 2012년 5월 창단 공연에서 파격적인 연출을 선보인 모란봉악단 역시 최근에는 수령과 당을 위해 헌신하자는 내용의 공연으로 일관하고 있다.

최근 『로동신문』에 자주 등장하는 표현 중 하나가 '수준 높은 인민들의 요구'이다. 인민들의 눈높이가 달라졌는데 사회가 그것을 뒷받침하지 못한다는 것이다. 당에서는 '격정적인 시대의 요구에 맞고 자기들의 투쟁과 생활의 길동무가 될 수 있는 참신한 문학예술작품을 기다리고 있다.'고 말한다. 모란봉악단이 '인민의 지향과 요구, 감정정서에 맞는 명작'을 만들었듯이 다른 문화예술인들도 새로운 작품을 만들어야 한다는 것이다. 하지만 인민의 요구가 무엇인지는 오직 최고 지도자만이 해석하고 판단할 수 있다. 체제가 안정된 후 김정은이 새로운 시대의 요구에 맞춰 예술인들에게 주문한 것은 북한의 문학예술을 '수령의 문학예술' '당 정책화된 문학예술' '인민의 문학예술' '전투적인 문학예술'로 발전시켜나가자는 것이다.[5] 북한이 말하는 시대적 요구가 무엇이며 북한 음악의 현주소가 어디에 있는지를 보여주는 대목이다.

일본: 풍요의 끝에서
중국: 걸음마를 뗀 경제 근대화

강 진 아

1980

일본: 풍요의 끝에서

신자유주의 시대의
국제환경

베트남전쟁이 끝나고, 1979년 미국과 중국이 수교하면서 아시아의 긴장은 완화되었지만, 미국과 소련의 군비경쟁과 냉전 구조는 한층 격화되었다. 미국은 군비경쟁으로 인한 재정 적자, 대일무역 적자로 인한 국제수지 적자의 이중고에 시달림에 따라, 일본에 더욱 적극적으로 방위비 증가와 무역 적자 완화를 위한 양보를 요구하게 되었다. 1980년대는 미국과 일본이 안보에서는 밀착하고, 무역에서는 갈등하는 시대였다. 특히 플라자 합의가 이뤄지고 고르바초프가 소련공산당 서기장에 취임한 1985년을 변곡점으로 일본을 비롯한 세계의 정세가 급변했다. 이전까지 안보상의 협력이 대세였던 미일 관계는 1985년 이후 거품경제로 인한 바이아메리카Buy America와 무역역조로 인해 갈등이 더욱 두드러졌다.

1980년대를 이끈 나카소네 야스히로中曾根康弘 내각은 1982년부터 1987년까지 3차에 걸쳐 4년 11개월간 집권한 전후 최장기 내각이었다.

나카소네 총리는 취임 후 레이건 대통령과의 협조 노선을 강화해 미일관계를 안정시켰다. 그러나 이해부터 교과서 문제로 아시아 내부의 역사 갈등이 불거졌다. 일본 문부성이 1983년부터 사용할 고교 사회 교과서의 검정에 편향된 기준을 적용해 침략전쟁을 미화하고 역사를 왜곡했다는 비판이 한국과 중국에서 쏟아져나온 것이다. 일본의 화베이^{華北} 침략을 '진출'로 바꾸고, 3·1운동을 '폭동'으로 고친 것 등이 문제가 되었다. 한국과 중국 등 아시아 국가의 강력한 공식 항의에 직면한 나카소네 내각은 문부성의 밀실 검정으로 야기된 문제를 부분적으로 교정하고 교과서 집필 원칙에 아시아 지역 침략에 대해 상세히 기술하게 한 '근린조항^{近隣條項}'을 신설하는 등 전향적인 모습을 보였다. 그러나 1985년 8월 15일 나카소네 총리가 야스쿠니^{靖國} 신사를 공식 참배하여 재차 한국과 중국의 반발을 샀다. 이러한 동향은 전후 경제부흥에 따른 자신감 회복과 전전^{戰前}에 대한 재평가, 대국 지향 등 당시 일본사회 전반의 분위기를 반영한 것이라고 할 수 있다.

미일 간의 경제력 역전을 상징한 1985년 플라자합의는 그 기폭제가 되었다. 레이건 정부는 소련과의 군비경쟁으로 사상 최대의 군비 증강을 추진하면서 재정 적자가 급증했다. 경상수지 역시 1985년에 사상 최대인 1114억 달러의 적자를 기록했다. 이 중 대일 무역 적자가 500억 달러였다. 그해 미국은 제1차 세계대전 이래 71년 만에 채무 초과국으로 전락했다. 1985년 9월 22일 일본, 미국, 서독, 영국, 프랑스 등 선진 5개국^{G5} 재무장관 회의와 중앙은행총재 회의가 뉴욕 플라자호텔에서 열렸다. 여기서 미국은 교역 조건의 개선을 위해 각국이 환율시장에 개입해 달러 가치를 인하할 것을 요구했고, 일본의 엔화와 독일의 마르크화를 평가절상하는 데 합의했다. 그 결과 1달러당 240엔이던 환율은 1986년 1달러당 125엔으

플라자합의에 참여한 G5 재무장관
1985년 9월 22일 뉴욕 플라자호텔에서 열린 회의에서 G5는 달러 가치 인하와 엔화와 마르크화의 평가절
상에 합의했다. 이날 재무장관 회의에 참석한 서독, 프랑스, 미국, 영국, 일본의 재무장관(왼쪽부터)이다.

로 폭등해 엔화 가치가 1년 사이 두 배나 올랐다.

　레이건 정부의 기대와 달리 일본 국민들은 가격이 절반으로 떨어진 미
국 수입품에 관심을 보이지 않았다. 거꾸로 일본은 가치가 2배로 뛴 엔화
를 이용해 미국과 아시아에 대한 투자를 대폭 확대하고 부동산을 사재기
하기 시작했다. 일본의 해외 직접투자가 크게 늘면서, 미국의 록펠러센터
빌딩이 미쓰비시에, 콜롬비아 영화사가 소니에 넘어갔다. 또 엔화의 가치
상승에 힘입어 세계 국민총생산GNP에서 일본이 차지하는 비중도 비약적
으로 늘었다. 1980년 일본 GNP는 세계 GNP의 9퍼센트였으나, 1988년
에는 14퍼센트로 늘어났다. 1950년의 1퍼센트, 1960년의 3퍼센트, 1970년
의 6퍼센트와 비교하면 일본 경제는 세계 경제의 전반적인 팽창 속에서도
10배 가까운 속도로 빠르게 커졌음을 알 수 있다. 일본 제조업의 높은 경

쟁력과 미국 현지 공장 설립을 비롯한 기업의 재빠른 대응책, 1986년 원유 가격의 급락 등으로, 엔화 가치가 2배나 상승했음에도 일본의 무역수지 흑자는 계속 유지되었다. 그러나 엔화 가치의 폭등과 내수 확대정책은 일본 국내에 과잉유동성과 부동산 가격 급등을 야기했고, 이는 결국 거품경제로 이어졌다.

거품경제의 형성

1986년부터 거품이 붕괴한 1990년까지 5년간 일본은 거품경제에 지배되었다. 실질경제 성장률은 크지 않은데도, 부동산과 주식 가격이 비정상적으로 폭등해 소비가 크게 늘고 호경기가 이어졌다. 달러 가치 하락에도 불구하고 미국의 대일 무역 적자가 크게 개선되지 못하자, 미국은 일본 상품 수입 규제 같은 보호 조치를 취하는 한편, 일본에 시장의 추가 개방을 요구했다. 이에 일본은 나카소네 총리가 직접 나서 미국 제품을 사라고 선전하는 것으로 대응했다. 한편 일본은행은 내수 확대를 위해 1987~88년 공정이율 2.5퍼센트의 저리 정책을 실시했다. 엔화 가치 상승으로 내부 자금이 넘쳐났던 대기업은 은행에서 대출을 받을 필요가 없었다. 반면 엔고円高에 따른 수출경쟁력 하락으로 제조업 신규 투자는 크게 줄었다. 빌려가는 사람이 없어 은행에 돈이 쌓여 있으니 일본 시장에는 돈이 넘쳐나는 과잉유동성이 발생했다.

일본정부는 엔고에 따른 수출시장 위축을 감안해 내수를 확대하기로 했다. 1987년의 금융 완화와 재정 확대로 시중에는 더 많은 돈이 풀렸다. 부동산과 주식 가격이 폭등하자, 쌓인 돈을 주체하지 못하던 은행이 나서서 부동산에 대한 직접투자와 부동산 투자회사 및 제2금융권에 대한 대출을 크게 늘렸다. 여기에 박차를 가한 것이 미국에서 시작된 금융혁명이다. 제1, 2차 석유파동 이후 세계 금융시장에는 런던을 중심으로 오일달러 시장(유로시장euromarket)이 발달했다. 금리 규제를 받는 미국은 예금금리가 5퍼센트 정도지만, 규제 없이 자유금리 체계를 운용하는 유로시장에서는 금리가 15퍼센트까지 치솟았다. 자연스럽게 자금은 금리가 높은 유로시장으로 흘러들어갔고, 국가가 자금 흐름을 통제할 수 없는 구조가 나타났다. 이에 따라 증권회사들이 예금금리 규제를 받지 않는 고금리 금융상품을 개발하고 은행도 금리 규제 철폐를 요구하면서 금융자유화의 시대가 열렸다. 미국은 1984년부터 일본에 금융시장 개방을 요구했다. 일본정부도 국제자본의 이동과 금융 업무에 대한 규제를 완화하며 단계적으로 금융자유화를 추진했다. 이리하여 거품경제 상태의 일본에는 국내 자본에 해외 자본까지 가세한 투기성 자금이 몰려들게 되었다. 여기에 미국과 유럽의 투기성 금융상품 기법까지 도입되면서, 일본의 거품 규모는 계속 커져갔다.

땅값은 천정부지로 올랐다. 1990년 일본 전체 토지 가격 총액은 1985년 말의 2.4배로 폭등하여 미국 전체 토지 가격의 4배나 되었다. 물론 전후 일본 경제동향을 살펴보면, 1955년부터 1990년까지 소비자 물가가 약 5배 오른 데 반해 전국 평균 주택 가격은 약 72배나 올랐다. '부동산 불패 신화土地神話'가 생기는 것도 어찌 보면 당연했다. 그럼에도 1980년대 후반 5년간 주택 가격이 가장 많이 올랐음은 부인할 수 없다. 주가는 1985년 초에 1만 3000엔대였던 것이, 1989년을 마감하는 12월 29일 사상 최고치인 3만 8957.33엔으로 마감하여 5년 만에 거의 3배 가까이 뛰었다. 부동산과 주식 투기는 '재테크財テク'라는 신조어를 만들어내며 일반인에게 붐을 이

뤘다. 가정주부까지 대출을 받아 골프회원권 투기에 가세할 정도였다.

가장 풍요로웠던 시절

구매력 기준 국내총생산GDP 세계 1위 국가는 1872년부터 2013년까지 141년간 예외 없이 미국이었지만, 2위 자리는 1985년 마침내 소련을 밀어낸 일본에 돌아갔다.* 1980년대에 일본은 줄곧 미국과의 무역마찰에 시달렸는데, 그것은 일본의 국력 및 경제력 상승의 반증이기도 했다. 자동차와 반도체 수출이 급증했고, 전자산업에서 세계시장을 선도하는 기술력을 자랑했다. 1982년 소니는 필립스와 함께 세계 최초로 CD의 상업적 개발에 성공하여 판매를 시작했다. 1983년에는 가정용 컴퓨터가 발매되었으며, 뒤이어 매킨토시(1984년)와 윈도우(1985년)가 발매되면서 컴퓨터 시대가 열렸다. 1987년에는 휴대전화 서비스가 시작되어 일본은 일상생활에서도 전자강국의 면모를 보여줄 수 있었다. 내수를 유도하는 각종 정책에 힘입어 대중소비가 크게 늘었다. 이 시기 일본에서는 에어컨의 세대 보급률이 50퍼센트를 넘어섰고(1984년), 자동차 보급률이 70퍼센트를 넘어섰다(1986년).

1980년대를 이끈 영국의 대처Margaret H. Thatcher 수상과 미국의 레이건 대통령은 경제 균형을 이루기 위해 국가가 개입해서 유효수요를 창출한다는 케인스주의에 반대하고, 신고전파 시장주의를 부활시켰다. 이 시대에는 합리화라는 명목 아래 공기업의 '민영화'가 대대적으로 이뤄졌는데,

* 중국이 일본을 밀어내고 2위로 올라선 것은 1999년이며, 2014년 142년 만에 미국을 누르고 1위로 올라섰다.

1985년 일본 쓰쿠바(筑波)에서 열린 EXPO
일본은 1985년 소련을 밀어내고 세계 경제대국 2위에
올랐다. 일본의 경제력 신장을 반영하듯 그해 일본에서
는 EXPO가 열렸고 히타치, 파나소닉, 도시바 등 일본
의 가전업체들이 대거 참여했다.

일본 역시 마찬가지였다. 1984년에서 1987년에 걸쳐 나카소네 내각의 공
사 민영화 방침에 따라, 일본전신전화공사가 NTT로 민영화되었고, 일본
전매공사가 일본담배산업주식회사인 JT로, 일본국유철도가 JR로 민영화
되었다.

　'부유한 나라'가 된 일본은 다시 '강한 나라'가 되고자 했다. 이와 관련
해 일본 소니 회장이었던 모리타 아키오盛田昭夫와 보수 정치가 이시하라
신타로石原慎太郎가 『노No라고 말할 수 있는 일본——새로운 미일 관계의
방책』1989을 발표하여 밀리언셀러가 되었다. 책은 일본은 강국이며 미국
과의 관계에서 권리와 의견을 제대로 주장해야 한다고 말하면서 그 근거
로 미국 기업의 허약성, 일본 기업 및 기술의 우수성을 들었다. 또 그런 경
제적 자부심을 바탕으로 궁극적으로는 일본이 미국의 안보 우산에서 벗
어나 다시 무장해야 하며, 세계의 리더로서 인정받아야 한다고 주장했다.

패전의 열등감에서 벗어난 일본은 궁극적으로 전후 평화헌법 체제를 벗어던지려 했다. 그러나 이러한 분위기는 거품이 가라앉으면서 복류伏流하게 된다.

쇼와 시대의 종언과
거품의 소멸

1980년대의 마지막 해인 1989년은 여러모로 상징적인 해였다. 당시 일본에서는 거품 경기가 여전히 뜨겁게 달아오르고 전후 7년간 점령했던 미국을 넘어섰다는 자신감이 넘쳤다. 그러던 1989년 1월 7일, 쇼와昭和 천황이 향년 87세로 사망했다. 네온사인을 끄고 예능 프로그램을 줄이고 단체 행사를 자제하는 '자숙 현상'이 사회 전반에 나타났다. 쇼와에서 헤이세이平成로의 이행이자, 전쟁을 기억하고 패전 위에 일본을 재건한 세대의 마무리였다. 1989년 이후에 일어난 일련의 상황을 감안하면 쇼와 전황의 죽음은 1950년 이후 세계사에 나타난 전후체제의 붕괴를 알린 첫 포성이었다. 1989년 6월 덩샤오핑鄧小平 정권은 톈안먼 사태로 정치 민주화를 봉쇄했다. 1989년 11월에 동·서독을 나누던 심리적 저지선인 베를린장벽이 시민들의 손에 의해 허물어졌다. 1990년에 독일이 통일되었다. 1991년에는 미국의 주도로 걸프전이 일어났으며, 남북한이 유엔에 동시 가입했고, 12월에 마침내 소련이 붕괴했다. 냉전 시대가 바야흐로 막을 내리고, 미국 일극체제가 나타났으며, 중국의 경제적 부상이 시작되려 하고 있었다.

1989년을 기점으로 일본은 전후 성장 신화에 마침표를 찍고 장기 불황으로 접어들었다. 1990년 10월 1일 일본 주가는 2만 엔대로 폭락해 1년

전 최고치에 비해 무려 49퍼센트나 하락했다. 1991년부터는 지가 폭락이 시작되어 2001년까지 무려 10년 동안이나 하향세를 유지하게 되었다. 부실 금융기관의 부도와 소비의 위축이 구조적 불황을 낳았다. 1956~73년에 평균 9.1퍼센트였던 경제성장률은, 1974~90년에 4.2퍼센트로 둔화되었다가, 1991~2013년에 평균 0.9퍼센트를 기록하며 구조적 저성장에 돌입했다. 그리고 마치 일본과 바통 터치라도 한 것처럼 한국과 중국의 경제가 맹렬한 성장에 돌입하게 되었다.

중국: 걸음마를 뗀 경제 근대화

개혁을 이끌
지도부의 완성

1980년대는 문화대혁명 약칭 문혁의 완전한 청산으로 시작되었다. 1980~81년 4인방과 린뱌오林彪 그룹에 대한 재판이 이뤄졌고 집행이 유예되긴 했지만 사형, 무기징역 등의 중형이 내려졌다. 문혁 일소에 대한 이데올로기 저항을 없애려면 그 원천인 마오쩌둥毛澤東 사상을 명확히 정리할 필요가 있었다. 1980년 2월 중국공산당 제11기 중앙위원회 제5차 전체회의에서 류사오치劉少奇의 명예가 회복되었고, 덩샤오핑의 측근인 후야오방胡耀邦과 1970년대 농촌 증산 정책으로 두각을 나타낸 개혁 관료였던 자오쯔양趙紫陽을 정치국 상무위원에, 역시 개혁 관료 완리萬里를 국무원 부총리로 발탁했다.

1981년 6월 중국공산당 제11기 중앙위원회 제6차 전체회의는「건국 이래 당의 몇 가지 역사문제에 대한 결의」를 통과시켰다. 이 회의는 문화대혁명을 '지도자(마오쩌둥)가 4인방을 비롯한 반혁명집단에 이용당해

당과 국가, 각 민족 인민에게 중대한 재난을 가져온 내란'이었다고 정리했다. 마오쩌둥을 두고 '공이 70퍼센트, 과오가 30퍼센트七分功三分過'라고 말한 덩샤오핑의 견해가 그대로 당의 견해로 수용된 것이다. 결국 4인방을 문혁의 주범으로 몰아 마오쩌둥에게 어느정도 면죄부를 준 셈이었지만, 마오쩌둥 사상이 장님의 눈을 뜨게 만들고 귀머거리의 귀를 연다고 진실로 믿었던 문혁 시기 민중들에게는 마오쩌둥이 틀릴 수 있다고 선언한 것만으로도 엄청난 충격이자 사상의 전환이었다. 개혁·개방이 본격화되기 전에 이 같은 역사 정리가 필요했던 것은 경제정책의 본격적인 추진에 앞서 1978년 이래 물밑에서 진행돼온 문혁의 정치투쟁 노선과 경제 우선 노선 사이의 갈등을 최종적으로 마무리지어야 했기 때문이었다.

1981년 6월 공직에서 물러난 화궈펑華國鋒을 대신해, 후야오방이 당 주석, 덩샤오핑이 당 중앙군사위원회 주석에 올랐다. 이듬해 열린 제12차 중국공산당 전국대표대회는 명실공히 덩샤오핑 시대가 개막했음을 알렸다. 당 주석 대신 신설한 총서기 직에 후야오방이 취임하면서, 1980년에 이미 국무원 총리를 맡은 자오쯔양과 그가 덩샤오핑의 지도 아래 좌우에서 개혁 드라이브를 실천하는 트로이카 체제가 성립했다.

1984년 10월 중국공산당 제12기 중앙위원회 제3차 전체회의는 '사회주의 상품경제' 체제를 제시했다. 이를 통해 기업자율권을 확대하고 경영자의 권한을 확대하는 한편, 기업 경영에 계약책임제를 도입해 각 기업과 경영자가 창의성과 주도성을 발휘할 수 있도록 했다. 또 노동을 시장화하여 종신고용제를 계약제로 바꾸고 일자리 상속을 금지했다. 이에 따라 출생부터 취직, 결혼, 퇴직 후 연금생활까지 한 사람의 일생이 한 단위에서 완료되는 단위체제가 흔들리게 되었다.

1987년에는 '사회주의 초급단계론'이 제기되었다. 중국은 경제력이 덜

발전한 사회주의 초급 단계에 머물러 있다며, 사회주의 건설을 완성하기 위한 장기 계획으로 저발전 상태를 벗어날 수 있도록 근대적 공업을 발전시키고 상품경제를 도입해야 한다고 주장했다. 자오쯔양은 이 같은 이론적 바탕에서 연해지구의 대외 경제 발전전략을 제기했다. 대외정책에서는 경제발전을 위해서 소련과 미국을 겨냥한 예전의 패권주의 반대 구호 대신 각국의 상이한 체제를 인정하는 평화공존 구호를 외쳤다.

농촌에서의
경제개혁

1978년 중국이 처음 개혁·개방을 선언했을 때, 핵심은 대외 개방을 통해 외국 자본과 기술, 그리고 시장경제를 도입하는 것이었다. 그러나 1980년대에 정책이 현실 경제에 적용되는 과정에서 개혁은 경제체제를 흔들고 생각지도 못한 문제를 만들어냈다. 사실 이 개혁의 종착점은 중국 공산당이 처음부터 갖고 있던 청사진의 결과물이라고 보기 어렵다. 오히려 개혁의 바퀴가 굴러가면서 발생한 여러 가지 문제 상황에 정부가 대응하고 적응하면서 형성된 것이라고 보는 편이 옳다.

1980년대 초반 개혁의 성과가 컸던 분야는 농업이었다. 건국 초기에 시행된 토지개혁으로 남녀노소 구분 없이 경지를 일률적으로 분배해 경지가 과소 분할된 결과 비롯된 영세한 농업 경영이 생산성 향상에 장애를 초래했다. 그 때문에 문혁 시기 인민공사에서는 쪼개진 토지를 다시 병합해 구획·정리하고 농기계를 도입해 규모의 경제를 실현하려 했다. 그러나 인민공사 체제의 농민은 생산 의욕 저하와 노동 할당 및 분배에 대한 불

인민공사를 찾은 마오쩌둥과 농민들
1958년 마오쩌둥의 지도 아래 만들어진 인민공사는 농업에서 규모의 경제를 실현하려 했다. 그러나 생산 의욕 저하와 분배 불만 등의 문제를 드러내다. 1982년 설립 25년 만에 공식 폐지되었다.

만 등 여러 가지 문제를 안고 있었다. 그런 이유로 당은 1980년대 초부터 농민에게 다시 땅을 나눠주고 의무생산량 납부를 제외한 문제에 대해서는 재량권을 부여하는 농가청부제를 실시했다. 청부제의 실시로 인민공사에 의해 병합됐던 농지가 다시 분할되었고, 1982년 12월에는 설립된 지 25년 만에 인민공사가 공식 폐지되었다.

1980년대에는 농업생산량이 계속 증가했다. 청부제 실시로 농민의 생산 의욕이 높아진 덕분이었다. 그렇지만 문혁 시기 인민공사에 의해 이루어진 수리시설 확충과 토지의 구획 및 정리, 비료의 증산과 투여 확대 등이 미친 영향도 무시할 수 없다. 건국 이후 중국의 농업생산량 증가율이 가장 높았던 시기가 바로 1980년대 전반기다. 1984년에는 식량생산량이 사상 처음으로 4억 톤을 넘었다. 이는 1970년대 집단화의 이점과 1980년대 초반 자율화의 이점이 상승효과를 낳은 결과였다. 반면 1980년대 후반에는 토지 분할과 경영의 영세화가 다시 생산성 향상의 발목을 잡았다.

농업생산량의 증가는 거꾸로 정부의 재정 적자 확대를 가져왔다. 농민들의 생산 의욕 고취를 위해 정부에서 수매 가격을 올렸고 생산량 증가로 정부 수매량이 많아졌기 때문이다. 도시민의 생활 안정을 위해 농산물 판매 가격을 많이 올릴 수도 없었다. 그 차이는 고스란히 정부의 재정 부담이 되었다. 결국 1985년 중국정부는 농업생산품을 강제 수매하는 강제공출제를 포기하고 농가 계약제로 바꾸었다. 이로써 1953년부터 32년간 존속했던 중국의 농산물 강제공출제가 역사 속으로 사라졌다.

한편 농촌에서는 향진기업鄉鎭企業이 등장해 농업개혁으로 생긴 농촌의 과잉인구를 흡수했다. 향진기업이란 농촌에 입지한 중소기업의 총칭이다. 이전까지 중국정부는 농촌 경공업은 물론 간단한 수공업이나 농민의 가내 부업까지 모두 금지했다. 1953년 이래 강제공출제로 농산물과 원료를 독점한 뒤, 그것을 국영기업에서 가공해 도시에 판매함으로써 독점 이윤을 얻고, 그렇게 모은 자본을 중공업 건설에 투자하는 축적 방식인 강축적强蓄積을 추구했기 때문이다. 그러나 농촌의 실업 과잉이 점점 심해짐에 따라 정부는 소규모 제철소나 비료공장 같은 농촌 공업을 허용할 수밖에 없었다. 이것이 1970년대 농촌의 인민공사와 생산대가 설립·운영한 사대기업社隊企業이다. 1979년 중국공산당은 사대기업을 발전시키라는 통지를 내리고, 사대기업에 농산물 가공업을 허용하여 농촌 경공업의 길을 열었다. 그러나 아직 경공업 수출이나 가공산업까지 허락한 것은 아니었다. 설립 주체도 인민공사나 생산대대에 한정되어 개인은 공장을 설립할 수 없었다.

그러나 한번 흐르기 시작한 물줄기는 막을 수 없었다. 1983년부터 1984년까지 중국의 농촌 곳곳에서 개인 또는 2~3개 농가가 힘을 합쳐 기업을 운영하는 사례가 광범위하게 나타났다. 중국정부는 이러한 현실을 추인하는 형태로, 개인과 소규모 협동조합이 설립한 기업까지 모두 합법화해주었다. 또 인민공사를 폐지한 상황을 감안하여 예전의 사대기업에 향진기업이라는 새 이름을 붙였다.

1980년대 공업생산 발전은 이 향진기업이 주도했다. 1978년 사대기업 총생산액은 그해 농업총생산액의 37퍼센트 정도였는데, 1987년 향진기업의 2·3차산업 생산액 합계는 4854억 위안으로 농업총생산액의 104퍼센트였다. 사상 처음으로 농촌 인구가 농업활동에서 번 수입보다 비농업 활동에서 번 수입이 더 커진 것이다. 1978년 사대기업 수는 152만 개, 종업원 수는 2826만 명이었는데, 2002년이 되면 기업 수는 2132만 개, 종업원 수는 1억 3288만 명으로 급격한 증가세를 보였다. 한편 이 시기 향진기업이 창출한 부가가치액은 3조 2386억 위안으로 중국 전체 GDP의 30퍼센트를 차지했다. 향진기업은 오늘날에도 여전히 중국 경제의 주력이다.

외자 유치와
연안 도시의 개발

1978년 전까지 중국에서는 외국 자본이나 차관 이용이 금지되어 있었다. 그러나 1970년대 전반부터 대외무역이 늘기 시작했고 덩샤오핑은 대외 개방을 통해 중국의 경제적 근대화를 위해 필요한 자본과 기술을 확보하고자 했다. 1980년에 중국이 IMF와 세계은행에 가입해 세계경제에 복귀한 것은 그 상징적 조치였다.

외자 유치를 위해 중국이 주목한 것은 화교 자본과 경제특구였다. 경제특구는 타이완에서 처음 시작되었다. 미국은 한국전쟁이 발발한 1950년부터 타이완에 매년 1억 달러의 경제원조를 제공했는데, 1960년대부터 이를 단계적으로 삭감했다. 경제발전을 위한 자본 확보에 고심하던 타이완 정부는 1964년 '수출가공구輸出加工區'를 구상했다. 수출가공구란 외자 유치를 위해 특정 지역을 국내법 대신 특별법을 적용하는 지역으로 구획하여 각종 특혜를 주는 방식이다. 일례로 정부는 외국 민간자본이 투자하기 쉽도록 미리 공장 단지와 인프라를 조성하고, 특구의 외자기업이 수입하는 기계설비나 원료에 면세 등의 관세 혜택을 주었다. 대신 특구에서 생산된 물품은 일정 비율 이상을 반드시 외국에 수출해 외화를 벌도록 의무화했다. 타이완 정부는 이런 방식으로 국내 고용을 확대하고, 선진 기술을 이전받는 한편 외화까지 획득할 수 있었다. 타이완의 첫 수출가공구인 가오슝高雄 수출가공구는 미국이 원조를 완전히 중단한 1965년 다음해인

1966년에 완성되었다. 이 덕분에 1950년대 이래 계속 적자였던 타이완의 무역수지는 1972년 흑자로 돌아섰다. 이후 타이완은 석유파동 시기를 제외하고 1980년대까지 흑자폭이 확대되며 경제가 크게 성장했다.*

중국은 투자 가능성이 높은 화교 자본에 주목했다. 타이완을 벤치마킹한 1980년 5월, 화교 출신지의 80퍼센트 이상을 차지하는 광둥성·푸젠성의 네 연안 도시에 경제특구를 설립하기로 결정했다. 1978년에 채택한 새 헌법에 이미 화교·화인華人 자본의 대륙 내 투자 권익 보호조항까지 넣어둔 후였다. 이어서 1984년 4월 톈진·상하이 등 연안 14개 도시를 '개방도시'로 지정했으며, 1985년에는 상하이·광저우 같은 특구 도시가 포함된 양쯔 강과 주장 강 삼각주 지역 전체를 '외자투자구역'으로 확대 지정했다. 외국의 자본과 기술을 바탕으로 조성된 경제특구의 수출지향형 경공업은, 향진기업이 주도한 1980년대의 발전에 이어 1990년대 이후 중국을 세계의 공장으로 발전시킨 주력이었다.

일례로 광둥성은 화교 자본 유치를 위해 1980년 광둥신탁투자공사를 세우고, 화교를 대상으로 연리 8퍼센트에서 11퍼센트까지 다양한 종류의 투자채권을 발행해 투자를 유치했다. 1979~86년 동안 광둥성에 투자된 외자는 42억 6600만 달러였는데, 이 중 화교 및 홍콩, 마카오 자본이 80퍼센트 이상이었다. 같은 기간 외자로 건설된 회사는 4196개에 달한다. 광저우와 주장 강 삼각주 지역의 경우 이 7년 사이에 공업생산이 1.6배나 늘었다. 하지만 이 지역의 경제발전을 선도한 것은 생산액이 4.6배 증가한 농업 부문과 11.2배 증가한 향진기업이었다. 도시보다는 농촌지역에서의 개발 성과가 더 컸다. 그러나 가공 및 조립형 생산 기업인 향진기업의 활

---

* 한국 역시 1960년에 외자도입촉진법, 1966년에 외자도입법을 만들었고, 타이완의 사례를 참고하여 1970년에 수출자유지역설치법을 제정해, 마산수출자유지역을 설치했다.

상하이 푸둥의 낮과 밤
중국은 경제발전을 도모하면서 화교 자본에 주목했다. 1980년 화교 배출지인 광둥, 푸젠의 연안 도시에 첫 경제특구가 설치되었고, 이후 상하이(1992년), 텐진(1994년) 등 핵심 연안 도시로 특구가 확대되었다.

성화 역시 화교 자본의 투입이 있었기에 가능한 것이었다. 개혁의 성과는 직접적인 소득 향상으로 이어져 주민 저축액이 17.8배나 성장했다. 농업과 향진기업 주도의 경제성장이 도시 위주의 공업 주도로 바뀐 것은 1990년대 이후의 일이다.

개발이
가져다준 명암

도시의 경우 1970년대 초부터 기본적인 식량 및 의료 소비가 이루어졌지만, 농촌지역은 1980년대 초에 와서야 겨우 먹고사는 문제가 해결되었다. 도농 간에 10년이 넘는 격차가 있었던 것이다. 내구재의 소비 역시 빠르게 늘었다. 1976~77년 즈음부터 정부, 기업 등의 흑백텔레비전 구매가

시작되었다. 1980년대의 마지막 해인 1989년에는 대부분의 도시 가정에 텔레비전이 보급되었다. 농촌은 이 분야에서도 10년 정도 늦었다. 농촌에는 1984년 무렵부터 흑백텔레비전이, 1987년부터 컬러텔레비전이 보급되기 시작했다.

1980년대 소비 증가는 내수 성장에 힘입은 바가 컸다. 외화 획득으로 소비 수준이 급격히 높아진 것은 1990년대 이후의 일이다. 1980년대에는 정부의 노력에도 불구하고 무역수지가 줄곧 적자였다. 수십 년에 걸친 중공업 투자 덕분에 해외 생산재에 대한 수요는 적은 편이었다. 오히려 개혁·개방 이후 농업·경공업 생산이 크게 확대되면서 생겨난 내수의 확대가 해외 소비재의 수입을 불러왔다. 고급 텔레비전과 고급 자동차의 대량 수입이 적자의 큰 원인이었다. 농업생산이 사상 최고에 달한 1984년 무역에서는 오히려 기록적인 적자를 냈다.

1990년부터 무역이 흑자로 전환되었고, 1993년을 제외하고는 계속해서 무역 흑자가 안정적으로 증가했다. 특구에 들어온 홍콩 및 화교 자본

기업이 수출 경쟁력을 갖추게 되었기 때문이다. 이들 특구 기업들이 1982년을 전후해 본격 가동된 후 무역수지가 흑자로 전환되는 데 8년 정도 걸린 셈인데, 이는 타이완의 특구 건설과 무역 흑자 전환에 소요된 기간과 거의 비슷하다.

한편 이 무렵 내수 성장의 요인으로 높은 임금분배율*도 들 수 있다. 기업 직원에 대한 복지비용까지 합하면 1989년 중국의 임금분배율은 거의 50퍼센트에 육박한다. 같은 시기 일본의 35퍼센트에 비해 훨씬 높은 수치다. 사회가 생산한 부가가치 가운데 많은 부분이 노동자에게 임금 형태로 지급된 것이다. 게다가 1980년대까지는 요람에서 무덤까지 생활을 보장하는 사회주의 단위체제가 완전히 무너지지 않았기 때문에 도시에서는 집세가 거의 무료나 다름없었다. 그만큼 가처분소득이 많았던 것이다.

1980년대 후반으로 가면서 개혁으로 인한 부작용도 커져갔다. 우선 외자 유치로 산업 발전을 본격화한 연안지역과 내륙 간 격차가 커졌다. 연안도시 내에서도 자영업, 외자기업, 국영기업 등 다양한 기업형태가 생겨나고 노동자 간에 임금 격차가 벌어지면서 사회적 불만이 쌓여갔다. 개발 특혜가 늘면서 관료의 경제적 부정부패가 공공연해진 것 역시 사회문제가 됐다. 사회 전반에 배금주의 현상이 만연했다.

특히 심각했던 것은 인플레이션이었다. 통제경제 내에 시장을 허용하면서 여러 가지 문제가 발생했다. 통제가격과 시장가격이 공존하는 문제로 정부는 결국 농산물과 공산품, 생산재 등의 가격 통제를 포기할 수밖에 없었다. 가격의 자유화는 인플레이션으로 이어졌다. 건국 이래 통제경

---

* 임금분배율은 연간 급여액÷부가가치액으로 계산한다. 급여액의 증가율이 부가가치율의 증가율보다 클 경우 임금분배율은 상승하게 된다. 즉 순생산물 중 임금으로 분배되는 부분의 상대적인 크기를 측정하는 것으로 대략적인 계층 간 소득분배의 현황을 살펴보는 데 유용한 지표이다.

제 체제를 유지해왔던 중국에는 물가라는 것 자체가 존재하지 않았다. 그러다 1978~83년에 물가가 연평균 2.3퍼센트 올랐다. 개혁이 진전된 1984~87년에는 물가가 7.3퍼센트 오르더니, 가격 자유화를 단행한 이후인 1988년에는 자그마치 18.5퍼센트나 올랐다. 물가를 잡기 위해 정부가 나서 금융과 재정을 긴축했지만, 그럼에도 불구하고 1989년의 물가상승률 역시 17.8퍼센트로 전해에 못지않았다. 고물가로 도시 주민의 실질소득이 줄어들어 사회적 불만이 커진 것은 1989년 제2차 톈안먼 시위를 키운 한 원인이기도 했다.

민주화

경제적 성장은 그때까지 사회주의 중국이 겪지 못한 불평등 문제를 드러내 보였고, 각계의 불만은 중국공산당 정책에 대한 비판과 민주화 요구로 나타났다. 공산당 독재체제에 대한 비판은 4인방이 체포된 후인 1978년 자유로운 언론의 분위기가 조성되면서 제기되었다. '베이징의 봄'으로 불리던 이 시기에 잡지 『탄숴探索』의 편집장 웨이징성魏京生은 지면을 통해 정치적 민주화를 요구했다. 하지만 덩샤오핑은 이듬해 웨이징성을 비롯한 민주화 활동가를 체포하고 언론 단속을 강화했다. 그는 '4개의 기본 원칙', 즉 사회주의의 길, 프롤레타리아 독재, 공산당의 지도, 마르크스-레닌주의와 마오쩌둥 사상은 반드시 견지해야 하며, 경제 건설은 정치 안정 위에서만 가능함을 재차 강조했다. 1985년 안후이성安徽省 중국과학기술대학의 부학장 팡리즈方勵之가 삼권분립 및 권력의 견제와 균형 같은 서구적 정치개혁을 포함한 포괄적인 정치개혁을 주장했고, 그에 호응하는 학생집회가 전국적으로 150여 개 대학에서 열렸다. 공산당은 그의 주장을 '부르주아 자유화'로 비판했고 개혁·개방에 대한 당내 보수파의 견제가 거세졌다. 이러한 영향으로 대표적 개혁 추진파였던 후야오방은 1987년 중공 중앙정치국 확대회의에서 민주화운동에 유약하게 대처했다는 이유로 총서기 직에서 내려와야 했다. 덩샤오핑은 후야오방을 대신해서 자오쯔양을 총서기에 추대하고, 공산당 자체적으로 정치체제를 개혁하려고 노력했다. 그러나 공무원제의 도입이나 당과 행정의 분리黨政分離 같은 개혁은 당의 지도력과 장악력을 약화시키는 딜레마를 안고 있었기 때문에 제대로 시행되지 못했다.

1989년 팡리즈 등 민주화 운동가들은 웨이징성을 위시한 정치범의 석방을 요구하면서, '인권옹호서명운동'을 전개했다. 마침 그해가 중국을 바꾼 애국적 학생운동 시위인 5·4운동(1919년)의 70주년이자, 소련공산당 총서기 고르바초프가 오랜 중소 대립을 끝내고 중국을 방문하기로 예정된 해였기 때문에, 학생 조직의 활동 역시 활성화되었다. 인플레이션이나 관료의 부정부패에 대한 서민들의 불만에 지식인·학생의 민주화 요구가 합쳐지면서 시위 규모가 커졌다. 그러던 차에 공교롭게도 후야오방 전 총서기가 1989년 4월 15일 타계했다. 그는 학생운동에 대한 동정적 태도로 실각한 뒤에도 인기가 많은 인물이었다. 저우언라이周恩來의 죽음이 제1차 톈안먼 사태의 계기가 된 것처럼, 후야오방의 죽음 또한 발화점이 되었다. 학생들은 추도집회를 열어 후야오방의 명예 회복을 요구하고, 독재 타도, 헌법의 기본 인권 보호, 학생들의 자율조직 결성 허용, 민간신문의 발행 허가 등 민주화 전반에 관한 요구를 제출했다. 세 차례의 톈안먼 집회에는 일반 시민까지 가세해 100만 명에 가까운 인원이 시위에 참가했다. 처음 사태를 지켜보던 덩샤오핑은 4월 25일 학생시위를 음모이자 동란으로 규정했고, 덩샤오핑의 반응에 실망한 학생운동 진영에서는 덩샤오핑을 독재자라고 공개적으로 비판하기 시작했다. 자오쯔양은 학생시위를 애국적 민주운동이라고 칭하고, 5월 19일 톈안먼 광장에 나타나 학생들을 위로했다. 그러나 그는 그후 공적 무대에서 완전히 사라져 2005년 사망할 때까지 다시는 정치무대에서 볼 수 없었다. 5월 20일 건국 이래 처음으로 베이징에 계엄령이 선포되었다. 계엄군은 바리케이드를 구축한 학생들과 2주간 대치했다. 그후 6월 3일 밤부터 4일까지 계엄부대가 출동해 무력으로 시위대를 해산시켰다. 계엄군의 발포로 인한 사망자 수는 중국 공식 통계로는 319명이지만 다른 집계에서는 2000명이라고도 하고 확실하지 않다.

덩샤오핑은 이 사건을 '부르주아 공화국'을 실현하려는 음모로 간주했다. 제2차 톈안먼 사건으로 중국의 정치적 안정에 의구심을 품은 해외 자본이 투자를 거둬 개혁·개방정책은 좌초의 위험에 봉착했다. 그러나 1992년 덩샤오핑은 광둥 등 남부의 경제특구를 순시하며 경제적 개방과 개혁은 변함없이 추진될 것임을 대내외에 확인시켰다南巡講話. 주춤하던 해외 투자가 1992년을 기점으로 다시 활성화되었고, 1990년대에 중국은 본격적인 고도성장에 들어서게 되었다.

1980년대에 중국은 농업 부문의 급속한 성장, 우여곡절에 찬 시장경제화의 도입, 개혁의 시행착오와 갈등의 고조를 경험하고 1989년 톈안먼 사태로 실험의 제1단계를 비극으로 마무리했다. 일본의 1980년대가 전후 가장 부유하고 자신감에 찬 시대이자 거품경제의 시대였다면, 중국의 그것은 경제적 측면에서 서구와의 격차가 가장 벌어진 때이기도 했다. 개혁·개방으로 경제가 호전된 것은 사실이지만, 성장은 불균등했고 부작용도 많았다. 또 같은 시기 일본과 서구의 성장률이 훨씬 더 높았기 때문에 상대적 낙차는 더 커졌다. 1960년대와 1970년대에 중국은 구매력 기준 세계 GDP 순위에서 10위권 안에 있었지만, 1980~90년에는 모두 순위권 밖이었다. 1995년에 와서야 순위가 3위로 급상승했다. 게다가 1980년대를 마감할 때는 톈안먼 사태로 정치 전망도 어두웠다. 당과 지식인 사회가 분열했고, 당내 개혁파와 보수파가 반목했다. 1980년대를 이끌었던 덩샤오핑, 후야오방, 자오쯔양 트로이카도 깨지고 말았다. 이 때문에 1989년부터 1990년대 초까지 중국분열론, 중국붕괴론이 앞다투어 제기되었다. 하지만 일본은 거품 붕괴로 이후 20년간 지독한 장기 불황에 고통받은 반면, 중국은 G2로의 고도성장을 시작했다. 역사의 바퀴가 크게 방향을 틀고 있었다.

주

1980년대, 5월에서 6월로, 그리고…

1 지주형 『한국 신자유주의의 기원과 형성』, 책세상 2011.

2 김상봉 「그들의 나라에서 우리 모두의 나라로」, 최영태 외 『5·18 그리고 역사』, 길 2008, 334~35면.

3 조지 카치아피카스 『한국의 민중봉기』, 원영수 옮김, 오월의봄 2015, 293면.

4 최정운 『오월의 사회과학』, 풀빛 1999, 140면.

5 은수미 「80년대 한국 학생운동이 노동운동에 끼친 영향」, 『기억과 전망』 15호, 2006년 가을호 199~238면.

6 87년체제론에 대해서는 김종엽 엮음 『87년체제론』, 창비 2009 참조.

7 유하 「바람 부는 날이면 압구정동에 가야 한다 ── 겨울-나무로부터 봄-나무에로」, 『문학과사회』 13호, 1991년 봄호 312~13면.

민주화운동의 시대

1 『경향신문』 1979년 10월 17일자.

2 김정한 『1980 대중 봉기의 민주주의』, 소명출판 2013.

3 임병석(당시 19세, 화물차 운전)의 증언. 한국현대사사료연구소 『광주오월민중항쟁 사료전집』, 풀빛 1990, 448면.

4 임철우 「낙서, 길에 대하여」, 『문학동네』 14호, 1998년 봄호 59면.

5 김정한 「1980년대 운동사회의 감성」, 박헌호 엮음 『백 년 동안의 진보』, 소명출판 2015.

6 이영미 「노래로 본 80년대 학생운동」, 『말』 1989년 12월호 166면.

7　유경순『아름다운 연대 ─ 들풀처럼 타오른 1985년 구로동맹파업』, 메이데이 2007.

8　『동아일보』 1987년 6월 2일자; 『동아일보』 1987년 6월 1일자.

9　김원『87년 6월항쟁』, 책세상 2009; 서중석『6월항쟁』, 돌베개 2011, 314~15면.

10　고은「그날의 대행진」, 『외국문학』 13호, 1987년 가을호 33면.

11　전노협 백서 발간위원회『전노협 백서 1권: 기나긴 어둠을 찢어버리고(1987~88년)』,
　　논장 2003, 197~200면.

12　박노해「노동의 새벽」, 『노동의 새벽』, 느린걸음 2014; 박노해「평온한 저녁을 위하여」,
　　『노동의 새벽』, 느린걸음 2014.

13　인천기독교민중교육연구소『87 노동자대투쟁 ─ 7~8월 인천 지역 사례』, 풀빛 1988,
　　343면.

14　『마창노련신문』 창간호, 1988년 2월 11일; 마창노련『어깨걸고 나가자 ─ 마창노련
　　1년을 뒤돌아보며』, 새길 1989, 30면에서 재인용.

15　인천기독교민중교육연구소, 앞의 책 398면.

16　설남종(1963년생, 고졸, 1987년 현대중공업 훈련원으로 입사)의 증언. 『1987년 울산
　　노동자대투쟁 I』, 울산대학교출판부 2007, 157면.

17　설남종의 증언. 같은 책 166~67면.

18　김정한「도래하지 않은 혁명의 유산들 ─ 1991년 5월투쟁의 현재성」, 『문화과학』 66호,
　　2011년 여름호.

19　김정한『대중과 폭력 ─ 1991년 5월의 기억』, 이후 1998.

80년대의 먹거리 문화, 삼겹살과 양념통닭

1　Harriet Friedmann, "The Political Economy of Food: The Rise and Fall of the
　　Postwar International Food Order," *American Journal of Sociology*, Vol. 88, 1982
　　및 Philip McMichael, "Global Development and The Corporate Food Regime,"
　　*New Directions in the Sociology of Global Development Research in Rural
　　Sociology and Development*, Vol. 11, 2005 참조.

2　김종덕「미국의 대한 농산물 원조와 그 정치적 결과에 관한 연구」, 『사회와 역사』 23집,
　　1990 참조.

3　김태호「"통일벼"와 증산체제의 성쇠 ─ 1970년대 "녹색혁명"에 대한 과학기술사적
　　접근」, 『역사와 현실』 74호, 2009 참조.

4　공제욱「국가동원체제 시기 '혼분식 장려운동'과 식생활의 변화」, 『경제와 사회』 77호,

2008년 봄호 참조. 혼식의 경우 강제적 동원 시기를 제외하면 아무런 효과를 발휘하지 못하는 등 혼분식 장려운동은 우리나라의 주곡을 쌀+보리에서 쌀+밀로 바꾸는 데 기여했을 뿐이다.

5   송인주 「농업의 산업화와 한국의 '축산혁명'」,『농촌사회』23집 1호, 2013.

6   「폭락소값에 비웃는 푸주간」,『경향신문』1974년 10월 16일자.

7   「쇠고기 대량수입키로」,『경향신문』1976년 4월 27일자.

8   「우사에 찬바람이 일고 있다」,『경향신문』1979년 1월 13일자.

9   「호화음식점이 는다」,『매일경제신문』1982년 5월 3일자. 그리고 「강남 새 풍속도 11: 초대형 전원갈비집」,『경향신문』1982년 11월 11일자 참조.

10 닭고기 생산과정의 정치경제학적 분석으로는 김재민『닭고기가 식탁에 오르기까지 — 달걀이 프라이드치킨이 되기까지, 양계장이 공장이 되기까지』, 시대의창 2014 참조. 그런데 이런 한국에서 공장식 닭사육은 1990년대에 본격화된다.

11 정은정『대한민국 치킨전 — 백숙에서 치킨으로, 한국을 지배한 닭 이야기』, 따비 2014. 치킨산업 분석과 관련해 이 글은 여러 가지 면에서 매우 뛰어난 이 저술에 도움을 많이 받았다.

프로야구에 열광하다

1   국내 유명 포털사이트 네이버는 2016년 5월부터 뉴스 댓글의 성별, 연령별 데이터를 집계한 결과를 서비스하고 있다. 이 데이터를 이용해서 5월 27일부터 6월 19일까지 24일간 스포츠 섹션 뉴스 약 120만 건을 연령별로 나눠보면 흥미로운 결과가 나온다. 해외 야구를 포함한 야구 종목이 스포츠뉴스의 댓글 가운데 절반 이상(55.8퍼센트)을 차지한다는 사실이다. 9개로 분류된 스포츠 범주 중에서 단연 최고이며, 양대 스포츠로 꼽히는 축구(31.5퍼센트)와 비교해도 1.5배가 넘는 수치다. 네이버 관계자에 따르면 종목별 댓글 분포와 기사 트래픽 분포는 유사하다. 2016년 현재, 야구는 한국에서 가장 인기 있는 스포츠라 할 만하다. 이런 야구의 인기는 30대와 40대의 연령층이 떠받치고 있다. 전체 스포츠 종목을 연령별로 살펴보면, 1위 국내 야구 30대(13.14퍼센트), 2위 국내 야구 40대(10.75퍼센트), 3위 국내 야구 20대(10.61퍼센트)로 나타난다.

2   김명권 「한국프로야구의 창립배경과 성립과정」,『스포츠인류학연구』7권 2호, 2012, 171면.

3   문교부『한국프로야구창립계획』, 1981; 김명권, 앞의 글 170면에서 재인용.

4   이강우 「한국사회의 스포츠이데올로기에 관한 연구(Ⅱ)」,『한국체육학회지』36권 2호,

1997, 50면.

5 미국에서 야구가 등장하게 된 경위에 대해서는 스테판 지만스키·앤드루 짐볼리스트 『왜 세계는 축구에 열광하고 미국은 야구에 열광하나』, 김광우 옮김, 에디터 2006, 2장을 참조할 것. 참고로 이 책은 스포츠 문화로 야구와 축구의 차이를 비교하고 있어서 그 밖의 논의에서도 참고가 되었다.

6 당시의 야구는 신사들의 사회적 지위를 유지하기 위한 스포츠였다. "야구클럽은 같은 생각을 가진 남성들의 동호회로서 건강한 레크리에이션, 친목 도모, 공중도덕을 존중하는 근엄하고도 존경받는 양키들의 자발적 협회였다." 같은 책 29~30면.

7 일본에서 야구가 도입되는 경위에 대해서는 竹内通夫「明治期学校教育における野球の興隆 ─「ベースボール」から「野球」へ」江藤恭二 監修『教育近代化の諸相』, 名古屋大学出版会 1992 및 小野容照,「朝鮮における野球の受容 ─ 朝鮮で「ベースボール」は如何にして「野球」になったのか」, 山本浄邦 編『韓流·日流 ─ 東アジア文化交流の時代』, 勉誠出版 2014 참조.

8 실제로 베이스볼의 일본어 번역어 '야큐'는 1895년 쥬만 카나에(中馬かなえ)에 의해 만들어졌다. 미국과의 경기에서의 승리로 자신감이 하늘 높은 줄 몰랐던 무렵의 일이다. 小野容照, 앞의 글 참조.

9 한국에 야구가 도입되는 과정에 대해서는 같은 글 및 이학래『한국현대체육사』, 단국대출판부 2008, 3부 3장 등을 참조했다.

10 한국과 일본의 야구 수용 및 용어 번역의 양상과 특징에 대해서는 정준영「'베이스볼'에서 '야큐'로 ─ 번역된 스포츠와 근대 한국·일본」, 2014 한국야구학회 봄 학술대회 발표문(한양대, 2014년 5월 10일)을 참조.

11 휘문고등보통학교는 조선예선에 참가한 8개 팀 중에서 유일한 한국인 팀으로 출전권을 획득하였고, 고시엔대회 즉 일본중등학교야구대회 본선에는 2회전까지 진출했다. 1회전 상대는 다롄상업학교(9 대 4 승)였고, 2회전 상대는 리쓰메이칸중학(5 대 7 패)였다.

12 청룡기(조선일보, 1946), 황금사자기(동아일보, 1947), 화랑대기(부산일보, 1949), 대통령배(중앙일보, 1967), 봉황대기(한국일보, 1971), 대붕기(매일신문, 1971)

13 김명권, 앞의 글 167면.

14 이강우, 앞의 글 51면 각주 5 참조.

15 물론 이것은 야구가 국가 주도의 스포츠정책과 완전히 무관했다는 의미는 아니다. 1980년 현재, 실업야구를 운영 주체를 기준으로 나누면 사기업팀 2개(롯데, 한국화장품), 금융팀 4개(제일은행, 상업은행, 한일은행, 농협), 공기업팀 2개(한국전력, 포항제

철), 군팀 2개(성무, 경리단)였다. 실질적으로 사기업팀은 2개에 불과했다.

16 이방원 「프로시대에 있어서의 아마경기 육성」, 『신문연구』 39호, 1985년 여름호 195면.

17 손석정·신현규 「국민체육진흥법의 제정과 변천과정 고찰」, 『스포츠와 법』 11권 4호, 2008.

18 스테판 지만스키·앤드루 짐볼리스트, 앞의 책 193~201면.

19 정대철 「오락·스포츠프로그램의 편성방향 — 1981년부터 1984년까지 분석을 중심으로」, 『방송연구』 11호, 1984년 겨울호 89~90면.

20 이강우, 앞의 글 55면.

21 같은 글 52면.

22 최민규 「야구마케팅① 박용민 OB초대단장 "원년 어린이회원 인기가 엄청났죠"」, 『일간스포츠』 2015년 8월 28일자; 배영은 「매거진S: 어린이가 야구의 꿈이다」, 네이버스포츠 2016년 5월 4일자.

23 당시 기사에 따르면 OB 베어스 팀의 경우 어린이회원 모집에 하루 최대 2500명이 몰렸고, 보름간 1만 3000여 명이 응모했다고 한다. 『경향신문』 1982년 3월 30일자.

88 서울올림픽과 시선의 사회정치

1 이 글은 다음의 연구를 바탕으로 재구성했다. 박해남 「1988 서울올림픽과 시선의 사회정치」, 『사회와 역사』 110집, 2016.

2 이재열 「중산층이 사라진 서민사회의 등장」, 강원택·김병연·안상훈·이재열·최인철 『당신은 중산층입니까 — 서울대 교수 5인의 계층 갈등 대해부』, 21세기북스 2014, 103면

3 Lisa Kim Davis, *Housing Evictions and the Seoul 1988 Summer Olympic Games*, Centre on Housing Rights and Evictions 2007, 21면

4 박길성 「1960년대 인구사회학적 변화와 도시화 — 사회발전론적 의미」, 한국정신문화연구원 엮음 『1960년대 사회변화 연구 — 1963~1970』, 백산서당 1999, 39면, 43면.

5 한상진 「서울 대도시권 신도시 개발의 성격」, 한국사회사연구회 엮음 『한국의 지역문제와 노동계급』, 문학과지성사 1992, 68면.

6 조희연 『박정희와 개발독재시대 — 5·16에서 10·26까지』, 역사비평사 2007, 118~25면.

7 박준식 「1960년대 사회환경과 사회복지정책 — 노동시장의 문제를 중심으로」, 한국정신문화연구원 엮음 『1960년대의 정치사회변동』, 백산서당 1999, 160~91면.

8 허은「박정희 정권하 사회개발 전략과 쟁점」,『한국사학보』38호, 2010, 219면.

9 백승욱·이지원「1960년대 발전 담론과 사회개발 정책의 형성」,『사회와 역사』107집, 2015.

10 허은, 앞의 글 222면.

11 전광희「1970년대 전반기의 사회구조와 사회정책의 변화」, 한국정신문화연구원 엮음『1970년대 전반기의 정치사회변동』, 백산서당 1999, 148면.

12 조희연, 앞의 책 120면.

13 허은, 앞의 글 233면.

14 이용기「'유신이념의 실천도장', 1970년대 새마을운동」,『내일을 여는 역사』48호, 2012년 가을호 76면.

15 『경향신문』1975년 12월 9일자.

16 이상록「박정희 체제의 '사회정화' 담론과 청년문화」, 정문석·이상록 엮음『근대의 경계에서 독재를 읽다 — 대중독재와 박정희 체제』, 그린비 2006.

17 이용기, 앞의 글 75면, 82면.

18 김원「부마항쟁과 도시하층민 — '대중독재론'의 쟁점을 중심으로」,『정신문화연구』29권 2호, 2006년 여름호.

19 박재구·곽형기「제42회 세계사격선수권대회의 한국 유치와 체육사적 의미」,『한국체육사학회지』15권 1호, 2010, 102~3면.

20 서울특별시 엮음『(제24회)서울올림픽대회 백서 —SEOUL 1988』, 1990, 280면.

21 『차관회의 의사일정 및 의안배부』및『국무회의 상황보고 및 회의록송부』.

22 서울특별시 엮음, 앞의 책 280면.

23 『제24회 올림픽대회 한국유치계획』(1970년 9월 문교부 장관 제출).

24 최만립『도전은 끝나지 않았다 — 한국 스포츠외교의 산증인 최만립이 전하는 30년 스포츠외교실록』, 생각의 나무 2010, 39~45면.

25 이원홍「언론인이 전하는 바덴바덴의 25시」,『자네, 올림픽 한 번 해보지! — 서울역사구술자료집』, 서울특별시 시사편찬위원회 2013, 56면.

26 서울올림픽대회조직위원회『제24회 서울올림픽대회 공식보고서』, 고려서적 1989, 34면.

27 瀨島龍三『幾山河 — 瀨島龍三回想錄』, 産經新聞ニュースサービス 1995, 422면.

28 강준만『한국현대사산책 1980년대편 2권』, 인물과사상사 2003, 59~61면.

29 서울올림픽대회조직위원회, 앞의 책 82면.

30 김윤태『한국의 재벌과 발전국가 — 고도성장과 독재, 지배계급의 형성』, 한울아카데

미 2012, 206면.

31 『경향신문』1980년 8월 12일자.

32 지주형『한국 신자유주의의 기원과 형성』, 책세상 2011, 115면.

33 Meredith Woo-Cumings, *The developmental state*, Cornell University Press 1999, 2면.

34 Victor D. Cha, *Beyond the final score: The politics of sport in Asia*, Columbia University Press 2009, 33~34면.

35 James P. Thomas, "National Desires, State Spectacles, and Hegemonic Legacies: Retrospective Tales of Seoul's Olympic Regime," in William M. Tsutsui, ed., *The East Asian Olympiads 1934-2008: Building Bodies and Nations in Japan, Korea, and China*, Brill 2011, 106~7면.

36 서울특별시 엮음, 앞의 책 317면.

37 『경향신문』1981년 10월 1일자의 민정당 대변인 환영성명.

38 『매일경제신문』1981년 10월 1일자.

39 『경향신문』1981년 12월 16일자.

40 『경향신문』1981년 11월 30일자.

41 사회정화위원회『밝은 사회로 가는 길 — 사회정화운동 6년』, 1986; 사회정화위원회 『사회정화운동사 — 1980~1988』, 1988.

42 범민족올림픽추진중앙위원회『국민참여운동백서』, 1988, 23면.

43 『동아일보』1981년 11월 20일자.

44 『동아일보』1981년 10월 2일자.

45 『경향신문』1981년 10월 3일자.

46 서울특별시 엮음, 앞의 책 628면.

47 Erik Mobrand, "Struggles over Unlicensed Housing in Seoul, 1960-80," *Urban Studies*, Vol. 45, No. 2, 2008, 380면.

48 손정목『서울 도시계획 이야기 2권』, 한울 2003, 186면.

49 국토개발연구원『국토 50년 — 21세기를 향한 회고와 전망』, 서울프레스 1996, 380면.

50 『경향신문』1987년 11월 26일자.

51 『매일경제신문』1982년 8월 21일자.

52 손정목, 앞의 책 180~85면.

53 『경향신문』1982년 1월 29일자.

54 같은 곳.

55 『동아일보』1983년 7월 20일자.

56 『동아일보』1982년 3월 15일자.

57 『경향신문』1983년 7월 12일자.

58 서울특별시 엮음, 앞의 책 619~27면.

59 『경향신문』1982년 3월 8일자; 『동아일보』1988년 5월 4일자.

60 『말』1986년 5월호 50면.

61 『경향신문』1983년 6월 2일자.

62 김동인 「부랑인 복지정책의 전개과정에 관한 연구」, 『사회복지』176호, 2008년 봄호 57면.

63 손정목, 앞의 책 200~4면.

64 서울특별시 엮음, 앞의 책 545면, 568면.

65 같은 책 631면.

66 『경향신문』1983년 4월 11일자.

67 『동아일보』1983년 8월 11일자.

68 『경향신문』1983년 11월 14일자.

69 『동아일보』1982년 2월 5일자; 『매일경제신문』1983년 9월 24일자.

70 『동아일보』1988년 6월 17일자.

71 『경향신문』1988년 8월 30일자.

72 Davis, 앞의 책 21면.

73 강준만 『한국현대사산책 1980년대편 3권』, 인물과사상사 2003, 72면.

74 김수현 「서울, 홍콩, 싱가포르의 무허가 정착지 정책과 저렴주택의 역할」, 『도시와 빈곤』91호, 2011, 44~45면.

75 손정목 『서울 도시계획 이야기 5권』, 한울 2003, 88면.

76 『한겨레신문』1989년 5월 17일자.

77 『한겨레신문』1988년 6월 15일자.

78 한국개발연구원 『서울올림픽의 의의와 성과』, 1989.

79 『한겨레신문』1989년 2월 24일자

80 『매일경제신문』1989년 8월 16일자; 『경향신문』1989년 10월 21일자.

81 『동아일보』1989년 9월 15일자.

82 김용택 「팔유팔파」, 『창작과비평』57호, 1985, 153면.

83 『경향신문』1981년 10월 2일자; 『경향신문』1986년 5월 29일자; 『매일경제신문』1988년 1월 1일자.

84 『동아일보』1981년 6월 26일자.

85 최인기『가난의 시대 ─ 대한민국 도시빈민은 어떻게 살았는가?』, 동녘 2012, 118~19면.

86 네이버 뉴스라이브러리(http://newslibrary.naver.com, 검색일: 2016년 3월 20일).

페레스트로이카, 북방정책, 그리고 임수경

1 Vladslav Zubok, "The End of the Cold War in Europe: Lessons for Korea?" in Chung-in Moon, Odd Arne, and Gyoo-hyoung Kahng, eds., *Ending the Cold War in Korea: Theoretical and Historical Perspectives*, Seoul: Yonsei University Press 2001, 55~56면.

2 강규형「한국과 냉전 ─ 제2냉전 성립기의 KAL기 격추사건과 그 종식기의 서울올림픽이 냉전에 미친 영향을 중심으로」,『정신문화연구』26권 2호, 2003년 여름호 237~38면.

3 라종일『아웅산 테러리스트 강민철』, 창비 2013, 119면.

4 강규형, 앞의 글 243~45면.

5 번드 그라이너「유라시아에 걸친 위기의 활꼴(arc of crisis) 지대 ─ KAL 007기, 유럽 미사일과 1983년의 전쟁 공포」,『아시아리뷰』5권 2호, 2016, 298면.

6 강규형, 앞의 글 245~46면 및 번드 그라이너, 앞의 글 299면.

7 강규형, 앞의 글 254면.

8 라종일, 앞의 책 246~47면.

9 오승렬·최수영·박순성『북한의 경제개혁과 남북경협』, 민족통일연구원 1995, 58~59면.

10 「이산가족찾기특별생방송」,『한국민족문화대백과』, 한국학중앙연구원(http://terms.naver.com/entry.nhn?docId=796114&cid=46624&categoryId=46624, 검색일: 2016년 6월 20일).

11 이찬복「감정의 사회적 구성에 대한 연구 ─ '금강산댐 사건'에서 본 대북 감정의 성격」, 서울대학교 사회학과 석사학위논문 2000, 48면에서 재인용.

12 같은 논문 48~49면.

13 정해구『전두환과 80년대 민주화운동 ─ '서울의 봄'에서 군사정권의 종말까지』, 역사비평사 2011, 175면.

14 구갑우「남북관계」, 구갑우 외『좌우파사전 ─ 대한민국을 이해하는 두 개의 시선』, 위즈덤하우스 2010, 133면.

15 임수경「임수경의 항소이유서: 우리의 조국은 하나입니다」,『말』1990년 6월호 106면.

16 구갑우, 앞의 글 133면에서 재인용.

17 김연철「노태우 정부의 북방정책과 남북기본합의서 — 성과와 한계」,『역사비평』 97호, 2011년 겨울호 87면.

18 구갑우, 앞의 글 133면.

19 정해구, 앞의 책 212~13면.

20 김연철, 앞의 글 90~92면.

21 같은 글 80면.

500만 호에서 5개 신도시까지

1「집 없는 설움 덜어주는 길」,『경향신문』1980년 1월 24일자.

2『매일경제신문』1979년 8월 29일자.

3 임서환『주택정책반세기』, 기문당 2005, 96면.

4『매일경제신문』1972년 4월 22일자.

5『매일경제신문』1987년 9월 12일자.

6『매일경제신문』1984년 8월 29일자.

7『동아일보』1987년 2월 7일자.

8『경향신문』1987년 5월 9일자.

9『동아일보』1972년 6월 26일자.

10『매일경제신문』1986년 5월 16일자.

11『매일경제신문』1987년 2월 16일자;『동아일보』1987년 4월 8일자.

12 한국주택은행『우리나라의 주택금융현황조사』, 1990.

사회주의 완전승리의 전시장이 된 평양의 명암

1 와다 하루키「북한의 역사기술 변화」,『한겨레신문』2002년 7월 21일자.

2 와다 하루키『북조선』, 서동만·남기정 옮김, 돌베개 2002, 156면.

3 이 장은 임동우의 연구에 많이 기대어 작성되었다. '사회주의 이상도시'로서의 평양 건설에 관해서는 임동우『평양 그리고 평양 이후』, 효형출판 2011 참조.

4 이주철「선택받은 도시, 평양과 평양사람들」,『역사비평』65호, 2003년 겨울호 102~3면.

5 임동우, 앞의 책 69면.

6 전아름「천리마·락원거리 설계한 평양도시설계연구소」,『민족21』104호, 2009년

11월호 46면.

7 임동우, 앞의 책 88~89면.

8 같은 책 92~93면.

9 같은 책 143~49면.

10 이주철, 앞의 글 105면.

11 임동우, 앞의 책 150~53면.

12 김성보·기광서·이신철『사진과 그림으로 보는 북한현대사』, 웅진지식하우스 2004, 209~10면, 224면.

13 『김정일선집 9권』, 평양: 조선로동당출판사 1997, 312면.

14 이주철, 앞의 글 104~5면.

15 이성봉「북한 보건의료체계의 형성과정과 특징」, 『통일문제연구』 52호, 2009, 326~29면.

16 제인 포털『통제하의 북한예술』, 권오열 옮김, 길산 2005, 199~203면.

17 같은 책 204면.

18 같은 책 196면.

19 이주철, 앞의 글 169면.

20 이정재「사회의 경제구조와 경관 — 서울과 평양의 도시경관 비교」, 『공간과 사회』 3호, 1993, 251~52면.

21 이주철, 앞의 글 106면.

22 이우영「평양의 도시문화」, 『환경논총』 52권, 2013, 69면.

23 안드레이 란코프『평양의 지붕 밑』, 연합통신 1991, 167~70면.

24 같은 책 173~74면.

25 같은 책 176~78면.

26 같은 책 181~82면.

27 같은 책 182면.

28 같은 책 190~91면.

보천보전자악단과 북한의 신세대

1 김일성「혁명적이며 통속적인 노래를 많이 창작할 데 대하여 — 작곡가들과 한 담화, 1966년 4월 30일」, 『김일성저작집 20권』, 평양: 조선로동당출판사 1982.

2 『조선예술』 1994년 6호.

3 김정일 「인민이 사랑하고 즐겨 부르는 혁명적인 음악작품을 창작하자 ── 음악예술 부
   문 책임일군들과 한 담화, 1990년 2월 25일」, 『김정일선집 10권』, 조선로동당출판사
   1997, 63면.

4 같은 글 64면.

5 「시대와 혁명발전의 요구에 맞게 주체적 문학예술의 새로운 전성기를 열어나가자」,
   『로동신문』 2014년 5월 17일자.

기획위원

김성보 연세대학교 사학과 교수. 연세대학교 사학과에서 박사학위를 받았다. 주요 저서로『남북한 경제 구조의 기원과 전개』『사진과 그림으로 보는 북한 현대사』, 주요 논문으로「남북국가 수립기 인 민과 국민 개념의 분화」「1960년대 남북한 정부의 '인간개조' 경쟁」등이 있다.

김종엽 한신대학교 사회학과 교수. 서울대학교 사회학과에서 박사학위를 받았다. 주요 저서로『연대와 열광』『에밀 뒤르켐을 위하여』『우리는 다시 디즈니의 주문에 걸리고』『左충右돌』『시대유감』 『87년체제론』(편저) 등이 있다.

이혜령 성균관대학교 동아시아학술원 HK교수. 성균관대학교 국문학과에서 박사학위를 받았다. 주요 저서로『한국 근대소설과 섹슈얼리티의 서사학』『검열의 제국』(공저), 주요 논문으로「해방 (기): 총 든 청년의 나날들」「친일파인 자의 이름」등이 있다.

허은 고려대학교 사학과 교수. 고려대학교 한국사학과에서 박사학위를 받았다. 주요 논문으로「유신 시대 학생, 모의 수류탄을 던지다」「1970년대 박정희 정부의 총력안보체제 구축과 학교의 역 할」「동아시아 냉전의 연쇄와 박정희 정부의 '대공새마을' 건설」등이 있다.

홍석률 성신여자대학교 사학과 교수. 서울대학교 국사학과에서 박사학위를 받았다. 주요 저서로『분단 의 히스테리』『통일문제와 정치·사회적 갈등』『박정희시대 연구』(공저), 주요 논문으로「4월혁 명과 이승만 정권의 붕괴과정」「5·16쿠데타의 원인과 한미관계」등이 있다.

지은이

김종엽 한신대학교 사회학과 교수.

김정한 고려대학교 민족문화연구원 HK연구교수. 서강대학교 정치외교학과에서 박사학위를 받았다. 주요 저서로『대중과 폭력』『1980 대중 봉기의 민주주의』『최장집의 한국 민주주의론』(편저), 주요 논문으로「5·18항쟁 시기에 일어난 일가족 살인사건」「1980년대 운동사회의 감성」등이 있다.

정준영 서울대학교 규장각한국학연구원 조교수. 서울대학교 사회학과에서 박사학위를 받았다. 주요 저서로『식민권력과 근대지식』(공저)『한국 근현대 인문학의 제도화』(공저), 주요 논문으로 「식민지 의학교육과 헤게모니 경쟁」「경성제대 교수들의 귀환과 전후 일본사회」「군기(軍旗)와 과학」등이 있다.

최민규 일간스포츠 베이스볼 팀장 및 한국야구학회 이사. 서울대학교 사회학과를 졸업했다. 주요 저서 로『프로야구 스카우팅 리포트』(공저),『한국 프로야구 30년 레전드 올스타』(공저) 등이 있다.

박해남 한국방송통신대학교 강사. 서울대학교 사회학과 박사과정에 있다. 주요 저서로 『기억과 표상으로 보는 동아시아의 20세기』(공저), 주요 논문으로 「1988 서울올림픽과 시선의 사회정치」, 주요 역서로 『빈곤과 공화국: 사회적 연대의 탄생』 등이 있다.

김민환 한신대학교 정조교양대학 조교수. 서울대학교 사회학과에서 박사학위를 받았다. 주요 저서로 『포위된 평화, 굴절된 전쟁 기억』(공저) 『오키나와로 가는 길』(공저), 주요 논문으로 「전장(戰場)이 된 제주4·3평화공원」 「단절과 이동의 변증법과 금문 지역경제의 변화」 등이 있다.

임동근 서울대학교 지리학과 BK교수. 프랑스 파리7대학에서 박사학위를 받았다. 주요 저서로 『서울에서 유목하기』 『메트로폴리스 서울의 탄생』(공저), 주요 논문으로 「한국의 도시지식체계의 형성과정과 연구기관의 발전방향」, 주요 역서로 『관찰자의 기술』 『신자유주의 세계화의 공간들』 등이 있다.

이세영 숭실대학교 강사. 연세대학교 사학과 박사과정에 있다. 주요 논문으로 「1950년대 북한 노동자층의 형성과 의식 변화」 「1945~1950년 북한의 과학기술과 근로인민 형성에 대한 인식」 등이 있다.

전영선 건국대학교 통일인문학연구단 HK연구교수. 한양대학교 국어국문학과에서 박사학위를 받았다. 주요 저서로 『글과 사진으로 보는 북한의 사회와 문화』 『북한의 언어』 『영상으로 보는 북한의 일상』 『북한 정치와 문학』 『문화로 읽는 북한』 등이 있다.

강진아 한양대학교 사학과 교수. 도쿄대학교에서 박사학위를 받았다. 주요 저서로 『동순태호』 『문명제국에서 국민국가로』 『1930년대 중국의 중앙·지방·상인』, 주요 역서로 『다시 보는 동아시아 근대사』 『베이징의 애덤 스미스』 『미완의 기획, 조선의 독립』 등이 있다.

이미지 제공처

이 책은 다음의 단체 및 저작권자의 허가 절차를 밟았습니다.
이미지를 제공해주신 분들께 진심으로 감사드립니다.
수록된 사진은 대부분 저작권자의 사용 허가를 받았으나,
일부 저작권자를 찾지 못한 경우는 확인되는 대로 허가 절차를 밟겠습니다.

경향신문사 38, 43, 45(전체), 48(전체), 53, 171
동아일보 37
서울시립대박물관 67(오른쪽)
서울특별시 140, 149, 198
연합뉴스 183(위), 189, 225, 231(전체), 233(전체), 241, 245, 247
일간스포츠 117(전체)
조선일보 58, 143, 164
중소기업중앙회 내 중소기업역사관 67(왼쪽)
최봉실 146(전체)
한국야구위원회 102, 107
Patrick Fischer 268, 269

＊위 출처 외의 이미지는 (주)창비의 자료사진과 퍼블릭 도메인을 사용했습니다.
＊퍼블릭 도메인을 제외한 모든 이미지는 재사용 시 해당 단체 및 저작권자의 재허가 절차를 밟아야 합니다.

한국현대 생활문화사 1980년대

초판 1쇄 발행／2016년 8월 30일
초판 2쇄 발행／2021년 8월 9일

지은이／김종엽 김정한 정준영 최민규 박해남 김민환 임동근 이세영 전영선 강진아
기획／김성보 김종엽 이혜령 허은 홍석률
펴낸이／강일우
책임편집／윤동희 최란경 신채용
조판／박아경
펴낸곳／(주)창비
등록／1986년 8월 5일 제85호
주소／10881 경기도 파주시 회동길 184
전화／031-955-3333
팩시밀리／영업 031-955-3399 편집 031-955-3400
홈페이지／www.changbi.com
전자우편／nonfic@changbi.com

* 이 책 내용의 전부 또는 일부를 재사용하려면
  반드시 저작권자와 창비 양측의 동의를 받아야 합니다.
* 책값은 뒤표지에 표시되어 있습니다.